KB174551

한국인의 투표 행태

한국인의 투표 행태

1판1쇄 펴냄 2011년 12월 5일

지은이 | 이갑윤

펴낸이 | 박상훈
주간 | 정민용
편집장 | 안중철
책임편집 | 이진실
편집 | 최미정, 윤상훈
제작·영업 | 김재선, 박경춘

펴낸 곳 | 후마니타스(주)
등록 | 2002년 2월 19일 제300-2003-108호
주소 | 서울 마포구 합정동 413-7번지 1층(121-883)
편집 | 02-739-9929, 9930 제작·영업 | 02-722-9960 팩스 | 02-733-9910
홈페이지 | www.humanitasbook.co.kr

인쇄 | 현대문화사 031-901-7347   제본 | 일진제책 031-908-1407

값 15,000원

ⓒ 이갑윤 2011
ISBN 978-89-6437-146-6 94300
      978-89-90106-64-3 (세트)

이 도서의 국립중앙도서관 출판시도서목록(CIP)은 e-CIP홈페이지(http://www.nl.go.kr/ecip)와 국가자료공
동목록시스템(http://www.nl.go.kr/kolisnet)에서 이용하실 수 있습니다(CIP제어번호: CIP2011004991).

한국인의 투표 행태

이갑윤 지음

후마니타스

차례

표 차례

그림 차례

머리말

투표 행태 연구는 현대 민주주의 연구의 중심적인 과제로 받아들여지고 있으며, 양과 질의 측면에서 정치학 연구 중 가장 발전된 분야이다. 투표 행태에 관한 학문적 관심이 높은 이유는 현대 민주주의에서 투표가 국민의 의사를 정부 정책으로 전이시키는 핵심 기제라고 인식되고 있기 때문이다. 그러나 선거를 통해 국민의 의사가 정부의 정책으로 전이된다는 것은 검증되어야 할 가설이지 검증된 사실이라고 할 수는 없다. 왜냐하면 국민의 투표 행태는 정부의 정책이나 결정과는 관계없이 이루어지는 경우가 많기 때문이다. 실제로 투표 행태를 연구하는 사람들 대부분이 유권자의 합리성을 인정하지 않는다. 그 이유는 투표자가 선거에서 합리성의 기준이라고 할 만한 이익이나 이념에 따라 정당이나 후보자를 선택한다는 경험적인 증거가 그렇게 많지 않기 때문이다. 이들에게 현대 민주주의란 비록 지금까지의 정치체제 가운데 가장 나은 체제이기는 하지만 대중의 비합리성을 비롯해 많은 문제를 가지고 있는 체제이다.

한국에서는 지난 1987년 대통령 직선제의 도입으로 시작된 민주화 조치에 의해 공정한 정당의 경쟁과 포괄적인 국민의 참여가 이루어지는 민주적 선거 질서가 확립되었을 뿐만 아니라 언론·결사 등의 개인의 자유와 기본권이 빠르게 확대되면서 선진 민주주의국가와 비교할 만한 민주주의를 이룩하는 데 성공했다. 그러나 이런 민주주의의 발전이 과연 국민들로 하여금 정치에 대해 만족을 느끼게 했는지는 그렇게 분명하지 않다. 민주화 이후 정치와 정치인에 대한 국민의 불신이 감소하기는커녕 오히려 증가하고 있고, 국민에 의해 선출되는 정당과 의회에 대한 신뢰도는 다른 어떤 정치사회 집단보다도 낮게 나타나고 있다. 또 역대 대통령들 가운데 가장 존경받는 정치 지도자는 민주적 선거 절차에 의해 선출된 대통령이 아니라 독재자라고 비판받는 박정희 전 대통령이다. 왜 한국인들이 민주주의의 성공에 대해서 기대했던 것만큼 만족하지 못하는가 하는 의문은 한국 정치학이 우선적으로 풀어야 할 숙제 가운데 하나이다.

학문은 그 사회가 필요로 하는 지식을 제공할 의무가 있다. 이런 점에서 본다면 권위주의 시대에 한국 정치학은 그 역할을 어느 정도 성공적으로 수행했다고 할 수 있다. 왜냐하면 정치적으로 불안정했으나 강한 생명력을 가진 권위주의 정권을 종식시키고 민주주의 체제를 확립하는 데 민주주의의 이상과 가치, 제도와 규범에 대한 정치학적 지식이 많은 도움을 줄 수 있었기 때문이다. 그러나 민주화가 성공적으로 진행되어 민주 대 반민주 균열이 해소된 현재, 정치학의 현실적 역할은 더 이상 민주주의적 가치와 규범을 제공함으로써 사회변혁을 유도하는 데 있지 않다. 현재 가장 요구되는 한국 정치학의 학문적 역할은 실제 한국 정치를 있는 그대로 보여 줄 수 있는 객관적 기술과 무엇 때문에 그런 현상이 나타나는가에 대한 인과적 설명을 제공하는 것이다. 다시 말해서, 한국 정치의 과학적 연구가 현재 한국 정치학에 주어진 과제이다.

이 글은 한국 민주주의 정치과정에서 핵심적인 역할을 담당하는 한국인의 투표 행태에 관한 연구이다. 한국에서 투표 행태 연구는 최근 매우 빠르게 발전하고 있지만 아직은 가설의 경험적인 검증 작업이 충분하지 않으며, 검증 가설도 특정 변수의 영향력에 제한되어 있어 투표 행태에 미치는 다양한 변수들의 영향력을 체계적이며 종합적으로 검증하는 데 소홀했다고 할 수 있다. 이 책은 이런 문제의식을 바탕으로 한국인의 투표 행태를 선거에 참여하는 투표 참여와 정당 및 후보자를 선택하는 투표 결정으로 나누어 이들에 미치는 여러 가지 변수들의 효과를 검증하고자 한다. 투표 참여와 투표 결정에 영향을 미치는 독립변수들로는 인구사회학적 변수, 중심적 태도와 정향 변수, 합리적 변수, 후보자 및 이슈 변수 등이 포함될 것이며, 이들 변수의 검증은 주로 선거 기간에 조사된 여론조사 자료와 선거 결과의 공식적 자료 분석을 통해 이루어질 것이다. 이 연구를 통해 궁극적으로 필자가 답하고자 하는 것은 한국인의 투표 행태가 한국에서만 볼 수 있는 특수한 것인가 또는 다른 나라에서도 쉽게 찾아볼 수 있는 보편적인 것인가 하는 특수성과 보편성의 문제와 민주화 이후 한국인의 투표 행태가 어떻게 지속되고 변화해 왔는가 하는 변화와 지속성의 문제이다.

이 글을 쓰는 데 가장 어려웠던 점은 투표 행태의 분석에 불가결한, 신뢰할 수 있고 타당한 경험적 자료가 많지 않았다는 점이다. 그동안 연구자들의 능력과 기술이 많이 향상되었음에도 불구하고 지금까지 한국 정치학이 과학화에 성공하지 못한 가장 큰 이유는 과학적 연구를 위한 여론조사 자료를 비롯해 다양한 경험적 자료들이 부족했기 때문이다. 특히 투표 행태 연구는 신뢰성과 타당성이 보장되는 여론조사 자료가 없으면 거의 불가능하다. 그렇기 때문에 투표 행태 연구의 질은 검증하고자 하는 가설과 이론의 질보다 이들을 검증하는 자료의 질에 의해 좌우되는 경우가 더 많다. 이 연구는 이런 자료의 한계성을 충분히 인식하는 범위 내에서 가능한 한 더 많은 여론조사 자료와 집합적 선거 결과 자료를 분석에 사용하고자 했다.

이 책을 쓰는 데 많은 사람들로부터 도움을 받았다. 먼저 필자가 재직 중인 서강대학교 정치외교학과의 박호성, 손호철, 강정인, 신윤환, 김영수, 류석진, 전성흥, 이현우, 이근욱 교수와 대학원생들에게 감사드리고 싶다. 또 이 책의 최종 원고를 읽고 귀중한 논평을 해준 김세걸 교수에게도 감사드린다. 이 책을 쓰는 데 직접적으로 가장 큰 도움을 준 사람은 조교들로 그중에서도 박정석 군과 유지성 군에게 감사드리고 싶다. 자료의 수집과 분석, 표의 작성, 교정에 이르기까지 이들의 노력이 없었다면 아마 출판이 불가능했을 것이다. 그동안 선거를 연구하는 데 많은 도움을 준 선배 및 동료 교수들에게도 감사드린다. 또 여론조사 자료를 사용하도록 허락해 준 한국사회과학데이터센터와 동아시아연구원에도 감사드리고 싶다. 이 책의 출판을 맡아 준 후마니타스 관계자들에게도 감사드린다. 끝으로 인간으로서나 학자로서 부족한 나를 믿고 사랑하는 가족들에게 이 책을 드리고 싶다.

1장

서론

1. 투표 행태 연구의 현황

투표 행태 연구는 현대 정치학에서 양적으로나 질적으로 가장 발전된 연구 분야 가운데 하나이다. 그 이유는 무엇보다도 현대 민주주의의 핵심이 바로 선거라는 데 있다. 민주주의란 정기적으로 실시되는 선거에서 정당과 후보자들이 국민의 지지를 획득하기 위해 공정하게 경쟁하고, 유권자들이 자유롭고 포괄적으로 참여해 정부를 선출하는 정치체제라고 정의될 수 있다(Schumpeter 1942; Butler et al. 1980). 일반적으로 선거 과정은 다음의 세 가지 요소, ① 정당과 후보자들이 지지를 극대화하기 위해 노력하는 정당 경쟁, ② 유권자들이 이들의 노선과 업적을 평가해 선택하는 투표 결정, ③ 국민의 표를 의석으로 전환시키는 선거제도로 구성된다. 이와 같은 세 가지 요소 가운데 학문적 관심이 가장 집중되고 있는 것이 바로 투표 결정이다. 그 이유는 선거제도는 관성으로 인해 역사적으로 별로 변화하지 않는데다, 정당과 후보자들은 권력을 획득하기 위해 선거에서 국민의 선택에 순응할 수밖에 없기 때문이다. 따라서 유권자들의 투표 결정, 즉 유권자들이 선거에서 정당과 후보자를 어떻게 선택하는가는 궁극적으로 선출된 대의원들이 어떤 정책을 결정하고 집행하는가에 가장 큰 영향을 미치는 요인이 된다.

투표 행태 연구가 발전하게 된 또 하나의 이유는 정치 현상의 과학적인 연구를 강조하는 행태주의 방법론이 보편적으로 수용되면서 투표 현상들을 과학적으로 검증할 수 있는 여론조사 자료가 축적되고 이를 분석하는 고도의 통계적 기법들이 발전되었기 때문이다. 사실 민주주의 제도에서는 비밀투표가 원칙이기 때문에 투표자의 정향과 태도와 같은 투표 결정 요인을 분석하기 위해서는 과학적인 가설과 이론을 개발하는 동시에, 신뢰할 수 있고 타당한 여론조사 자료를 수집하고, 이를 분석할 수 있는 통계적 기법을 사용하는 것이 필수적이다. 컬럼비아 대학교수들의 사회학적 모형과 미시간 대학교수들의 심리문화적 모형이 오늘날 투표 행태 연구의 방법론적 기초를 제공했다고 평가되는 이유는 이들의 연구가 가설과 이론의 형성, 여론조사 자료의 수집, 자료의 통계적 분석을 종합적으로 가장 먼저 적용한 연구들이기 때문이다(Lazarsfeld et al. 1948; Berelson et al. 1954; Campbell et al. 1960).

서구, 특히 미국에서의 투표 행태 연구는 지난 70여 년간 지속적인 발전을 거듭해 온 결과, 이제 더 이상 새로운 설명과 이론을 기대하기 어려울 정도로 성숙해 있다고 할 수 있다. 하지만 이런 투표 행태 연구의 발전에 대해서 비판이 없는 것은 아니다. 투표 행태 연구에서 제시되는 독립변수들과 종속변수의 인과관계가 지나치게 당연한 관계이며, 설명하고자 하는 투표 현상이 현실 정치에 큰 의미를 가질 수 없는 매우 작은 미시적인 현상이라는 지적이 있어 왔고, 질적인 분석 방법을 도외시한 채 지나치게 계량적 방법에만 의존하고 있다는 분석 방법에 대한 비판들도 제기되었다.

보수적인 이념을 가진 사람이 보수정당을 지지한다는 것이나, 정부의 업적에 만족하는 사람들이 여당을 지지한다는 것은 일견 너무 당연한 인과관계라고 볼 수 있다. 하지만 투표 행태 연구에서 이런 당연한 가설들을 검증하는 것은 어떤 가설도 경험적인 증거가 없는 한, 그 가설을 참이라고 받아들이지 않는 것이 과학적 원칙이기 때문이다. 사실 그동안 투표 행태를 설명하려는 가설들을 검증하는 과정에서 참이라고 여겨졌던 가설들이 경험적인 증거가 부족해 기각되는 경우가 많았다. 예컨대, 한국 정치를 설명하는 주요 이론으로서 1980~90년대에 가장 큰 영향력을 행사했던 계급론에 의한 투표 행태의 설명은, 논리적 설득력과 서구 선거에서의 보편성에도 불구하고 아직까지 한국의 선거에서 계급 투표의 경험적 증거를 찾아볼 수 없기 때문에 참이라고 받아들여지지 않는다.

투표 행태 연구가 미시적 현상을 주요 분석 대상으로 하는 것은 정치적으로 의미 있는 거시적 현상의 중요성을 인식하지 못해서가 아니라 거시적 현상을 분석하는 데 좀 더 효율적으로 접근하고자 하는 연구 전략의 결과이다. 사실 '과연 대중은 합리적인가'와 같은 정치학의 역사만큼 오래된 질문은 투표 행태 연구가 대답하고자 하는 가장 중요한 질문 가운데 하나이며, 바로 이런 질문에 대한 해답을 과학적으로 도출하기 위해서 관찰 가능한 개인들의 투표 행태와 같은 미시적 요인들을 검증하는 것이다. 마찬가지로 투표 행태 연구가 계량적 방법에 크게 의존하는 것도 과학적 연구 방법의 불가피한 결과이다. 선거나 투표와 같은 대중적 현상에는 보통 다양한 요인들이 복합적으로 작용하는데, 이런 요인들의 인과적 영향력의 크기를 밝히기 위해서는 다른 변수들의 영향력을 통제한 이후에 나타나는 독립적 영향력을 측정할 수 있는 다중 회귀분석과 같은 통계적 기법을 사용할 수밖에 없기 때문이다.

　서구에 비해 한국에서 투표 행태 연구는 아직 발전 도상에 있다. 사실 투표 행태 연구는 한국 정치학에서 가장 늦게 시작된 분야이다. 선거가 정기적으로 실시되어 왔지만 장기간 지속된 권위주의 체제에서 여당과 정부가 선거제도를 왜곡하고 국가기구를 통해 불공정하게 개입해 선거에서 승리한 까닭에 선거가 국민이 정부를 선출하는 방법으로 인식되기보다는 권위주의 정부에 정당성을 제공해 주는 의례적인 절차로 인식되었기 때문이다. 또한 과거에는 투표 행태를 객관적이고 과학적으로 검증하는 데 필수적인 여론조사 자료도 존재하지 않았으며, 이를 엄격히 검증할 수 있는 통계적 기법도 도입되지 않았다(윤천주 1979; 길승흠·김광웅·안병만 1987). 그러나 민주화 이후 국민에 의한 정부 선출이라는 선거의 본래적 기능이 회복됨에 따라 선거에 대한 국민적 관심은 물론 학문적 관심도 높아지기 시작했다. 이와 더불어 객관적이고 신뢰할 수 있는 여론조사 자료가 축적되고 이런 자료를 분석할 수 있는 연구 인력이 증가함에 따라 한국 정치학에서도 투표 행태에 대한 연구가 급속히 발전하고 있다.

　1987년 민주화 이후 1990년대 후반에 이르기까지 투표 행태 연구는 대통령 선거, 국회의원 선거, 지방자치단체선거 등에서 압도적인 영향력을 행사해 온 지역 투표 현상의 분석에 집중되었다(한국사회학회 1990; 한국심리학회 1989; 김만흠 1991; 최장집 1991). 지역 간 사회경제적 격차, 지역민 간의 고정관념과 편견, 지역적 차별에 의한 정치사회적 충원, 김대중·김영삼·김종필과 같은 정치 지도자들의 지역주의적 동원 등 주로 지역 투표의 기원에 대한 연구가 활발히 진행되었으며, 지역 투표의 새로운 쟁점인 합리성에 관한 논쟁도 전개되었다(손호철 1991; 문용직 1992; 조기숙 1996).

1990년대 말 이후의 투표 행태 연구는 지역 투표 이외에 세대 및 이념 투표, 경제 및 정부 업적 투표, 이슈 및 후보자 투표 등 투표 결정에 영향을 미치는 다양한 요인들에 대한 분석으로 관심이 확대되어 진행되어 왔다(이현우 1998; 이내영 2002; 강원택 2003). 이런 과정을 통해 투표 결정의 세 가지 이론적 모형인, 사회학적 모형, 심리문화적 모형, 합리적 모형의 경험적 적실성이 검증되었으며, 민주화 이전 도저촌고(都低村高)나 여촌야도(與村野都)와 같은 선거 결과의 집합적 분석으로 제한되었던 투표 행태의 이해가 이론적 차원과 경험적인 검증 양면에서 모두 크게 개선되었다. 그럼에도 불구하고 한국인의 투표 행태 연구는 아직까지 적어도 다음 세 가지 측면에서 부족한 점이 있다.

첫째, 투표 행태 연구가 이론적 부분에서는 많이 발전했으나 경험적인 검증 부분에서는 아직 많이 부족하다. 예컨대, 지금까지 지역 투표의 원인에 관해 많은 가설들이 제기되어 왔으나, 이들 가설을 여론조사 자료로 엄격하게 검증한 연구는 그 수가 매우 적다. 특히 1990년대 후반에 제기되었던 지역 투표의 합리성에 관한 논쟁의 대부분은 경험적 자료의 분석 없이 이론적 수준에서만 전개됨으로써 지역 투표의 객관적 이해에 별로 공헌하지 못했다고 평가된다(최영진 2001; 강명세 2005).

둘째, 대부분의 연구가 투표 결정에 영향을 미치는 한 가지 독립변수에 초점을 맞추어 다른 변수와 영향력의 크기를 비교하기 어렵고, 독립변수들 사이의 관계 내지는 인과적 경로에 대한 분석도 종합적이고 체계적으로 이루어져 있지 않다. 예컨대, 2000년대에 들어와서 이념 투표에 대한 관심이 점점 커지면서 투표자의 이념 성향이 투표 결정에 유의한 영향을 미치고 있다는 결과를 경험적으로 보여 주는 연구가 이루어지고 있기는 하지만, 이념 투표의 영향력을 지역 투표의 영향력의 크기와 비교하거나 이념 투표와 지역 투표의 상호작용 관계에 대한 분석을 충분히 수행하지 못했다(강원택 2003; 최준영·조진만 2005).

셋째, 민주화 이후 한국인의 투표 행태에 대한 연구의 대부분은 하나의 선거를 분석 단위로 하고 있기 때문에 민주화 이후 나타난 투표 행태의 변화와 지속성을 통시적으로 파악하기 어렵다.[*] 구체적으로 2000년대 이후 학문적 관심을 받았던 합리적 투표로서의 경제 투표는 그 영향력이 경험적으로 검증되기는 했지만 왜 과거에는 나타나지 않고 있다가 최근에 와서야 나타나는가 하는 질문은 별로 관심을 받지 못하고 있다(이현우 1998; 이재철 2008).

2. 이 책의 구성과 내용

이 책은 여론조사 자료와 집합적 선거 결과 자료의 통계적 분석을 통해 1992년부터 시행된 네 번의 대통령 선거(1992, 1997, 2002, 2007)와 네 번의 국회의원 선거(1996, 2000, 2004, 2008)에서 나타난 한국인의 투표 행태에 미치는 변수들의 영향력을 경험적으로 검증하고 이론적으로 해

---

[*] 대표적으로 한국선거연구회에서 민주화 이후 대통령 선거와 국회의원 선거를 각 선거별로 분석한 『한국의 선거』 시리즈나 최근의 지방선거, 국회의원 선거, 대통령 선거를 선거별로 분석한 『변화하는 한국 유권자』 시리즈(1~4권, 동아시아 연구원, 2007~2011)를 들 수 있다.

석하는 것을 연구 목적으로 하고 있다. 권위주의 시대의 투표 행태와 민주화 과도기 시대의 투표 행태에 대해서는 신뢰할 수 있는 객관적 자료의 부족으로 경험적 분석 대상에서 제외하기로 한다. 이 책의 연구 내용을 각 장별로 간략히 제시하면 다음과 같다.

2장에서는 먼저 투표 참여에 영향을 미치는 인구사회학적 변수와 정치적 태도 변수에 대해 살펴볼 것이다. 인구사회학적 변수로는 성, 연령, 교육 수준, 직업, 수입, 도시화, 지역 변수 등의 효과를 경험적으로 검증할 것이다. 특히 투표 참여에 가장 큰 영향을 미치는 연령 효과를 집중적으로 규명할 것인데, 연령 효과가 직선형인가 아니면 곡선형인가 하는 영향력의 형태를 검증하고 연령 효과를 구성하는 생의 주기 효과(life cycle effect)와 세대 효과(generation effect)를 나누어 측정할 것이다. 또한 도시화의 효과에 대해서도 그것이 인과적인 측면에서 직접적인 효과인가 또는 도시인과 농촌인의 연령 차이에서 오는 간접적인 효과인가 하는 영향력의 인과관계를 검증할 것이다. 정치적 태도 변수로는 정치적 관심, 효능감, 신뢰도 등과 같은 일반적 정치적 정향의 효과를 측정할 것이며, 투표에 관한 정향으로는 투표 효능감과 투표 의무감의 효과도 검증할 것이다. 또 지지 정당의 유무, 정당과 후보자에 대한 호감도가 투표 참여에 미치는 효과도 검증할 것이다.

나아가 인구사회학적 변수가 투표 참여에 미치는 영향력의 경로를 밝히기 위해 투표 참여의 정향과 태도에 미치는 효과를 검증해 볼 것이다. 투표 참여의 합리성 가설을 검증하기 위해 여론조사 자료와 선거 결과의 집합 자료를 분석해 봄으로써 정당 간 경쟁도와 정책 차이가 투표 참여에 미치는 영향력을 검증할 것이다. 끝으로 민주화 이후 지속적으로 나타나는 투표율의 감소 원인을 밝히기 위해 투표 참여에 미치는 태도의 변화, 세대 효과, 정치적 동원의 감소 등의 효과를 측정할 것이며, 투표율 감소의 결과가 선거 결과의 대표성, 특히 정당별 득표율에 미치는 효과에 대해 검증할 것이다.

3장에서는 인구사회학적인 변수가 정당과 후보자를 선택하는 투표 결정에 미치는 영향력에 대해 살펴볼 것이다. 특히 출신지와 연령이 유권자의 투표 결정에 미치는 효과를 집중적으로 검증할 것이다. 먼저 출신지에 따른 투표 결정, 즉 지역 투표 현상을 설명하기 위해 지역 투표의 원인으로 제기되고 있는 지역 격차, 지역감정, 정치적 동원이 정당 지지에 미치는 영향을 검증할 것이다. 다음으로 지역 투표의 강도를 균열 지수로 측정해 지역 투표의 지속성과 변화를 검증하고, 지역 투표 성향에 미치는 인구사회학적인 변수로서 출신지, 거주지, 성, 연령, 교육 수준의 영향력을 검증해 볼 것이다. 또한 지역 투표의 변화를 검증하는 과정에서 지역 투표 강도의 변화와 최근에 등장한 이념 투표와 지역 투표와의 관계에 대해서 살펴볼 것이다.

연령에 따른 세대 투표 현상을 검증하기 위해 연령이 정당 지지 또는 후보자 지지에 미치는 영향력을 먼저 밝히고, 최근 증가하고 있는 연령 투표와 이념 투표와의 관계를 분석할 것이다. 또한 세대 효과의 대표적 사례로 알려진 소위 386세대의 정치적 정향과 투표 결정을 다른 세대의 정향과 태도와 비교함으로써 세대 효과의 경험적 증거를 측정할 것이다. 이와 더불어 서구인의 투표 행태에서 보편적으로 발견되는 계층 변수로서 소득수준, 직업, 교육 수준의 효과가 왜 한국인의 투표 행태에서는 발견되지 않는가도 논의하게 될 것이다.

4장에서는 인구사회학적 변수로부터 영향을 받는 동시에 이슈에 대한 태도와 정부 업적 평가 등에 영향을 미치는 중심적 정향으로서, 정당 지지, 여야 성향, 이념 성향과 같은 변수들이 투표 결정에 미치는 효과와 이 변수들 사이의 관계가 집중적으로 분석될 것이다. 먼저 한국에서 정당 지지와 여야 성향과 같은 당파적 태도가 서구의 심리문화적 모형에서 정당 귀속감과 같이 안정적이고 다른 태도와 정향에 구조적 영향을 행사하는가를 검증해 볼 것이다. 또 정권 교체에 따라 여야 성향의 변화가 나타나는 이유에 대해서도 논의할 것이다. 나아가 여야 성향과 정당 지지에 미치는 인구사회학적 변수의 효과와, 정당 지지와 이념 성향의 상호작용 관계도 검증할 것이다. 이념 성향의 효과에 관해서는 먼저 이념 성향이 왜 1990년대 말부터 투표 결정에 영향을 끼치기 시작했는가를 설명한 다음, 단순한 주관적 이념 투표 가설 이외에 세련된 이념 투표 가설로서 정당 및 후보자의 이념과 투표자의 이념 간의 근접(ideological proximity) 가설과 정당 및 후보자의 이념과 투표자의 이념 간의 방향(ideological direction) 가설이 가지는 설명력을 비교 검토할 것이다. 이와 더불어 주관적 이념 성향이 이슈에 대한 태도에 미치는 영향력을 외교·안보·정치·사회·경제·문화 등의 정책 분야별로 검증함으로써 이념 성향을 양적으로 측정하기 위한 조작화(0~10지표)가 타당성과 신뢰도를 갖춘 개념인가도 검토해 볼 것이다.

5장에서는 경제 사정 평가와 대통령 직무평가와 같은 합리적 변수가 투표 결정에 미치는 영향력을 검증할 것이다. 대표적 합리적 변수인 경제 사정 평가는 전망적 평가와 회고적 평가, 국가 경제 평가와 개인 경제 평가로 구분해 그 효과를 검증한 다음, 경제 사정 평가의 효과가 왜 대통령 선거와 국회의원 선거에서 다르게 나타나는가에 대해 논의할 것이다. 또한 주관적 경제 평가와 객관적 지표로서의 물가 상승률, 실업률, 실질경제성장률 간의 관계에 대해서도 살펴볼 것이다. 다음으로는 대통령 직무 수행 평가를 이용해서 정부 업적 평가가 투표 결정에 미치는 영향력을 검증할 것이다. 또한 대통령 직무 수행 평가에 가장 큰 영향을 미친다고 알려진 경제 평가의 영향력을 객관적 경제지표의 효과와 주관적 경제 평가의 효과로 구분해 측정하고, 직무 수행 평가의 변화에 영향을 미친 정치사회적 사건의 효과도 검토해 볼 것이다.

6장에서는 투표 결정에 미치는 최종 단계의 변수로 후보자 및 이슈 변수의 효과를 검증할 것이다. 먼저 대통령 선거에서는 투표 결정에 영향을 미치는 변수로서 여론조사에서 나타난 후보자의 도덕성과 자질, 국정 운영 능력 평가의 영향력을 측정할 것이다. 국회의원 선거에서는 선거구별 정당 득표율에 후보자의 성, 연령, 학력, 직업, 현직자 여부 등이 미치는 효과를 검증할 것이며, 현직자 효과를 지명도, 선거구 봉사, 후보자 개인의 자질 효과 등으로 나누어 측정할 것이다. 선거별로 다르게 나타나는 이슈의 효과로 대통령 선거에서는 3당 합당, IMF 경제 위기, 대북 지원, 정치 부패 등의 효과를 검증할 것이고, 국회의원 선거에서는 정치 개혁, 낙천낙선 운동, 탄핵, 정당 공천의 공정성 등이 정당과 후보자 지지에 미치는 영향력을 검증할 것이다.

7장에서는 개인적 투표 결정에 유의한 영향을 미친 변수들이 선거에서의 승패와 같은 집합적 선거 결과에 어떤 영향을 미치는가를 검토해 볼 것이다. 정당과 후보자의 당락을 결정짓는 득표율에 지역 투표, 정당 지지 투표, 여야 성향 투표, 이념 투표, 경제 및 정부 업적 평가 투표, 이슈 및 후보자 투표가 미치는 효과를 검증하기 위해 이들 투표가 정당과 후보자의 득표율 증감에 미치는 집합적 효과를 측정할 것이다.

8장은 이 책의 결론으로서 이상의 경험적 분석을 통해 검증한 한국인의 투표 행태에 나타난 특징들을 요약 정리한 다음, 민주화 이후에 나타나는 지속성과 변화, 다른 나라와 비교할 때 나타나는 보편성과 특수성, 그리고 투표 결정의 합리성과 비합리성의 측면에서 한국인의 투표 행태를 평가할 것이다.

3. 분석 방법과 자료

이 연구는 한국인의 투표 행태에 영향을 미치는 인구·사회학적 변수, 정치적 정향과 태도 변수, 그리고 이슈와 후보자 변수의 영향력을 검증하기 위해 다단계 다중 회귀분석 방법을 사용할 것이다.■ 다중 회귀분석을 기본적인 분석 방법으로 채택하는 이유는 변수의 독립적 효과를 측정하기 위해서이다. 사실 표본의 수가 1천 명 이상일 경우 한 개의 독립변수와 한 개의 종속변수 간에 나타나는 두 변수 간의 상관관계는 대부분 통계적으로 유의한 것으로 나타나지만, 다른 변수들의 효과를 통제하는 다변수 분석에서는 통계적으로 유의하지 않게 나타나는 것이 일반적이다. 이런 점에서 독립변수가 종속변수에 인과적으로 영향력을 미친다는 것을 보여 주기 위해서는 다중 회귀식과 같은 방법으로 종속변수에 영향을 미치는 다른 독립변수들의 효과들을 통제한 이

■ 종속변수의 값이 0과 1로 구성되는 이원적 변수인 경우에는 로짓 회귀분석(logistic regression), 셋 이상을 가지는 서열 변수를 가질 경우에는 순위 로짓 회귀분석(ordered logistic regression), 연속 변수인 경우에는 최소자승법(ordinary least square) 등의 방법을 사용할 것이다.

후에 그 독립변수의 계수값이 통계적으로 유의함을 보여 주어야 한다. 계수값이 통계적으로 유의하다고 하더라도 계수의 크기가 작거나 모형의 설명력을 증가시키지 못한다면, 그 변수는 투표 결정에 극히 작은 영향력만 미친다고 할 수 있다.

회귀분석을 적용하는 두 번째 목적은 다양한 독립변수들의 효과의 크기를 상호 비교하기 위해서이다. 이를 위해서 여기서는 모든 독립변수들을 한 회귀식에 포함시켜 검증하지 않고, 단계별로 독립변수를 회귀 모형에 추가해 분석하는 다단계 회귀분석 방법을 이용하고자 한다. 다단계 다중 회귀분석이란 인과관계의 선후 관계를 기준으로 독립변수의 순위를 결정하고 이를 단계별로 회귀식에 추가해 분석하는 방법이다(Miller and Shanks 1996). 〈그림 1-1〉의 투표 결정의 다단계 모형에서 볼 수 있는 것처럼, 투표 결정과 같은 정치 행위를 설명하는 독립변수들의 효과를 측정하기 위해 첫 번째 단계에서는 논리적으로 가장 먼저 영향을 미치는 연령이나 계층과 같은 인구사회학적 변수들만 첫 단계의 회귀식에 포함시켜 이들의 효과를 측정한다. 두 번째 단계에서는 한편으로 인구사회학적 변수들에 의해 영향을 받지만, 다른 한편으로 기타 정치적 정향과 태도와 투표 결정에 영향을 미치는 개인의 이념이나 정당 귀속감 같은 장기적이고 중심적인 정치적 정향을 회귀식에 추가해 이들의 효과를 측정한다. 그리고 세 번째 단계에서는 대통령 업적 평가와 경제 사정 평가와 같이 인과관계에 있어 투표 결정에 중·단기적인 영향을 미치는 변수를 추가해 이들의 효과를 측정한다. 그리고 네번째 최종 단계에서는 투표 결정에 가장 단기적이며 직접적인 효과를 미치는 이슈와 후보자 효과를 검증한다.

이런 다단계 분석 방법은 모든 변수들을 하나의 회귀식에 포함시켜

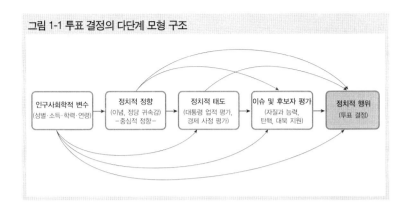

그림 1-1 투표 결정의 다단계 모형 구조

```
인구사회학적 변수        정치적 정향          정치적 태도        이슈 및 후보자 평가      정치적 행위
(성별·소득·학력·연령)    (이념, 정당 귀속감)   (대통령 업적 평가,   (자질과 능력,         (투표 결정)
                      -중심적 정향-       경제 사정 평가)     탄핵, 대북 지원)
```

그들의 효과를 측정하는 방법에 비해 변수의 영향력의 크기를 좀 더 정확하게 측정할 수 있다는 데 의미가 있다. 예를 들어, 〈그림 1-1〉과 같이 인구사회학적 변수인 연령 변수가 투표 결정에 직접적인 영향을 미칠 뿐 아니라 이념 변수를 통해서도 영향을 미친다면, 연령 변수와 이념 변수의 영향력을 하나의 회귀식에서 측정할 경우 연령 변수의 계수 값은 이념 변수를 통해 영향을 미치는 간접 효과를 배제하게 되며, 결과적으로 연령이 투표 결정에 미치는 (직접 효과와 간접 효과를 합한) 총합 효과를 과소 측정하게 될 것이다. 다단계 분석 방법의 또 다른 장점은 단계별로 독립변수를 추가해 변수들의 효과를 측정함으로써 인구사회학적 특성 및 이념, 정당 귀속감과 같은 중심적 정치적 정향이 종속변수에 영향을 미치는 경로와 후행 변수들을 통해 미치는 간접 효과를 측정할 수 있다는 점이다. 변수들의 효과를 비교하기 위해서는 회귀 계수의 크기와 신뢰도뿐 아니라 이들 변수들을 각 단계별로 모형에 포함시킴으로써 증가하는 설명력(모형 설명력 기여도)을 비교할 것이다. 한 독립변수의 설명력 기여도란 그 변수가 회귀식에 포함됨으로써 독립적으로

증가시키는 모형의 설명력을 말한다. 이런 설명력 기여도의 비교는 독립변수들 간의 상관관계가 높고 단계별로 영향을 미치는 모형에서는 변수의 영향력을 파악하기 위해 필수적이다.

이 연구에서 통계적 분석은 여론조사 자료와 선거 결과의 집합 자료를 사용해 이루어질 것이다. 선거 결과의 집합 자료는 중앙선거관리위원회의 공식적인 투개표 결과 자료를 사용할 것이며, 여론조사 자료는 한국사회과학데이터센터가 1992년부터 실시된 네 번의 대통령 선거와 네 번의 국회의원 선거 직후 조사한 자료를 주로 사용할 것이다.■ 이들 자료를 사용하는 이유는 무엇보다도 이들이 지난 20년간 투표 행태를 분석할 수 있는 거의 유일한 경험적 조사 자료이기 때문이다. 중복 검증을 위해 지난 2007년 대통령 선거와 2008년 국회의원 선거 시기에 실시된 서강대 현대정치연구소와 동아시아연구원의 여론조사 자료가 보조적으로 사용될 것이다.

■ 한국사회과학데이터센터의 여론조사 자료는 비교적 신뢰도가 높은 자료이긴 하지만 다음 두 가지 점에서 제한적이라는 것을 밝혀 둔다. 첫째, 설문 항목이 많지 않아 투표 결정에 미치는 다양한 변수들의 효과를 찾아내기가 어렵다. 둘째, 설문 항목이 조사 시기별로 다르게 구성되어 변수들의 효과를 지속성과 변화의 측면에서 비교하는 데 한계가 있다.

2장

투표 참여

투표 참여는 현대 민주주의에서 요구되는 정치 참여의 가장 보편적이고 중요한 행위이다. 정부가 지배의 정당성을 갖추기 위해서는 국민 대부분이 자유롭고 평등하게 선거에 참여할 수 있어야 하고, 선거 결과가 국민 전체의 의사를 대변할 수 있도록 투표자들이 사회 각 집단의 대표성을 갖추고 있어야 한다. 이런 관점에서 볼 때, 지난 20~30여 년 간 세계적으로 나타나고 있는 투표율의 하락과 연령 및 계층 집단별로 나타나는 투표율의 격차는 정부의 권위와 대표성을 제약하고 있다 (Milbrath 1965; Verba and Nie 1972; Blais et al. 2004). 이 장에서는 먼저 1992년 이후 실시된 네 번의 대통령 선거와 네 번의 국회의원 선거에서 투표자의 인구사회학적 특성과 정치적 정향 및 태도를 살펴보기로 한다.

투표 참여를 분석하는 데 여론조사 자료를 이용할 경우 주의해야 할 점은, 일반적으로 여론조사 자료에서의 투표율이 실제 선거에서의 투표율보다 최소 10%p에서 최대 20%p까지 과장되어 나타난다는 점이다. 〈그림 2-1〉에서 볼 수 있는 것처럼, 여기서 사용하는 한국사회과학데이터센터의 자료도 마찬가지이다. 투표율의 과대 대표는 일반적으로

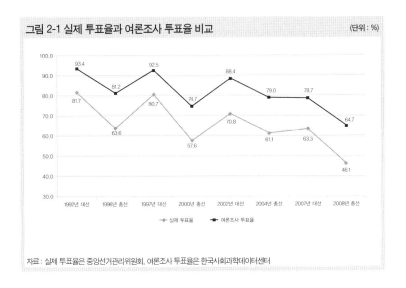

그림 2-1 실제 투표율과 여론조사 투표율 비교 (단위 : %)

자료 : 실제 투표율은 중앙선거관리위원회, 여론조사 투표율은 한국사회과학데이터센터

투표 참여에 미치는 변수들의 효과를 약화시킴으로써 실제로 유의한 영향을 미쳤음에도 불구하고 통계적 분석에서는 유의한 영향을 미치지 않는 것으로 나타나는 문제를 야기한다. 여기서는 성·연령·지역·도시화 정도에 따른 투표 참여율을 분석할 때, 실제 선거 결과와 비교적 오차가 적은 중앙선거관리위원회의 조사 자료를 사용할 것이며, 그 외의 변수들의 효과를 회귀식을 적용해 측정할 경우에는 사회과학데이터센터의 조사 자료를 사용할 것이다.■

■ 선거관리위원회가 1992년 대통령 선거부터 발표한 투표 참여율 자료는 개인별 자료가 아니라 성별·연령대별·지역별·도시화별로 나타나는 집합적 자료이기 때문에 인구사회학적 변수의 독립적 효과를 측정하는 회귀분석은 적용할 수 없다.

1. 투표자의 인구사회학적 특성

일반적으로 국가와 시대를 막론하고 투표자의 인구사회학적 특성 중 투표 참여에 가장 큰 영향을 미치는 변수 가운데 하나는 연령이며, 이는 한국에서도 마찬가지이다(Milbrath 1965; Brady et al. 1995; Blais et al. 1999; Franklin et al. 2004; 이남영 1993; 김욱 1998; 정진민 1992). 일반적으로 20 대의 투표율이 가장 낮고, 연령이 높을수록 투표율은 증가하지만, 60대 이후는 투표율이 증가하지 않거나 감소하는 것으로 나타난다. 〈표 2-1〉에서 볼 수 있는 것처럼, 지난 2007년 대통령 선거에서 20대는 47.0%, 30대는 54.8%, 40대는 66.3%, 50대는 76.6%, 60대 이상은 76.3%의 투표율을 보였으며, 2008년 국회의원 선거에서는 20대는 28.5%, 30대는 35.2%, 40대는 47.9%, 50대는 60.3%, 60대는 65.5%의 투표율을 보여 주고 있다.

연령과 투표 참여의 관계에 관한 논쟁 가운데 하나는 양자의 관계가 직선형인가 곡선형인가 하는 것이다(Blais et al. 1999). 다시 말해, 연령이 높아질수록 투표 참여율이 일정하게 증가하는가, 아니면 청년기에서 장년기까지는 큰 폭으로 증가하다가 장년기에서 노년기에 이르기까지 완만하게 증가한 이후 노년기부터는 다시 감소하는가 하는 것이다. 1992년 이후 실시된 총 여덟 번의 대통령 선거와 국회의원 선거에서의 연령집단별 투표 참여율을 요약한 〈표 2-1〉에서 볼 수 있는 것처럼, 한 국에서의 연령과 투표 참여의 관계는 직선형보다 곡선형에 가깝다. 20 대 후반부터 30대 초반까지 투표율의 상승이 가장 빠르고, 그 이후 연령이 높아질수록 증가율은 점차 둔화되어 60대 이후 감소하는 것으로 나타나고 있다.

표 2-1 연령집단별 투표율(1992~2008)   (단위 : %)

	대통령 선거				국회의원 선거			
	1992년	1997년	2002년	2007년	1996년	2000년	2004년	2008년
19세	-	-	-	-	-	-	-	33.2
20~24세	69.8	66.4	57.9	51.1	44.1	39.9	46.0	32.9
25~29세	73.3	69.9	55.2	42.9	43.8	34.2	43.3	24.2
30~34세	82.1	80.4	64.3	51.3	57.7	45.1	53.2	31.0
35~39세	85.9	84.9	70.8	58.5	68.0	56.5	59.8	39.4
40~49세	88.8	87.5	76.3	66.3	75.3	66.8	66.0	47.9
50~59세	89.8	89.9	83.7	76.6	81.3	77.6	74.8	60.3
60세 이상	83.2	81.9	78.7	76.3	74.4	75.2	71.5	65.5

자료 : 중앙선거관리위원회

한국에서 연령별 투표율 차이에서 특기할 점은 20대 초반(19~24세)의 투표율이 20대 후반(25~29세)의 투표율보다 오히려 더 높게 나타난다는 것이다. 이는 처음 유권자에 편입되는 20대 초반의 투표율이 가장 낮게 나타나는 다른 나라들에 비해 예외적인 현상이다. 그 이유로는 한국의 경우 징병제에 의해 20대 초반 남성 유권자들 가운데 군복무자들이 많고, 이들이 부재자 투표에 참여해 높은 투표율을 보인다는 점을 들 수 있다. 실제로 20대 초반 여성들의 투표율은 20대 후반 여성들의 투표율에 비해 낮게 나타나며, 남성의 경우에만 20대 초반의 투표율이 20대 후반의 투표율보다 10~15%p 정도 높게 나타나고 있다.▪

───────

▪ 20~24세 남성의 투표율은 같은 연령대의 여성에 비해 대통령 선거에서는 11.5%p 더 높고, 국회의원 선거에서는 12.3%p 더 높게 나타난다. 그러나 25~29세 남성의 투표율은 같은 연령대의 여성에 비해 대통령 선거에서 5.6%p 더 낮고, 국회의원 선거에서는 2.3%p 더

투표 참여와 연령과의 곡선형 관계는 여론조사 자료의 분석에서도 그대로 나타난다. 〈표 2-2〉에서 볼 수 있는 것처럼, 투표 참여를 종속 변수로 해서 연령과 연령의 제곱으로 구성된 회귀식의 분석 결과와 연령만으로 구성된 회귀식의 분석 결과를 비교하면, 여덟 번의 선거 가운데 다섯 번의 선거에서 곡선형 모형에서의 연령 제곱 변수의 로짓 계수 방향이 기대했던 대로 나타나며, 신뢰도도 통계적으로 유의하다. 비록 그 크기가 크지는 않지만 회귀식의 설명력도 곡선형이 직선형보다 약간 더 크게 나타난다.

연령집단별로 투표 참여율이 다르게 나타나는 효과는 그 원인을 크게 두 가지로 생각해 볼 수 있다. 하나는 생의 주기 효과로, 사람들이 나이가 들면서 투표 참여에 긍정적 효과를 미치는 소득수준, 교육 수준 등 사회경제적 계층이 향상되고, 결혼과 주택 소유로 생활이 안정될 뿐 아니라 정치적 관심, 정치적 효능감, 정치적 신뢰, 시민적 의무감 등이 높아져 투표 참여가 증가한다는 것이다(Brady et al. 1995). 다른 하나는 세대 효과로, 한 세대가 그들의 성장 과정에서 갖게 되는 특수한 사회화 경험의 결과 앞선 세대나 후발 세대에 비해 투표 참여가 다르게 나타난다는 것이다(Franklin 1996). 거의 모든 나라에서 생의 주기 효과에 의해 연령이 높아질수록 투표 참여율이 높아지는 현상이 나타나고 있지만, 세대 효과는 주로 서구에서 많이 발견된다. 예컨대, 미국과 일부 유럽 국가에서는 생의 주기 효과를 통제한 이후에도 제2차 세계대전 이후에 출생한 세대가 이전 세대에 비해 낮은 투표율을 보이는 세대 효

낮게 나타난다(자료 : 중앙선거관리위원회).

표 2-2 투표 참여에 연령과 연령 제곱이 미치는 영향력(로짓 계수)

대통령 선거

직선형 모형

	1992년					1997년					2002년					2007년				
	계수	표준오차	Wald	유의확률	Exp(B)	계수	표준오차	Wald	유의확률	Exp(B)	계수	표준오차	Wald	유의확률	Exp(B)	계수	표준오차	Wald	유의확률	Exp(B)
(상수)	-2.048	0.347	34.742	0.000	0.129	-0.469	0.359	1.708	0.191	0.626	-0.863	0.240	12.867	0.000	0.422	-0.005	0.214	0.001	0.981	0.995
연령	-0.015	0.008	3.187	0.074	0.985	-0.056	0.010	29.229	0.000	0.945	-0.030	0.006	23.650	0.000	0.971	-0.031	0.005	37.914	0.000	0.969
-2Log L	597.163					608.578					1050.425					1198.578				
x^2	3.378*					36.544*					26.211***					41.387***				
예측 정확도	93.4					92.4					88.4					78.7				
Cox & Snell R^2	0.003					0.030					0.017					0.034				
N	1200					1205					1500					1200				

곡선형 모형

	1992년					1997년					2002년					2007년				
	계수	표준오차	Wald	유의확률	Exp(B)	계수	표준오차	Wald	유의확률	Exp(B)	계수	표준오차	Wald	유의확률	Exp(B)	계수	표준오차	Wald	유의확률	Exp(B)
(상수)	0.333	0.840	0.157	0.692	1.395	1.416	0.886	2.551	0.110	4.119	-0.358	0.622	0.331	0.565	0.699	0.685	0.555	1.522	0.217	1.984
연령	-0.134	0.040	11.425	0.001	0.874	-0.163	0.047	12.144	0.000	0.850	-0.056	0.031	3.311	0.069	0.945	-0.067	0.027	6.221	0.013	0.935
연령²	0.001	0.000	9.792	0.002	1.001	0.001	0.001	5.819	0.016	1.001	0.000	0.000	0.781	0.377	1.000	0.000	0.000	1.838	0.175	1.000
-2Log L	572.402					603.824					1049.671					1196.811				
x^2	12.138**					41.299***					26.965***					43.154***				
예측 정확도	93.4					92.4					88.4					78.7				
Cox & Snell R^2	0.010					0.034					0.018					0.035				
N	1200					1205					1500					1200				

국회의원 선거

직선형

	1996년					2000년					2004년					2007년				
	계수	표준오차	Wald	유의확률	Exp(B)	계수	표준오차	Wald	유의확률	Exp(B)	계수	표준오차	Wald	유의확률	Exp(B)	계수	표준오차	Wald	유의확률	Exp(B)
(상수)	-0.082	0.163	0.249	0.618	0.922	1.168	0.239	23.827	0.000	3.217	0.480	0.207	5.393	0.020	1.617	0.569	0.203	7.850	0.005	1.767
연령	-0.601	0.070	72.808	0.000	0.548	-0.059	0.006	85.268	0.000	0.943	-0.047	0.005	74.998	0.000	0.954	-0.028	0.005	35.924	0.000	0.972
-2Log L	1078.744					1137.576					1441.898					1253.643				
x^2	82.369***					106.109***					85.422***					38.147***				
예측 정확도	81.2					74.7					79.0					63.9				
Cox & Shell R^2	0.066					0.092					0.056					0.038				
N	1201					1100					1500					1100				

곡선형

	1996년					2000년					2004년					2007년				
	계수	표준오차	Wald	유의확률	Exp(B)	계수	표준오차	Wald	유의확률	Exp(B)	계수	표준오차	Wald	유의확률	Exp(B)	계수	표준오차	Wald	유의확률	Exp(B)
(상수)	0.934	0.394	5.623	0.018	2.545	2.998	0.658	20.786	0.000	20.054	1.954	0.526	13.814	0.000	7.057	1.456	0.506	8.289	0.004	4.290
연령	-1.701	0.398	18.222	0.000	0.183	-0.156	0.033	22.469	0.000	0.856	-0.127	0.027	22.600	0.000	0.881	-0.073	0.024	9.321	0.002	0.929
연령²	0.002	0.081	7.951	0.005	1.255	0.001	0.000	9.411	0.002	1.001	0.001	0.000	9.792	0.002	1.001	0.001	0.000	3.750	0.053	1.001
-2Log L	1070.643					1128.954					1433.224					1250.030				
x^2	90.471***					114.731***					94.096***					41.760***				
예측 정확도	81.2					76.1					79.0					64.7				
Cox & Shell R^2	0.073					0.099					0.061					0.041				
N	1201					1100					1100					1100				

1. 종속변수: 투표 참여 = 1, 기권 = 0
2. * = $p < 0.05$; ** = $p < 0.01$; *** = $p < 0.001$
3. 자료: 한국사회과학데이터센터

과가 나타난다(Blais et al. 1999).[*]

연령집단별 투표율의 차이에 미치는 생의 주기 효과와 세대 효과를 측정하기 위해서는 아래 공식과 같이 연령집단별 투표율의 시계열 자료를 분석해야 한다. 첫째, 같은 세대의 연이은 두 선거에서의 투표율 차이는 선거별로 전 연령집단에게 투표 참여의 증감을 가져오는 기간 효과와 그 세대의 연령 증가로 인해 나타나는 생의 주기 효과의 합이다(공식 1). 기간 효과는 투표율에 부정적 영향을 미칠 수도 있고 긍정적 영향을 미칠 수도 있다. 반면에 생의 주기 효과는 나이가 들수록 지속적으로 투표율을 증가시키는 긍정적 효과가 있다. 둘째, 한 선거에서 두 연령집단 사이에 나타나는 득표율 차이는 두 세대 간의 서로 다른 세대 효과의 차이와 두 세대의 연령 차이에서 나타나는 생의 주기 효과의 합이다(공식 2). 다시 말해 서로 다른 두 연령집단의 투표율 차는 이들의 사회화 과정의 차이로 인해 시간에 관계없이 지속적으로 차별적인 투표율을 보이는 세대 효과가 있으며, 동시에 각 연령집단별로 연령의 차이로 인해 다른 투표율을 보이는 생의 주기 효과가 포함되어 있는 것이다.

공식 1 $V_{it_1} = L(t-t_o) + Pt_1 + V_{it_o}$

공식 2 $V_{it} = G(i-j) + L(i-j) + V_{jt}$

(V : 투표율, L : 생의 주기 효과, P : 기간 효과, G : 세대 효과, i & j : 세대, t : 선거 시기)

---

[*] 경험적으로 세대 효과는 생의 주기 효과와 마찬가지로 나이가 적은 세대의 세대 효과가 낮은 투표율을 가져오는 것이 대부분이지만, 논리적으로는 생의 주기 효과와는 다르게 나이가 적은 세대의 세대 효과가 오히려 더 높은 투표율로 나타날 수도 있다.

표 2-3 생의 주기 효과와 세대 효과(1992~2008)　(단위 : %p)

	대통령 선거			국회의원 선거		
	투표율 차	생의주기효과	세대 효과	투표율 차	생의주기효과	세대 효과
해방 세대~1공 세대	4.9	3.1	1.8	9.5	4.4	5.1
1공 세대~3공 세대	10.2	4.2	6.0	13.6	5.5	8.1
3공 세대~유신 세대	10.3	4.2	6.1	10.6	5.5	5.1

1. 해방 세대(1940~49년생), 1공 세대(1950~59년생), 3공 세대(1960~69년생), 유신 세대(1970~79년생)
2. 자료 : 이갑윤(2008)에서 재인용

위의 공식을 적용해 대통령 선거와 국회의원 선거에서의 세대 효과와 생의 주기 효과를 계산해 보면, 〈표 2-3〉에서 볼 수 있는 것처럼, 생의 주기 효과는 10년을 기준으로 대통령 선거에서는 평균 4%p, 국회의원 선거에서는 평균 5%p 증가하는 것으로 나타난다. 또한 세대 효과는 젊은 세대일수록 더 크게 나타나는데, 1960년 이후 출생한 세대가 그들보다 10년 전에 출생한 세대에 비해 평균 6%p 더 낮은 투표 참여율을 보이며, 이런 세대 효과는 연령집단별 투표율 차이의 약 60%를 설명해 준다. 따라서 민주화 이후 투표율이 급속히 하락한 원인에는 민주화 이후 선거에 대한 국민의 관심이 감소함에 따라 나타나는 기간 효과도 있지만, 유권자층으로 새롭게 편입된 젊은 세대들의 낮은 투표율에 의한 세대 효과의 영향력도 결코 적지 않다(이갑윤 2008).

〈표 2-4〉에서 볼 수 있는 것처럼, 민주화 이후의 선거에서 성별에 따른 투표율은 남성이 여성보다 약간(1~3%p) 더 높게 나타나는데, 이는 20대 초반의 남성과 60대 이상의 남성들이 동 연령대의 여성보다 투표율이 더 높은 것을 제외하면 다른 연령대에서는 별 차이가 나타나지 않고 있기 때문에 특정 연령대에 국한된 차이라고 할 수 있다.

표 2-4 인구사회학적 집단별 투표율　　　　　　　　　　　　　　　　　(단위 : %)

		대통령 선거				국회의원 선거			
		1992년	1997년	2002년	2007년	1996년	2000년	2004년	2008년
	전국	81.9	80.7	70.8	63.0	63.9	57.2	60.6	46.1
성별	남자	82.6	81.3	71.3	63.3	65.3	58.7	63.0	48.4
	여자	80.9	80.1	70.3	63.1	62.0	56.5	59.2	44.3
도시화 정도	특별시	81.4	80.8	71.4	62.9	61.5	55.1	62.4	46.0
	광역시	82.0	80.5	70.7	63.2	61.1	54.6	60.4	43.7
	중소도시	82.0	80.8	70.3	62.1	62.7	56.0	60.2	45.0
	읍	79.1	80.0	69.6	63.8	64.8	62.0	59.8	47.9
	면	82.9	80.6	72.3	66.1	71.4	68.0	63.1	55.1
권역별	수도권	81.0	80.5	70.2	61.9	61.1	54.4	60.6	44.5
	영남권	82.2	79.4	71.5	65.0	64.7	58.5	61.4	47.0
	호남권	86.2	87.2	76.2	65.5	68.0	61.5	61.8	47.1
	충청권	80.1	78.1	67.1	61.1	67.0	58.4	57.5	47.7
	강원권	81.5	78.5	68.4	62.6	69.3	62.9	59.7	51.5

자료 : 중앙선거관리위원회

　　전통적으로 한국의 선거에서 투표율은 도시화 정도에 따라 다르게 나타나는데, 도시에서는 투표율이 낮고 농촌에서는 투표율이 높다고 해서 이를 도저촌고 현상이라고 불러 왔다. 권위주의 시대에는 도저촌고 현상에 대해 여론조사 자료를 통한 검증 과정을 거치지 않고 주로 농촌 지역에서 정부나 관변 사회단체들이 지역민을 동원한 결과라고 추론해 왔다. 그러나 도시화와 투표 참여의 관계는 논리적 인과관계라 기보다는 도시와 농촌 거주인의 연령 차이에 기인하는 가관계(spurious relationship)이다. 구체적으로 지난 2008년 국회의원 선거에서의 투표율을 살펴보면, 광역시 이상의 대도시가 44.7%, 중소도시가 45%, 읍 지역이 47.9%, 면 지역이 55.1%로 면 지역과 기타 지역의 차이가 두드러지게 나타난다. 이런 대도시와 농촌인의 투표율 차이가 민주화 이후의 선거에서도 지속적으로 나타나는 이유는 거주인의 연령 차이에 기인하는 것이며, 연령대별 효과를 통제하면 도시화별 투표율의 차이는 소멸하게 된다. 2008년 국회의원 선거에서 투표율이 가장 높은 50대 이상의 유권자 비율은 대도시가 32%, 중소도시가 29.7%, 읍 지역이 37.0%, 면 지역이 52.6%로 나타났으며, 같은 연령집단별 투표율은 면, 읍, 중소도시, 대도시별로 다르지 않게 나타났다. 이는 만약 도시화별 유권자들의 연령 구성비가 다르지 않았다면 도시화별 투표율의 차이가 나타나지 않았을 것이라는 것을 말해 준다. 또 여론조사 자료를 회귀 분석한 결과를 요약한 〈표 2-5〉에서 볼 수 있듯이, 연령 효과를 통제하면 도시화의 효과는 통계적으로 유의하지 않은 것으로 나타난다.

서구에서 연령 이외에 투표 참여에 가장 큰 영향을 미치는 인구사회학적 변수는 소득수준, 교육 수준, 직업과 같은 사회경제적 계층 변수들이다(Verba and Nie 1972; Wolfinger and Rosenstone 1980). 그러나 한국에서는 〈표 2-5〉에서 볼 수 있는 것처럼, 사회경제적 계층 변수가 투표 참여에 매우 제한적인 영향을 미치거나, 아무런 영향도 미치지 못하는 것으로 나타난다. 여론조사 자료를 통해서 지난 여덟 번의 선거에서의 투표 참여를 분석해 보면, 소득수준과 교육 수준은 각각 한 번의 선거에서, 직업은 두 번의 선거에서 투표 참여에 통계적으로 유의한 영향을 미치는 것으로 나타났다. 2004년 국회의원 선거에서는 소득수준과 교육 수준이 높을수록 투표 참여가 높은 것으로 나타났으며, 1992년 대통령 선거와 2000년 국회의원 선거에서는 블루칼라 직종이 다른 직종에 비해 투표율이 낮은 것으로 나타났다. 이처럼 투표 참여에 미치는 계층의 효과가 서구와 같이 나타날 때도 있으나 빈도가 매우 낮고 그

표 2-5 투표 참여에 미치는 인구사회학적 변수 및 정치적 태도 변수의 영향력(로짓 계수)

		대통령 선거 1992년					1997년				
		계수	표준오차	Wald	유의확률	Exp(B)	계수	표준오차	Wald	유의확률	Exp(B)
1단계	(상수)	−1.407	1.274	1.220	0.269	0.245	−0.805	1.319	0.372	0.542	0.447
	성별	0.499	0.312	2.550	0.110	1.647	0.137	0.276	0.247	0.619	1.147
	연령	−0.030	0.014	4.535	0.033	0.971	−0.058	0.015	15.297	0.000	0.944
	학력	−0.235	0.201	1.362	0.243	0.791	0.039	0.216	0.032	0.857	1.040
	소득수준	0.012	0.077	0.022	0.881	1.012	−0.045	0.067	0.446	0.504	0.956
	충청 출신지	−0.080	0.403	0.040	0.842	0.923	−0.129	0.366	0.125	0.723	0.879
	호남 출신지	−1.143	0.528	4.681	0.030	0.319	−1.433	0.502	8.154	0.004	0.239
	영남 출신지	−0.046	0.335	0.019	0.890	0.955	−0.290	0.318	0.830	0.362	0.748
	도시화 정도	−0.190	0.202	0.881	0.348	0.827	0.092	0.189	0.235	0.628	1.096
	화이트칼라	−0.059	0.433	0.019	0.891	0.943	0.324	0.356	0.829	0.363	1.383
	블루칼라	0.845	0.347	5.940	0.015	2.327	0.601	0.465	1.670	0.196	1.824
	자영업	−0.201	0.695	0.084	0.772	0.818	0.490	0.359	1.863	0.172	1.633
	가족 수	-	-	-	-	-	0.012	0.095	0.017	0.898	1.012
	결혼 여부	-	-	-	-	-	-	-	-	-	-
	단체 가입 여부	-	-	-	-	-	-	-	-	-	-
	−2Log L			405.204					443.996		
	x^2			23.970*					38.458***		
	예측 정확도			93.5					93.2		
	Cox & Snell R^2			0.027					0.039		
2단계	정치적 지식	-	-	-	-	-	-	-	-	-	-
	정치적 관심도	-	-	-	-	-	-	-	-	-	-
	정치적 불만족도	0.315	0.232	1.843	0.175	1.370	−0.163	0.182	0.800	0.371	0.850
	내적 효능감1	-	-	-	-	-	0.015	0.157	0.009	0.923	1.015
	내적 효능감2	-	-	-	-	-	0.003	0.173	0.000	0.985	1.003
	정치 참여	-	-	-	-	-	-	-	-	-	-
	−2Log L			403.342					443.178		
	x^2			25.832*					39.276**		
	예측 정확도			93.5					93.2		
	Cox & Snell R^2			0.029					0.040		

| | | 대통령 선거 | | | | | | | | | |
| | | 1992년 | | | | | 1997년 | | | | |
		계수	표준오차	Wald	유의 확률	Exp(B)	계수	표준오차	Wald	유의 확률	Exp(B)
3 단계	투표 효능감1	-	-	-	-	-	0.187	0.159	1.392	0.238	1.206
	투표 효능감2	-	-	-	-	-					
	투표 의무감	-	-	-	-	-	-0.794	0.171	21.530	0.000	0.452
	-2Log L			-					420.616		
	x^2			-					61.838***		
	예측 정확도			-					93.3		
	Cox & Snell R^2			-					0.062		
4 단계	지지 정당 유무	0.620	0.335	3.423	0.064	1.858	-0.796	0.291	7.460	0.006	0.451
	주요후보 호오도차	0.095	0.147	0.417	0.518	1.100	-	-	-	-	-
	주요후보 이념 차	-	-	-	-	-	0.148	0.137	1.168	0.280	1.160
	선거 경쟁도	-0.327	0.206	2.518	0.113	0.721	-0.077	0.229	0.112	0.738	0.926
	후보자 정책 차이	0.227	0.209	1.177	0.278	1.255	-	-	-	-	-
	지역 의원 만족도	-	-	-	-	-					
	-2Log L			396.296					412.496		
	x^2			32.879**					69.958***		
	예측 정확도			93.5					93.2		
	Cox & Snell R^2			0.036					0.069		
5 단계	피설득 경험	0.393	0.414	0.897	0.343	1.481	-0.198	0.353	0.313	0.576	0.821
	유세 참여	0.501	0.443	1.278	0.258	1.650	-	-	-	-	-
	TV토론	-	-	-	-	-	0.662	0.208	10.160	0.001	1.938
	선거 대화	0.347	0.156	4.928	0.026	1.414	0.010	0.139	0.005	0.943	1.010
	-2Log L			386.546					401.774		
	x^2			42.629**					80.680***		
	예측 정확도			93.6					93.2		
	Cox & Snell R^2			0.047					0.080		
6 단계	선거 관심도	1.343	0.223	36.325	0.000	3.829	1.167	0.194	36.172	0.000	3.212
	-2Log L			344.949					365.186		
	x^2			84.226***					117.268***		
	예측 정확도			93.6					93.5		
	Cox & Snell R^2			0.090					0.114		
	N			1200					1207		

		대통령 선거									
		2002년					2007년				
		계수	표준오차	Wald	유의확률	Exp(B)	계수	표준오차	Wald	유의확률	Exp(B)
1 단계	(상수)	−0.156	0.754	0.043	0.837	0.856	1.376	0.685	4.035	0.045	3.960
	성별	0.233	0.174	1.796	0.180	1.263	−0.179	0.162	1.222	0.269	0.836
	연령	−0.033	0.008	18.227	0.000	0.967	−0.029	0.007	18.812	0.000	0.971
	학력	−0.164	0.128	1.643	0.200	0.848	−0.116	0.152	0.577	0.448	0.891
	소득수준	−0.015	0.045	0.110	0.740	0.985	−0.068	0.034	4.133	0.042	0.934
	충청 출신지	0.490	0.239	4.209	0.040	1.632	−0.417	0.255	2.660	0.103	0.659
	호남 출신지	−0.297	0.268	1.230	0.267	0.743	−0.026	0.215	0.015	0.902	0.974
	영남 출신지	−0.129	0.206	0.394	0.530	0.879	−0.524	0.191	7.532	0.006	0.592
	도시화 정도	−0.096	0.133	0.515	0.473	0.909	−0.115	0.112	1.052	0.305	0.892
	화이트칼라	−0.004	0.215	0.000	0.986	0.996	−0.290	0.215	1.827	0.176	0.748
	블루칼라	0.022	0.211	0.011	0.917	1.022	−0.071	0.234	0.094	0.760	0.931
	자영업	−1.598	1.037	2.377	0.123	0.202	−0.504	0.223	5.116	0.024	0.604
	가족 수	-	-	-	-	-	-	-	-	-	-
	결혼 여부	-	-	-	-	-	-	-	-	-	-
	단체 가입 여부	−0.308	0.184	2.818	0.093	0.735	-	-	-	-	-
	−2Log L			998.762					1059.578		
	x^2			43.147***					49.407***		
	예측 정확도			87.7					78.2		
	Cox & Snell R^2			0.030					0.046		
2 단계	정치적 지식	−0.603	0.133	20.469	0.000	0.547	-	-	-	-	-
	정치적 관심도	−0.316	0.064	24.081	0.000	0.729	-	-	-	-	-
	정치적 불만족도	-	-	-	-	-	-	-	-	-	-
	내적 효능감1	-	-	-	-	-	-	-	-	-	-
	내적 효능감2	-	-	-	-	-	-	-	-	-	-
	정치 참여	-	-	-	-	-	-	-	-	-	-
	−2Log L			943.596					-		
	x^2			98.313***					-		
	예측 정확도			87.7					-		
	Cox & Snell R^2			0.068					-		

| | | 대통령 선거 | | | | | | | | | |
| | | 2002년 | | | | | 2007년 | | | | |
		계수	표준오차	Wald	유의 확률	Exp(B)	계수	표준오차	Wald	유의 확률	Exp(B)
3 단 계	투표 효능감1	-	-	-	-	-	0.485	0.099	24.088	0.000	1.624
	투표 효능감2	0.746	0.124	36.132	0.000	2.108	-	-	-	-	-
	투표 의무감	-	-	-	-	-	−0.621	0.092	45.511	0.000	0.537
	−2Log L			906.274					991.004		
	x^2			135.634***					117.981***		
	예측 정확도			88.0					78.1		
	Cox & Snell R^2			0.093					0.106		
4 단 계	지지 정당 유무	−0.565	0.178	10.073	0.002	0.569	−0.138	0.036	8.923	0.000	0.871
	주요후보 호오도차	-	-	-	-	-	−0.041	0.034	14.717	0.234	0.960
	주요후보이념 차	-	-	-	-	-	0.330	0.117	1.416	0.005	1.391
	선거 경쟁도	-	-	-	-	-	-	-	-	-	-
	후보자 정책 차이	-	-	-	-	-	0.212	0.121	7.954	0.081	1.236
	지역 의원 만족도	-	-	-	-	-	-	-	-	-	-
	−2Log L			896.100					933.765		
	x^2			145.809***					175.220***		
	예측 정확도			88.1					79.5		
	Cox & Snell R^2			0.099					0.153		
5 단 계	피설득 경험	-	-	-	-	-	-	-	-	-	-
	유세 참여	-	-	-	-	-	-	-	-	-	-
	TV토론	0.605	0.134	20.513	0.000	1.831	0.630	0.117	28.802	0.000	1.877
	선거 대화	-	-	-	-	-	-	-	-	-	-
	−2Log L			875.208					904.106		
	x^2			166.700***					204.879***		
	예측 정확도			88.2					80.9		
	Cox & Snell R^2			0.113					0.177		
6 단 계	선거 관심도	0.585	0.127	21.320	0.000	1.795	0.792	0.118	45.296	0.000	2.208
	−2Log L			853.724					855.896		
	x^2			188.184***					253.088***		
	예측 정확도			88.5					82.4		
	Cox & Snell R^2			0.126					0.213		
	N			1500					1200		

		국회의원 선거									
		1996년					2000년				
		계수	표준오차	Wald	유의 확률	Exp(B)	계수	표준오차	Wald	유의 확률	Exp(B)
1단계	(상수)	−0.635	0.582	1.166	0.275	0.530	1.900	0.927	4.196	0.041	6.684
	성별	0.250	0.171	2.127	0.147	1.282	0.002	0.191	0.000	0.991	1.002
	연령	−0.529	0.081	42.921	0.000	0.589	−0.063	0.010	39.851	0.000	0.939
	학력	0.097	0.091	1.139	0.286	1.102	−0.072	0.158	0.206	0.650	0.931
	소득수준	0.019	0.039	0.238	0.619	1.020	0.022	0.049	0.210	0.647	1.023
	충청 출신지	0.253	0.219	1.337	0.247	1.288	−0.039	0.263	0.022	0.882	0.962
	호남 출신지	−0.173	0.224	0.597	0.421	0.835	−0.633	0.254	6.223	0.013	0.531
	영남 출신지	−0.321	0.206	2.418	0.121	0.726	−0.294	0.223	1.747	0.186	0.745
	도시화 정도	−0.150	0.130	1.330	0.256	0.863	−0.205	0.118	2.990	0.084	0.815
	화이트칼라	−0.030	0.231	0.016	0.909	0.974	−0.207	0.257	0.644	0.422	0.813
	블루칼라	0.214	0.247	0.754	0.378	1.243	0.680	0.263	6.654	0.010	1.973
	자영업	−0.126	0.209	0.362	0.557	0.884	−0.283	0.242	1.369	0.242	0.753
	가족 수	-	-	-	-	-	-	-	-	-	-
	결혼 여부	-	-	-	-	-	-	-	-	-	-
	단체 가입 여부	-	-	-	-	-	-	-	-	-	-
	−2Log L		1058.351					802.320			
	x^2		98.587***					106.103***			
	예측 정확도		81.2					77.3			
	Cox & Snell R^2		0.079					0.120			
2단계	정치적 지식	-	-	-	-	-	-	-	-	-	-
	정치적 관심도	-	-	-	-	-	-	-	-	-	-
	정치적 불만족도	-	-	-	-	-	0.077	0.137	0.313	0.576	1.080
	내적 효능감1	−0.078	0.102	0.585	0.436	0.924	−0.129	0.128	1.022	0.312	0.879
	내적 효능감2	0.093	0.108	0.746	0.369	1.102	−0.345	0.136	6.462	0.011	0.708
	정치 참여	-	-	-	-	-	-	-	-	-	-
	−2Log L		1057.484					789.874			
	x^2		99.455***					118.549***			
	예측 정확도		81.3					77.0			
	Cox & Snell R^2		0.080					0.133			

| | | 국회의원 선거 | | | | | | | | | |
| | | 1996년 | | | | | 2000년 | | | | |
		계수	표준오차	Wald	유의확률	Exp(B)	계수	표준오차	Wald	유의확률	Exp(B)
3단계	투표 효능감1	-	-	-	-	-	0.295	0.137	4.627	0.031	1.343
	투표 효능감2	−0.515	0.097	28.280	0.000	0.598	-	-	-	-	-
	투표 의무감	-	-	-	-	-	−0.657	0.135	23.630	0.000	0.518
	−2Log L			1028.754					759.871		
	x^2			128.185***					148.552***		
	예측 정확도			81.0					79.0		
	Cox & Snell R^2			0.102					0.164		
4단계	지지 정당 유무	−0.313	0.161	3.767	0.051	0.731	0.685	0.242	8.012	0.005	1.983
	주요 정당 호오도 차	-	-	-	-	-	-	-	-	-	-
	주요 정당 이념 차	-	-	-	-	-	-	-	-	-	-
	선거 경쟁도	-	-	-	-	-	-	-	-	-	-
	후보자 정책 차이	-	-	-	-	-	-	-	-	-	-
	지역 의원 만족도	-	-	-	-	-	0.741	0.171	18.710	0.000	2.098
	−2Log L			1024.994					729.965		
	x^2			131.945***					178.458***		
	예측 정확도			81.5					79.1		
	Cox & Snell R^2			0.104					0.193		
5단계	피설득 경험	0.105	0.172	0.371	0.542	1.110	0.106	0.199	0.281	0.596	1.111
	유세 참여	0.748	0.267	7.870	0.005	2.113	-	-	-	-	-
	TV토론	-	-	-	-	-	-	-	-	-	-
	선거 대화	0.311	0.109	8.099	0.004	1.364	0.447	0.116	14.862	0.000	1.563
	−2Log L			1003.032					712.446		
	x^2			153.907***					195.978***		
	예측 정확도			82.4					81.4		
	Cox & Snell R^2			0.121					0.210		
6단계	선거 관심도	1.109	0.120	85.730	0.000	3.033	1.106	0.147	56.584	0.000	3.023
	−2Log L			904.574					647.183		
	x^2			252.364***					261.241***		
	예측 정확도			84.0					-		
	Cox & Snell R^2			0.190					0.269		
	N			1201					1100		

		국회의원 선거									
		2004년					2008년				
		계수	표준오차	Wald	유의확률	Exp(B)	계수	표준오차	Wald	유의확률	Exp(B)
1 단 계	(상수)	2.115	1.363	2.407	0.121	8.287	0.923	1.311	0.495	0.482	2.516
	성별	0.494	0.261	3.581	0.058	1.638	0.166	0.224	0.550	0.458	1.181
	연령	−0.075	0.018	17.935	0.000	0.927	−0.031	0.013	5.998	0.014	0.970
	학력	−0.194	0.093	4.397	0.036	0.823	−0.099	0.082	1.455	0.228	0.906
	소득수준	−0.295	0.148	3.949	0.047	0.745	−0.036	0.049	0.521	0.470	0.965
	충청 출신지	0.027	0.495	0.003	0.957	1.027	0.307	0.328	0.878	0.349	1.360
	호남 출신지	−0.244	0.399	0.374	0.541	0.784	0.375	0.301	1.552	0.213	1.455
	영남 출신지	0.301	0.293	1.051	0.305	1.351	0.326	0.271	1.445	0.229	1.386
	도시화 정도	0.116	0.124	0.871	0.351	1.123	−0.070	0.098	0.517	0.472	0.932
	화이트칼라	0.701	0.351	3.989	0.046	2.017	0.240	0.279	0.741	0.389	1.272
	블루칼라	0.116	0.336	0.120	0.729	1.123	0.676	0.414	2.663	0.103	1.965
	자영업	0.386	1.150	0.113	0.737	1.471	0.163	0.311	0.274	0.600	1.177
	가족 수	-	-	-	-	-	−0.086	0.088	0.949	0.330	0.918
	결혼 여부	−0.086	0.358	0.057	0.811	0.918	0.320	0.339	0.892	0.345	1.377
	단체 가입 여부	−0.550	0.390	1.988	0.159	0.577	−0.386	0.278	1.927	0.165	0.680
	−2Log L			408.831					534.865		
	x^2			56.384***					32.162**		
	예측 정확도			81.1					69.2		
	Cox & Snell R^2			0.113					0.069		
2 단 계	정치적 지식	−0.519	0.212	5.995	0.014	0.595	−0.279	0.163	2.953	0.086	0.756
	정치적 관심도	-	-	-	-	-	-	-	-	-	-
	정치적 불만족도	0.055	0.216	0.065	0.799	1.056	−0.452	0.158	8.197	0.004	0.636
	내적 효능감1	-	-	-	-	-	-	-	-	-	-
	내적 효능감2	-	-	-	-	-	-	-	-	-	-
	정치 참여	-	-	-	-	-	0.767	0.410	3.502	0.061	2.153
	−2Log L			402.825					520.318		
	x^2			62.390***					46.709***		
	예측 정확도			81.3					71.0		
	Cox & Snell R^2			0.124					0.099		

		국회의원 선거									
		2004년					2008년				
		계수	표준오차	Wald	유의확률	Exp(B)	계수	표준오차	Wald	유의확률	Exp(B)
3 단계	투표 효능감1	0.302	0.195	2.392	0.122	1.353	0.140	0.132	1.119	0.290	1.150
	투표 효능감2	−0.167	0.101	2.731	0.098	0.847	−0.208	0.092	5.145	0.023	0.812
	투표 의무감	−0.678	0.166	16.613	0.000	0.508	−0.550	0.142	14.999	0.000	0.577
	−2Log L			378.216					493.821		
	x^2			86.999***					73.206***		
	예측 정확도			81.7					72.3		
	Cox & Snell R^2			0.169					0.151		
4 단계	지지 정당 유무	1.127	0.325	12.037	0.001	3.087	0.660	0.272	5.878	0.015	1.935
	주요 정당 호오도 차	0.002	0.058	0.002	0.966	1.002	−0.171	0.057	8.863	0.003	0.843
	주요 정당 이념 차	−0.061	0.056	1.197	0.274	0.940	0.006	0.052	0.015	0.904	1.006
	선거 경쟁도	-	-	-	-	-	-	-	-	-	-
	후보자 정책 차이	-	-	-	-	-	0.071	0.206	0.120	0.729	1.074
	지역 의원 만족도	-	-	-	-	-	-	-	-	-	-
	−2Log L			361.713					469.120		
	x^2			103.501***					97.908***		
	예측 정확도			83.0					73.7		
	Cox & Snell R^2			0.197					0.196		
5 단계	피설득 경험	−0.125	0.352	0.125	0.723	0.883	−0.053	0.313	0.029	0.029	0.948
	유세 참여	-	-	-	-	-	-	-	-	-	-
	TV토론	-	-	-	-	-	-	-	-	-	-
	선거 대화	-	-	-	-	-	-	-	-	-	-
	−2Log L			361.589					469.091		
	x^2			103.625***					97.936***		
	예측 정확도			83.0					73.4		
	Cox & Snell R^2			0.197					0.196		
6 단계	선거 관심도	-	-	-	-	-	1.070	0.207	26.617	0.000	2.917
	−2Log L			-					438.891		
	x^2			-					128.137***		
	예측 정확도			-					75.4		
	Cox & Snell R^2			-					0.249		
	N			1500					1000		

1. 종속변수: 투표 참여 = 1, 기권 = 0
2. * = p < 0.05; ** = p < 0.01; *** = p < 0.001
3. 자료: 한국사회과학데이터센터

영향력의 크기 또한 작기 때문에 계층 효과가 존재한다는 성급한 결론은 피해야 할 것이다. 소득수준과 교육 수준의 효과가 2004년 국회의원 선거에서만 나타났다는 것은 당시 선거의 다소 예외적인 환경요인이 작용한 것으로 유추해 볼 수 있으며, 블루칼라 직종의 낮은 투표 참여는 추가적인 검증이 필요하다.

한국의 선거에서 인구사회학적 변수들 가운데 투표 참여에 큰 영향을 미치는 변수는 지역이다. 여론조사 자료로 분석한 투표 참여는 출신지별로 다르게 나타나는데, 〈표 2-5〉에서 볼 수 있는 것처럼, 호남 출신 유권자들은 여덟 번의 선거 가운데 세 번의 선거에서 서울·경기 출신 유권자보다 더 높은 투표 참여율을 보였으며, 영남 출신 유권자들도 한 번의 선거에서 서울·경기 출신 유권자보다 더 높은 투표 참여율을 보였다. 반면 충청 출신 유권자들은 한 번의 선거에서 서울·경기 출신 유권자보다 더 낮은 투표 참여율을 보여 주었다. 이런 차이는 영호남 출신 유권자들이 자기 지역 정당에 대해 높은 지지를 보여 준 결과라고 해석할 수 있다. 선거관리위원회의 선거 결과 자료를 분석해 보면, 거주 지역별로는 호남 지역의 투표율이 가장 높고, 그다음이 영남, 충청, 서울·경기의 순으로 나타난다. 이런 지역별 투표율의 차이는 민주화 이후 초기에는 크게 나타났으나 점차 감소하고 있다.

인구사회학적 변수 가운데 사회적 동원이나 연대 관계를 나타내는 단체 가입 여부 및 생활의 안정을 나타내는 결혼이나 가족의 수는 투표 참여에 아무런 영향을 미치지 못하는 것으로 나타났다. 단체 가입 여부는 세 번의 선거에서 조사되었으나 한 번도 유의한 영향을 미치지 못했으며, 결혼 여부와 가족의 수도 두 번의 선거에서 조사되었으나 한 번도 유의한 영향을 미치지 못한 것으로 나타났다.

2. 투표 참여의 정향과 태도

1) 정치적 정향과 태도

여기서는 투표 참여에 영향을 미치는 정향과 태도의 효과를 측정하는 데 〈표 2-5〉와 같이 인과관계의 단계에 따른 다단계 회귀분석 방법을 사용했다. 먼저 인구사회학적인 변수들의 효과를 측정한 다음, 정향과 태도를 중심적 구조에 따라 단계적으로 추가해 그 효과를 측정했다. 두 번째 단계에서는 일반적 정치적 정향인 정치적 관심, 정치적 신뢰, 정치적 효능감의 효과를 측정했고, 세 번째 단계에서는 투표 효능감, 투표 의무감 등과 같은 투표에 관한 정향과 태도의 효과를 측정했다. 네 번째 단계에서는 당파적 태도로서 정당 지지, 정당의 정책 차이, 정당의 경쟁도 등의 효과를 측정했고, 다섯 번째 단계에서는 선거운동, TV 토론, 선거 대화 등과 같은 정치적 동원 변수의 효과를 측정했다. 마지막 여섯 번째 단계에서는 선거 관심도의 효과를 측정했다.▪

그 결과, 우선 일반적인 정치적 정향 가운데 정치에 대한 관심을 나타내는 정치적 관심 변수는 어느 정도 영향을 미치지만, 정치 또는 정치인을 신뢰하는 정치적 신뢰 변수와 정치에 영향을 미칠 수 있다고 생각하는 효능감 변수는 유의한 영향을 미치지 못하거나 매우 작은 영향력만을 미치는 것으로 나타났다. 〈표 2-5〉에서 볼 수 있듯이, 정치적인

▪ 선거 관심도가 마지막 단계에 추가된 것은 선거 관심도가 투표 참여에 가장 직접적인 영향을 미치는 변수인 동시에 앞 단계에서 추가된 태도와 정향 변수에 의해 결정되는 변수이기 때문이다.

관심은 한 번 조사된 선거에서 한 번, 정치적인 지식은 세 번 조사된 선거에서 두 번, 기대했던 방향으로 통계적으로 유의한 영향력을 미치는 것으로 나타났다. 그러나 정치인은 선거 전과 후의 행동이 다르다든지, 오직 표에만 관심이 있다든지, 보통 사람들에 대해 무관심하다든지와 같은 정치인에 대한 불신감의 태도는 다섯 번 조사된 선거 중에서 한 번의 선거에서만, 나 같은 사람은 정치에 영향을 미칠 수 없다든지, 정부에 대해 잘 모른다든지 하는 정치에 대한 무력감의 태도는 여섯 번 조사된 선거 중에서 단 한 번의 선거에서만 투표 참여에 부정적인 방향으로 유의한 영향을 미치고 있다. 따라서 서구에서 보편적으로 발견되는 소외에 의한 기권, 다시 말해 정치적인 불신감과 무력감 등으로 인해 투표에 참여하지 않는 현상은 한국에서는 거의 발견되지 않는다고 할 수 있다. 정치적 참여 정향은 한 번만 조사되었으며 통계적으로 유의한 영향을 미치지 못하는 것으로 나타났다.

신뢰도와 효능감과 같은 정치에 대한 일반적 정향이 투표 참여에 매우 제한된 영향을 미치는 것과는 달리, 선거와 투표에 대한 구체적 정향과 태도는 비교적 크고 통계적으로 유의한 영향을 미치는 것으로 나타났다. 투표 참여에 가장 큰 영향력을 미치는 태도는 선거에서 많은 사람이 투표하더라도 자신의 한 표가 중요하다는 시민으로서의 투표 의무감이며, 이는 다섯 번 조사된 선거에서 모두 통계적으로 유의한 영향을 미치고 있는 것으로 나타났다. 또 자신의 한 표가 정치나 선거 결과에 영향을 끼칠 수 있다는 투표 효능감에 대한 태도들도 통계적으로 유의한 영향을 미쳤는데, 이는 아홉 번 조사된 선거 가운데 다섯 번 통계적으로 유의한 영향을 미친 것으로 나타났다.

2) 당파적 태도

일반적으로 투표 참여에 가장 큰 영향을 미치는 태도 가운데 하나는 특정 정당에 대한 심리적 유착 관계를 표현하는 정당 일체감이나, 특정 정당을 가깝게 느끼는 정당 호감도와 같은 당파적 태도이다. 한국에서도 지지 정당이 있는 사람이 지지 정당이 없는 무당파층보다 투표 참여가 높은 것으로 나타나고 있으나, 주요 정당에 대한 호오감의 차이는 투표 참여에 큰 영향력을 끼치지 않는 것으로 나타나고 있다. 〈표 2-5〉에서 볼 수 있는 것처럼, 유권자의 지지 정당 유무는 여덟 번의 선거 가운데 일곱 번의 선거에서 투표 참여에 통계적으로 유의한 영향을 미쳤으나, 양대 정당 간의 호감도 차이는 그 차이가 클수록 투표 참여가 높게 나타나는 현상이 네 번의 선거 중 한 번만 나타났다.

3) 합리적 계산

투표 참여를 설명하는 사회경제학적 모형과 심리학적 모형이 연령·계층과 같은 인구사회학적 변수와 효능감·의무감과 같은 심리적 요인에 관심을 가졌던 것과는 달리, 합리적 선택 이론가들은 투표 행위에 들어가는 비용과 투표 행위로 얻어지는 이익의 비교를 통해 투표 참여를 설명하고자 했다. 사실 투표 참여를 합리적 선택 이론으로 설명하는 것은 어느 정도 반직관적이라고 할 수 있다. 왜냐하면 아무리 개인의 이익이 특정 정당의 집권에 따라 큰 영향을 받는다고 하더라도 개인의 한 표가 선거 결과를 변화시킬 가능성을 확률로 표현한다면 '0'이거나

'0'에 매우 가깝기 때문에 투표 참여의 비용을 조금이라도 지불해야 한다면 투표 참여는 적어도 물질적인 측면에서는 결코 합리적일 수 없기 때문이다. 라이커와 오드슉(Riker and Ordeshook 1968)은 개인이 투표 참여로 얻을 수 있는 이익을 정당들의 정책 차이로 조작화하고 개인이 선거에 미칠 수 있는 확률을 선거에서 정당들의 경쟁도로 조작화했다. 그 결과 미국의 선거에서 정당들 간의 정책 차이가 클수록, 또 정당들 간의 득표율 차이가 적을수록 투표 참여가 높아진다는 증거를 발견했다.[*] 또한 시민적 의무감을 갖고 있는 사람들은 투표를 함으로써 하지 않는 것보다 더 만족할 수 있기 때문에 투표 참여가 높아질 것이라는 가설의 경험적 증거도 제시했다. 황아란(1996), 김욱(1998), 조성대(2006) 등은 이들의 이론을 한국에 적용시켜 어느 정도 긍정적인 경험적 증거를 발견했다.

〈표 2-5〉에서 볼 수 있는 것처럼, 한국의 선거에 라이커와 오드슉의 합리적 투표 참여 모형을 적용해 볼 때, 합리적 변수라고 보기 어려운 시민적 의무감(투표 의무감)을 제외하면, 여론조사 자료의 분석에서 나타나는 경험적 증거는 별로 없다. 두 번의 선거에서 모두 정당 간의 득표율 경쟁이 높다고 생각하는 사람과 그렇지 않다고 생각하는 사람 사이에 통계적으로 유의한 투표율의 차이가 발견되지 않으며, 주요 정당 간

---

[*] 라이커와 오드슉의 투표 참여의 합리적 모형[p*b+d = c]에서는 (p*b+d)의 수익항과 c의 경비항을 비교해 수익항이 경비항보다 큰 경우에는 투표하고, 경비항이 수익항보다 큰 경우에는 기권한다고 설명한다(p는 한 표가 선거 결과에 변화를 가져올 수 있는 확률, b는 정당 또는 후보자가 개인에게 가져다 줄 수 있는 이익의 차이, d는 투표 행위 자체에 만족을 느끼는 시민적 의무감, c는 투표 행위에 들어가는 비용을 의미한다).

표 2-6 투표 참여에 미치는 합리적 변수의 영향력

	2007년 대통령 선거				2008년 국회의원 선거				2006년 지방선거			
	계수	표준오차	베타	유의확률	계수	표준오차	베타	유의확률	계수	표준오차	베타	유의확률
(상수)	49,095	1,832	-	0,000	63,312	1,436	-	0,000	47,675	1,776	-	0,000
선거인 수	-5,E-05	9,E-06	-0,293	0,000	-2,E-05	7,E-06	-0,160	0,015	-3,E-05	3,E-06	-0,352	0,000
1, 2위득표율차	-0,082	0,018	-0,267	0,000	-0,060	0,021	-0,200	0,004	-0,069	0,027	-0,104	0,010
도시화 정도	3,064	0,440	0,387	0,000	0,098	0,368	0,018	0,791	7,183	0,576	0,520	0,000
충청	0,840	1,055	0,044	0,427	-2,865	0,784	-0,230	0,000	-1,246	1,220	-0,039	0,309
호남	1,283	1,115	0,075	0,251	2,200	0,797	0,198	0,006	3,866	1,159	0,131	0,001
영남	2,699	0,760	0,210	0,000	1,657	0,569	0,200	0,004	4,559	0,965	0,187	0,000
현직자 유무	0,083	0,610	0,007	0,891	0,732	0,447	0,098	0,103	1,727	0,791	0,074	0,030
R^2	0,163				0,374				0,755			

1. 종속변수 : 선거구별 투표율
2. 자료 : 중앙선거관리위원회

에 정책 차이가 크다고 인식하는 사람들과 정책 차이가 작다고 생각하는 사람들 사이에도 투표율의 차이가 통계적으로 유의했던 것은 세 번의 선거 가운데 한 번에 불과한 것으로 나타났다. 그러나 이런 여론조사 분석 결과와는 달리, 선거 결과의 집합적 자료 분석에서는 합리적 투표 참여 모형에 대한 긍정적 증거가 어느 정도 발견되고 있다. 〈표 2-6〉이 보여 주고 있는 것처럼, 선거 결과에 미치는 한 표의 상대적 영향력의 크기를 나타내는 유권자의 수와 선거에서 후보자 간의 경쟁도를 나타낼 수 있는 1, 2위 득표자의 득표율 차이가 최근 실시된 세 번의 선거 모두에서 투표율 증가에 통계적으로 유의한 영향을 미치는 것으로 나타났다.

그러나 이런 집합적 선거 결과에서 나타나는 증거를 기반으로 한국인의 투표 참여가 합리적인 선택의 결과라고 단정하기는 어렵다. 그 이유는 첫째, 유권자의 수나 경쟁도의 영향력은 통계적으로는 유의할지라도 그 크기가 매우 작기 때문이다. 예를 들어, 1위 득표자와 2위 득표자의 득표율 차가 10%p 감소한다고 할 때 투표율은 1.7%p밖에 증가하지 않으며, 선거구의 유권자 수가 1만 명 감소해도 투표율은 0.5%p밖에 증가하지 않는 것으로 나타난다. 둘째, 선거의 경쟁도는 유권자의 합리적 계산 이외에도 정당과 후보자의 치열한 선거운동이 유권자의 선거에 대한 관심을 강화시켜 투표 참여에 영향을 줄 수도 있기 때문에 득표율 차이가 한 표의 중요성을 증가시킨 결과라고만 보기는 어렵다.

한 가지 특기할 것은 집합적 선거 결과 자료의 분석에서도 호남과 영남의 투표 참여율이 높게 나타난다는 것이며, 이는 호남인과 영남인들이 다른 지역민들에 비해 지지 정당을 갖는 비율이 높게 나타나기 때문이라고 할 수 있다.

4) 정치적 동원과 관심

선거에서 투표 참여에 영향을 미치는 요인으로 최근에 제기되고 있는 것은 정치적 동원 가설인데, 이는 선거기간 동안 이루어지는 정당과 후보자의 선거운동이나 다른 사람들의 권유 등에 의해 유권자들이 투표장에 동원된다고 주장한다(Rosenstone and Hansen 1993; Green and Gerber 2004). 선거에서 유권자를 동원할 수 있는 방법으로는 돈과 조직을 통한 유권자 설득, TV나 기타 방송 매체를 통한 광고, 선거기간 동안 주위 사람들과의 대화 등을 들 수 있다. 〈표 2-5〉에서 볼 수 있는 것처럼, 여섯 번의 선거 가운데 한 번의 선거에서만 정당원이나 선거운동원의 특정 후보자에 대한 지지 설득이 투표 참여에 긍정적인 영향을 미친 것으로 나타났으며, 유세 참여는 조사된 두 번의 선거 가운데 한 번의 선거에서 투표 참여에 긍정적 영향을 미친 것으로 나타났다. 이렇게 볼 때, 한국에서는 전통적인 돈과 조직에 의한 선거운동이 투표 참여에 미치는 영향은 매우 작다고 할 수 있다.

이에 반해 TV 토론의 시청이나 선거기간 중 선거에 관한 대화는 투표 참여에 일관되게 긍정적인 영향을 미치고 있다. TV 토론 시청은 조사된 세 번의 선거에서 모두 긍정적인 효과를 미쳤으며, 선거에 관한 대화도 조사된 네 번의 선거 가운데 세 번의 선거에서 긍정적인 효과를 미쳤다.

투표 참여에 직접적으로 가장 큰 영향을 미치는 태도는 선거에 대한 관심이다. 선거 관심도는 조사된 일곱 번의 선거 모두에서 가장 큰 영향력을 보여 주고 있을 뿐 아니라 최후 단계에서 회귀식에 포함되었음에도 불구하고 모형의 설명력을 크게 증가시키는 것으로 나타났다. 그러나 선거 관심도가 비록 설명력은 크지만 설명력의 수준이 높다고 할 수는 없다. 왜냐하면 선거에서 투표하는 사람이 선거에 관심이 많기 때문이라는 설명은 지나치게 단순하거나 너무 당연한 설명이 될 수 있기 때문이다.

3. 투표 참여 정향과 태도의 결정 요인

투표 참여에 통계적으로 유의하고 큰 영향력을 미치는 정향과 태도는 크게 세 가지로 투표 의무감, 정당 지지, 선거에 대한 관심이 이에 해당한다. 이런 투표 참여의 정향과 태도에 영향을 미치는 인구사회학적 변수로 일관된 영향력을 미치는 변수는 연령, 출신 지역, 도시화, 교육 수준 등이며, 성별, 소득수준, 직업 등의 영향은 통계적으로 유의하지 않거나 일관된 방향으로 나타나지 않는다.

〈표 2-7〉이 보여 주듯이, 투표 의무감에 영향을 미치는 인구사회학적 변수로는 다섯 번 조사된 선거 중에서 연령이 두 번, 교육 수준이 두 번, 성별이 두 번, 출신 지역이 두 번, 도시화 수준이 세 번 통계적으로 유의한 영향을 미친 것으로 나타났다. 연령이 높을수록, 교육 수준이 높을수록, 남성이 여성보다, 농촌인이 도시인보다 투표 의무감이 높은 것으로 나타나고 있다. 또 영남 출신 유권자는 서울·경기 출신 유권자에 비해 1997년 대통령 선거에서는 의무감이 낮았던 반면, 2000년 국회의원 선거에서는 의무감이 더 높게 나타나 일관된 영향을 미치지 못했다.

〈표 2-8〉에서 볼 수 있듯이, 지지 정당 유무에 영향을 미치는 인구사회학적 변수는 연령, 출신 지역, 소득수준, 도시화 정도 등이다. 여덟 번의 선거 가운데 세 번의 선거에서 연령이 높을수록 지지 정당을 갖는 비율이 높아지는 것으로 나타났으며, 소득의 경우는 두 번의 선거에서 소득이 높을수록 지지 정당을 갖는 비율이 낮아지는 것으로 나타났다. 한국에서 지지 정당 유무에 가장 큰 영향을 미치는 변수는 출신·지역 변수인데, 서울·경기 출신 유권자를 기준으로 볼 때 호남 출신 유권자가 지지 정당을 갖는 비율이 여덟 번의 선거 중에서 다섯 번 더 높게 나타났으며, 영남 출신 유권자가 지지 정당을 갖는 비율은 세 번 더 높게 나타났고, 충청 출신 유권자는 한 번의 선거에서만 더 높게 나타났다. 도시화 정도는 지지 정당 유무에 두 번의 선거에서 통계적으로 유의한 영향을 미쳤으며, 농촌인이 도시인보다 지지 정당을 갖는 비율이 더 높

표 2-7 투표 의무감에 미치는 인구사회학적 변수의 영향력

대통령 선거

	1997년				2007년			
	계수	표준오차	베타	유의 확률	계수	표준오차	베타	유의 확률
(상수)	3,624	0,202	-	0,000	2,740	0,228	-	0,000
성별	0,002	0,046	0,001	0,965	−0,107	0,054	−0,060	0,047
연령	−0,003	0,002	−0,059	0,098	0,004	0,002	0,064	0,074
학력	0,002	0,032	0,003	0,944	0,028	0,050	0,022	0,578
소득수준	0,009	0,011	0,027	0,419	0,010	0,011	0,028	0,389
충청 출신지	0,115	0,067	0,058	0,087	0,088	0,084	0,034	0,294
호남 출신지	0,118	0,061	0,066	0,053	0,118	0,078	0,049	0,131
영남 출신지	−0,237	0,057	−0,143	0,000	0,191	0,064	0,100	0,003
도시화 수준	−0,068	0,033	−0,065	0,038	−0,003	0,037	−0,002	0,944
화이트칼라	0,051	0,057	0,029	0,365	0,047	0,071	0,021	0,503
블루칼라	0,010	0,081	0,004	0,904	−0,013	0,079	−0,005	0,871
R^2	0,040				0,007			

국회의원 선거

	2000년				2004년				2008년			
	계수	표준오차	베타	유의확률	계수	표준오차	베타	유의확률	계수	표준오차	베타	유의확률
(상수)	1,973	0,225	-	0,000	2,533	0,207	-	0,000	2,714	0,272	-	0,000
성별	0,033	0,049	0,022	0,506	−0,106	0,057	−0,064	0,064	−0,159	0,070	−0,094	0,023
연령	0,008	0,002	0,148	0,000	0,006	0,002	0,102	0,005	0,005	0,003	0,074	0,096
학력	0,103	0,036	0,133	0,004	0,007	0,019	0,015	0,711	0,050	0,025	0,103	0,044
소득수준	0,023	0,012	0,062	0,065	0,042	0,032	0,047	0,179	−0,006	0,015	−0,018	0,681
충청 출신지	0,010	0,069	0,005	0,890	−0,259	0,095	−0,099	0,007	0,062	0,101	0,027	0,540
호남 출신지	0,071	0,064	0,039	0,270	0,346	0,089	0,139	0,000	−0,020	0,097	−0,009	0,839
영남 출신지	0,135	0,058	0,083	0,021	−0,035	0,065	−0,020	0,585	−0,011	0,084	−0,006	0,891
도시화 수준	0,141	0,030	0,148	0,000	0,124	0,027	0,163	0,000	0,047	0,031	0,063	0,126
화이트칼라	−0,001	0,068	0,000	0,992	−0,026	0,083	−0,012	0,756	−0,008	0,077	−0,005	0,915
블루칼라	0,030	0,070	0,014	0,669	0,075	0,064	0,043	0,244	0,047	0,131	0,014	0,722
R^2	0,028				0,067				0,012			

1. 종속변수 : 투표 의무감은 1(아주 높음) ~ 4(아주 낮음)의 척도
2. 자료 : 한국사회과학데이터센터

표 2-8 지지 정당 유무에 미치는 인구사회학적 변수의 영향력(로짓 계수)

대통령 선거

	1992년					1997년					2002년					2007년				
	계수	표준오차	Wald	유의확률	Exp(B)	계수	표준오차	Wald	유의확률	Exp(B)	계수	표준오차	Wald	유의확률	Exp(B)	계수	표준오차	Wald	유의확률	Exp(B)
(상수)	-1.858	0.645	8.290	0.004	0.156	0.627	0.598	1.101	0.294	1.872	-0.096	0.494	0.038	0.846	0.908	-0.966	0.600	2.596	0.107	0.381
성별	0.024	0.163	0.022	0.882	1.024	-0.053	0.136	0.152	0.697	0.949	-0.140	0.116	1.469	0.225	0.869	-0.180	0.138	1.715	0.190	0.835
연령	-0.005	0.006	0.565	0.452	0.995	-0.002	0.006	0.165	0.684	0.998	0.008	0.005	3.121	0.077	1.008	0.035	0.006	36.241	0.000	1.036
학력	0.167	0.101	2.745	0.098	1.182	-0.049	0.094	0.268	0.604	0.953	-0.005	0.081	0.004	0.949	0.995	-0.034	0.134	0.063	0.801	0.967
소득수준	0.119	0.040	8.954	0.003	1.126	-0.051	0.033	2.367	0.124	0.951	0.024	0.030	0.675	0.411	1.025	0.029	0.029	0.989	0.320	1.029
충청 출신지	-0.472	0.207	5.171	0.023	0.624	0.660	0.191	11.967	0.001	1.935	-0.267	0.172	2.424	0.119	0.765	-0.239	0.207	1.332	0.249	0.787
호남 출신지	-1.379	0.241	32.630	0.000	0.252	1.856	0.219	72.084	0.000	6.398	0.607	0.172	12.510	0.000	1.835	0.038	0.200	0.036	0.850	1.039
영남 출신지	-0.821	0.175	22.113	0.000	0.440	0.051	0.156	0.109	0.741	1.053	-0.119	0.133	0.808	0.369	0.887	0.452	0.169	7.165	0.007	1.572
도시화 정도	0.159	0.098	2.625	0.105	1.172	0.042	0.096	0.193	0.661	1.043	0.089	0.085	1.082	0.298	1.093	0.346	0.100	12.019	0.001	1.414
화이트칼라	0.386	0.203	3.607	0.058	1.471	-0.098	0.165	0.357	0.550	0.906	0.052	0.146	0.129	0.720	1.054	-0.199	0.174	1.308	0.253	0.819
블루칼라	0.071	0.193	0.135	0.713	1.074	0.461	0.256	3.249	0.071	1.586	0.199	0.138	2.078	0.149	1.220	-0.013	0.204	0.004	0.950	0.987
-2LogL	1186.194					1379.107					1871.110					1293.817				
x^2	82.736***					121.383***					35.461***					80.741***				
예측 정확도	77.4					63.2					58.4					71.2				
Cox & Snell R^2	0.067					0.101					0.025					0.068				
N	1200					1207					1500					1200				

국회의원 선거

	1996년					2000년					2004년					2008년				
	계수	표준오차	Wald	유의확률	Exp(B)	계수	표준오차	Wald	유의확률	Exp(B)	계수	표준오차	Wald	유의확률	Exp(B)	계수	표준오차	Wald	유의확률	Exp(B)
(상수)	0.425	0.447	0.906	0.341	1.530	1.712	0.780	4.818	0.028	5.540	1.959	0.579	11.442	0.001	7.090	0.256	0.673	0.145	0.703	1.292
성별	−0.071	0.125	0.328	0.567	0.931	0.243	0.166	2.133	0.144	1.275	0.232	0.156	2.211	0.137	1.261	0.678	0.174	15.151	0.000	1.970
연령	0.107	0.059	3.276	0.070	1.113	−0.013	0.008	2.673	0.102	0.988	−0.018	0.006	9.671	0.002	0.982	−0.024	0.007	12.174	0.000	0.976
학력	0.083	0.073	1.281	0.258	1.087	0.196	0.121	2.621	0.105	1.216	−0.055	0.053	1.085	0.298	0.947	−0.046	0.062	0.570	0.450	0.955
소득수준	−0.063	0.029	4.617	0.032	0.939	−0.086	0.042	4.145	0.042	0.918	−0.092	0.087	1.127	0.288	0.912	0.062	0.036	2.948	0.086	1.064
충청 출신지	0.294	0.179	2.707	0.100	1.342	−0.425	0.252	2.858	0.091	0.654	0.130	0.266	0.239	0.625	1.139	0.193	0.250	0.595	0.440	1.213
호남 출신지	0.891	0.181	24.290	0.000	2.439	−1.495	0.218	47.002	0.000	0.224	−0.436	0.237	3.386	0.066	0.647	0.378	0.249	2.310	0.129	1.459
영남 출신지	0.071	0.154	0.212	0.645	1.073	−0.605	0.213	8.061	0.005	0.546	−0.186	0.176	1.116	0.291	0.830	0.110	0.207	0.282	0.595	1.116
도시화 정도	−0.158	0.097	2.632	0.105	0.854	−0.055	0.100	0.298	0.585	0.947	−0.209	0.073	8.139	0.004	0.811	−0.024	0.077	0.099	0.753	0.976
화이트칼라	−0.231	0.179	1.670	0.196	0.794	0.144	0.235	0.376	0.540	1.155	−0.115	0.230	0.250	0.617	0.892	0.152	0.194	0.615	0.433	1.164
블루칼라	−0.206	0.188	1.199	0.273	0.814	−0.022	0.233	0.009	0.924	0.978	−0.122	0.174	0.490	0.484	0.885	0.231	0.325	0.507	0.477	1.260
−2Log L	1589.214					1020.414					1034.969					836.817				
x^2	42.838					78.552					31.296***					37.875***				
예측 정확도	60.4					74.6					58.4					63.6				
Cox & Snell	0.035					0.080					0.039					0.057				
R^2																				
N	1201					1100					1500					1000				

1. 종속변수: 지지 정당 있음 = 1, 지지 정당 없음 = 0
2. * = p < 0.05; ** = p < 0.01; *** = p < 0.001
3. 자료: 한국사회과학데이터센터

表 2-9 선거 관심도에 영향을 미치는 인구사회학적 변수의 영향력

대통령 선거

	1992년				1997년				2002년				2007년			
	계수	표준오차	베타	유의확률	계수	표준오차	베타	유의확률	계수	표준오차	베타	유의확률	계수	표준오차	베타	유의확률
(상수)	1.776	0.185	-	0.000	2.023	0.188	-	0.000	1.983	0.178	-	0.000	2.400	0.205	-	0.000
성별	0.129	0.047	0.087	0.006	-0.068	0.042	-0.047	0.110	0.185	0.042	0.122	0.000	0.138	0.048	0.084	0.004
연령	0.000	0.002	-0.001	0.987	-0.010	0.002	-0.183	0.000	-0.009	0.002	-0.165	0.000	-0.011	0.002	-0.203	0.000
학력	-0.111	0.029	-0.161	0.000	-0.009	0.029	-0.013	0.747	-0.108	0.029	-0.133	0.000	-0.028	0.045	-0.024	0.534
소득수준	0.003	0.012	0.009	0.772	0.001	0.010	0.004	0.903	0.001	0.011	0.003	0.911	-0.025	0.010	-0.078	0.015
충청 출신지	-0.124	0.065	-0.063	0.058	-0.174	0.062	-0.092	0.005	-0.025	0.063	-0.012	0.688	-0.164	0.075	-0.069	0.029
호남 출신지	-0.167	0.062	-0.090	0.008	-0.370	0.057	-0.215	0.000	-0.043	0.059	-0.022	0.465	0.052	0.070	0.024	0.457
영남 출신지	0.010	0.053	0.007	0.845	0.092	0.053	0.058	0.081	0.171	0.049	0.107	0.000	-0.065	0.058	-0.037	0.260
도시화 정도	-0.001	0.028	-0.001	0.980	0.042	0.030	0.042	0.165	0.073	0.031	0.064	0.017	0.000	0.033	0.000	0.990
화이트칼라	0.046	0.063	0.026	0.459	-0.032	0.052	-0.019	0.545	0.001	0.053	0.000	0.987	0.031	0.064	0.015	0.630
블루칼라	0.044	0.055	0.026	0.427	0.055	0.076	0.021	0.470	0.001	0.049	0.001	0.978	0.040	0.071	0.017	0.577
R^2	0.031				0.089				0.050				0.042			

국회의원 선거

	1996년				2000년				2008년			
	계수	표준오차	베타	유의 확률	계수	표준오차	베타	유의 확률	계수	표준오차	베타	유의 확률
(상수)	2.210	0.180	-	0.000	3.273	0.245	-	0.000	2.707	0.238	-	0.000
성별	0.203	0.050	0.120	0.000	0.094	0.053	0.056	0.079	0.212	0.060	0.139	0.000
연령	-0.084	0.024	-0.118	0.000	-0.016	0.002	-0.265	0.000	-0.008	0.002	-0.140	0.001
학력	-0.053	0.029	-0.063	0.073	-0.118	0.039	-0.136	0.003	-0.047	0.021	-0.108	0.027
소득수준	-0.006	0.012	-0.015	0.633	0.010	0.014	0.025	0.444	0.008	0.013	0.025	0.537
충청 출신지	0.049	0.073	0.022	0.501	0.058	0.076	0.026	0.444	-0.047	0.088	-0.022	0.594
호남 출신지	-0.252	0.070	-0.120	0.000	-0.061	0.070	-0.029	0.385	0.085	0.084	0.042	0.314
영남 출신지	-0.051	0.063	-0.028	0.421	0.100	0.064	0.054	0.117	-0.048	0.072	-0.028	0.506
도시화 정도	0.100	0.039	0.078	0.010	-0.047	0.033	-0.045	0.144	-0.023	0.027	-0.033	0.398
화이트칼라	-0.014	0.072	-0.006	0.847	-0.026	0.074	-0.012	0.723	-0.030	0.067	-0.019	0.649
블루칼라	0.069	0.076	0.027	0.365	0.154	0.077	0.062	0.047	0.046	0.114	0.016	0.690
R^2	0.039				0.049				0.036			

1. 종속변수 선거 관심도는 1(아주 많다) ~ 4(아주 적다)의 척도
2. 자료: 한국사회과학데이터센터

게 나타났다.

〈표 2-9〉에서 볼 수 있듯이, 선거 관심도에 영향을 미치는 인구사회학적 변수로는 연령, 출신 지역, 교육 수준 등이 있는데, 이 중 연령은 일곱 번 조사된 선거 가운데 세 번의 선거에서 통계적으로 유의한 영향을 미쳤으며, 출신 지역은 서울·경기 출신 유권자를 기준으로 볼 때 호남 출신 유권자가 두 번의 선거에서, 영남 출신 유권자와 충청 출신 유권자가 각각 한 번의 선거에서 선거에 대한 관심이 더 높았다. 끝으로 교육 수준은 두 번의 선거에서 교육 수준이 높을수록 선거에 대한 관심이 높은 것으로 나타났다.

4. 투표율의 하락과 선거 결과의 대표성

민주화 이후 한국의 선거에서 나타난 특기할 만한 현상 중의 하나는 투표율이 지속적으로 하락하고 있다는 점이다. 〈그림 2-2〉가 보여 주듯이, 1987년 이후 2008년까지 20여 년간 대통령 선거에서의 투표율은 26.2%p, 국회의원 선거에서의 투표율은 29.7%p 하락했다. 지난 20~30년간 전 세계적으로 투표율이 5~15%p 정도 하락했다는 사실을 생각한다면, 민주화 이후 투표율의 하락 그 자체는 그리 놀랄 만한 일은 아니다. 그러나 다른 나라들과 비교했을 때 하락의 폭이 매우 크고, 단기간 내에 일어났다는 점에서 매우 우려할 만한 현상이라고 할 수 있다.

비교 선거 연구에서 세계적인 투표율 하락의 원인으로 지금까지 지적되어 온 것은 크게 정당과 선거에 대한 불만과 불신의 증가, 전후 세

그림 2-2 대통령 선거, 국회의원 선거, 지방자치 선거에서의 투표율 (단위 : %)

자료 : 중앙선거관리위원회

대의 낮은 투표 참여, 돈과 조직에 의한 선거운동에서 미디어를 통한 선거운동으로의 변화 등 세 가지를 들 수 있다. 이들을 차례로 검증해 보면, 먼저 정당에 대한 불만과 불신을 조사한 "세계 가치관 조사"(World Value Survey) 자료를 분석한 〈표 2-10〉에서 볼 수 있는 것처럼 세계적으로 정당 불신감이 지난 20년간 15% 정도 증가했으나 한국에서는 1990년대 후반 증가한 불신감이 2000년대 들어 다시 감소하는 추세를 보이고 있다. 따라서 정당에 대한 불만과 불신의 증가가 최근에 나타난 한국에서의 투표율 하락의 원인이라고 할 수는 없다.

앞에서 본 것처럼 한국에서도 투표 참여에 세대 효과가 영향을 미치는데, 대표적으로 1960년 이후 출생 세대는 그 이전 세대보다 낮은 투표율을 보여 준다. 이런 세대 효과는 1960년대 이후 출생한 신세대들이 유권자 집단에서 차지하는 비율이 점차 증가하면서 투표율을 지속

표 2-10 정당 신뢰도 변화 추이

		1989~93	1994~99	1999~2004	2005~07	합계
한국	평균	-	2.93	3.24	2.98	3.04
	(표준편차)	-	(0.72)	(0.67)	(0.71)	(0.72)
	사례 수	-	1,244	1,125	1,198	3,567
전 세계	평균	2.55	3.02	2.87	2.93	2.92
	(표준편차)	(0.94)	(0.82)	(0.94)	(0.85)	(0.87)
	사례 수	15,023	70,506	47,730	71,856	208,682

1. 정당 신뢰도는 1(아주 높음) ~ 4(아주 낮음)의 척도
2. 자료 : World Value Survey

적으로 하락하게 만들었는데, 국회의원 선거에서 투표율 감소의 30%, 대통령 선거에서 투표율 감소의 25%가 이런 세대 효과에 의한 것이라 할 수 있다(이갑윤 2008). 하지만 왜 전후 신세대의 투표율이 기성세대에 비해 낮은가 하는 것은 현재로서는 그들이 그냥 투표를 하지 않는다는 것 이외에는 그 근거를 찾기 어렵다. 신세대와 기성세대 사이에는 선거에 대한 관심도에 있어서나 당파적 태도에 있어서나 차이가 존재하긴 하지만, 그 차이는 기성세대 사이에서도 발견되는 생의 주기 효과에 의한 것이다. 다시 말해서, 이들 신세대들이 그들보다 앞선 기성세대가 젊었을 때보다도 선거에 대한 관심이 특히 낮다든지, 정당 지지도가 특히 약하다든지 또는 투표 의무감이 특히 적다고 할 만한 증거는 없다. 오히려 이들은 참여 정향이나 효능감 등에서는 기성세대가 젊었을 때보다도 더 높은 경향을 보여 주고 있다.

민주화 이후 한국의 선거운동 방법은 크게 변화했다. 1990년대 중반 이후 돈과 조직에 의한 선거는 TV나 신문을 통한 광고, 연설 등의 미디어 선거로 바뀌었으며, 대규모 정당이나 선거 집회도 더 이상 보이

표 2-11 투표 참여 정향의 변화 추이							(단위 : %)
	대통령 선거				국회의원 선거		
	1992년	1997년	2002년	2007년	1996년	2000년	2004년	2008년
무당파	22.72	36.86	40.53	29.05	41.92	-	59.97	59.41
선거 관심도	48.75	61.94	43.53	32.64	17.08	12.36	-	11.14
투표 의무감	-	57.48	-	30.52	-	29.57	37.01	35.98

1. 선거 관심도는 관심이 아주 많은 응답자의 비율
2. 투표 의무감은 의무감이 높은 응답자의 비율
3. 자료 : 한국사회과학데이터센터

지 않게 되었다. 특히 금권과 관권에 의한 부정선거는 2004년 국회의원 선거를 기점으로 크게 개선되었으며, 선거법 위반 사례도 크게 감소했다. 이런 미디어 선거 시대의 도래와 공명선거 질서의 확립이 비록 투표율의 급격한 하락과 그 시기가 일치하지만, 과연 그것이 투표율 하락의 원인인지는 분명하지 않다. 앞에서 본 것처럼, 조직에 의한 선거, 선거 유세, 선거운동원의 설득, 정당 집회 등은 투표 참여에 영향을 미치지 못하거나 아주 제한적인 영향만을 미치고 있으며, 돈과 선물에 의한 동원도 그 대상이 유권자의 5% 미만으로 극히 제한되어 있을 뿐 아니라 이런 경험을 한 사람들의 투표 참여에 특이한 현상이 발견되고 있지 않기 때문이다. 이렇게 볼 때, 세계적인 투표율 하락의 원인으로 지목되는 정당의 실패, 세대 효과, 선거운동의 변화 중 유일하게 한국에서의 투표율 하락에 영향을 미친 것은 세대 효과라고 할 수 있다.

이외에도 한국에서 투표율을 크게 하락시킨 요인으로 생각해 볼 수 있는 것은, 투표 참여에 유의한 영향을 미치는 지지 정당 유무, 투표 의무감, 선거에 대한 관심과 같은 요소들의 변화이다. 먼저 지지 정당이 없는 무당파층이 민주화 이후 어떻게 변화했는가를 살펴보면, 대통령 선거에서는 1990년대 후반과 2000년도 초에 크게 증가했다가 2007년에 다시 감소하는 경향을 보여 주고, 국회의원 선거에서는 지난 15년간 약 18%p 증가한 것으로 나타난다. 따라서 무당파층의 증가가 제한적이나마 어느 정도 투표율 하락을 설명해 준다고 할 수 있다. 한 가지 지적할 것은 여론조사 설문 방식의 변화에 의해 실제 무당파층이 훨씬 더 증가했음에도 불과하고 이를 여론조사가 제대로 밝혀내지 못했을 수 있다는 점이다. 최근 들어 대부분의 여론조사는 지지 정당이 있는 사람과 없는 사람들의 비율을 측정하기보다는 단순히 정당 지지율의 분포를 측정하는 데 더 큰 목적이 있기 때문에, 지지 정당이 있는가라는 질문은 생략하고, 어떤 정당을 지지하는가만을 질문하는 경우가 많았다. 다시 말해서, 지지 정당을 갖고 있는가에 대한 질문과 어떤 정당을 지지하는가에 대한 질문을 나누어서 하지 않고, 한 질문에서 어느 정당을 가깝게 느끼는가나 좋아하는가를 물어봄으로써 정당 지지자의 비율을 실제보다 높게 측정하거나 약한 정당 지지자들을 일반적인 정당 지지자들에 포함시키는 오류를 범할 수 있다.

둘째로 투표 참여에 통계적으로 유의한 영향을 미치는 투표 의무감의 변화를 보면, 대통령 선거에서는 크게 감소했으나 국회의원 선거에서는 큰 변화가 없었다. 마찬가지로 선거에 대한 관심도 대통령 선거에서는 어느 정도 감소했으나 국회의원 선거에서는 크게 변하지 않았다. 따라서 투표 의무감의 감소와 선거에 대한 관심의 하락이 대통령 선거에서의 투표율 하락을 어느 정도 설명해 준다고 할 수는 있으나 국회의원 선거에서의 투표율 하락은 별로 설명해 주지 못한다고 할 수 있다.

선거에서 국민들의 투표 참여가 자유롭고 평등하게 이루어지고, 투표율이 지나치게 낮지 않다면, 투표율의 높고 낮음은 크게 문제될 것이

표 2-12 연령집단별 투표율 및 대표율

(단위 : %)

대통령 선거

	1992년		1997년		2002년		2007년	
	투표율	대표율	투표율	대표율	투표율	대표율	투표율	대표율
20대	71.5	0.875	68.2	0.846	56.5	0.798	46.6	0.736
30대	83.9	1.026	82.8	1.026	67.4	0.951	55.1	0.870
40대	88.8	1.087	87.5	1.085	76.3	1.077	66.3	1.048
50대	89.8	1.099	89.9	1.115	83.7	1.182	76.6	1.209
60대	83.2	1.017	81.9	1.015	78.7	1.112	76.3	1.206
전체	81.7	1.000	80.7	1.000	70.8	1.000	63.3	1.000

국회의원 선거

	1996년		2000년		2004년		2008년	
	투표율	대표율	투표율	대표율	투표율	대표율	투표율	대표율
20대	44.0	0.691	36.8	0.639	44.7	0.732	28.1	0.607
30대	62.8	0.988	50.6	0.880	56.5	0.924	35.5	0.767
40대	75.3	1.183	66.8	1.161	66.0	1.080	47.9	1.034
50대	81.3	1.278	77.6	1.347	74.8	1.224	60.3	1.302
60대	74.4	1.169	75.2	1.305	71.5	1.171	65.5	1.415
전체	63.6	1.000	57.6	1.000	61.1	1.000	46.3	1.000

1. 대표율 = 연령집단별 투표율 ÷ 전국 투표율
2. 자료 : 한국사회과학데이터센터

없다. 그러나 만약 투표율이 지나치게 낮거나 사회집단별로 투표율의 차이가 크다면, 투표자 집단이 유권자의 의사를 대표하지 않을 수 있다는 점에서 대표성의 왜곡 문제가 발생할 수 있다. 한국에서 집단별 투표율의 차이는 연령집단별로 가장 크게 나타나기 때문에 선거 결과에 나이가 적은 집단의 의사는 과소 대표되고 나이가 많은 집단의 의사는 과대 대표되는 경향이 있다. 특히 투표율의 감소가 젊은 세대의 낮은 투표율에 의해 나타나는 경우, 대표성의 왜곡 문제는 투표율의 하락과 더불어 더욱 악화될 수 있다. 왜냐하면 〈표 2-12〉에서 볼 수 있는 것처럼, 투표율이 하락할수록 연령집단별 대표율의 차이는 더 크게 나타나기 때문이다.

연령별로 정당 지지와 투표 참여가 다르게 나타나는 곳에서는 선거 결과에서 나타나는 정당의 득표율과 의석수 배분이 유권자 집단의 전체 의사를 대표하지 않게 되는 왜곡 현상이 나타난다. 일반적으로 연령집단별로 투표 참여율의 차이가 큰 선거일수록 투표율이 높은 연령집단으로부터 많은 지지를 받는 정당의 득표율은 높아지고, 반대로 투표율이 낮은 연령집단으로부터 많은 지지를 받는 정당의 득표율은 낮아진다. 다시 말해, 정당 득표율의 왜곡의 크기는 연령집단별 투표율의 차이와 연령집단별 정당 지지의 차이에 의해 결정된다. 예를 들어, 만약 선거에서 연령이 한 살 많아질수록 투표 참여율이 1%p씩 높아지고 한나라당 지지도도 1%p씩 높아진다면, 투표자 평균연령이 유권자 평균연령보다 한 살 많아질수록 한나라당은 1%p씩의 추가 득표를 얻게 된다. 이런 방법으로 유권자 평균연령(추정)과 투표자 평균연령(추정)의 차이에 연령 1세 증가가 가져오는 한나라당 지지 증가를 곱해서 한나라당 득표율에 있어서의 이익을 계산한 것이 〈표 2-13〉이다. 이에 따르면, 연령집단별 투표율 차이에 의해 한나라당은 대통령 선거에서 평균 1%p의 득표율의 이익을 받고, 국회의원 선거에서는 평균 1.5%p의 이익을 본 것으로 나타난다.

투표율의 하락이 가져온 득표율의 왜곡 정도가 예상했던 것과는 달리 크게 나타나지 않은 이유는 연령별 정당 지지와 연령별 투표 참여의 차이가 부적인(−) 관계를 갖기 때문인 것으로 보인다. 다시 말해, 젊은

표 2-13 연령집단별 대표율 차이에 의한 득표율 왜곡 효과

	대통령 선거				국회의원 선거			
	1992년	1997년	2002년	2007년	1996년	2000년	2004년	2008년
투표자 연령 – 유권자 연령	0.91	0.96	1.72	2.45	2.75	3.64	2.35	4.13
1세당 한나라당 지지율 변화(%p)	0.93	0.28	0.84	0.57	0.84	0.26	0.84	0.33
한나라당 득표율 변화(%p)	0.85	0.27	1.44	1.4	2.31	0.95	1.97	1.36

1. 득표율 변화는 모든 연령집단의 투표율이 같았을 때의 가상적인 한나라당 득표율에서 실제 한나라당 득표율을 뺀 값
2. 한나라당 지지는 한나라당과 그 전신인 민자당, 신한국당의 지지를 의미
3. 자료 : 중앙선거관리위원회

세대들의 투표 참여가 낮아 연령집단별 투표율의 차이가 클 경우에는 연령집단별 정당 지지의 차이가 그렇게 크게 나타나지 않는 반면에, 연령집단별 정당 지지의 차이가 큰 경우에는 연령집단별 투표율의 차이가 크지 않기 때문이다. 예를 들어 2004년 국회의원 선거에서는 연령별 정당 지지의 차이가 컸지만 탄핵 이슈에 의해 젊은 유권자의 참여가 상대적으로 높아 젊은 유권자와 나이 많은 유권자의 투표 참여율의 차이는 작게 나타났다. 그 반대로 2008년 국회의원 선거에서는 젊은 층의 낮은 투표 참여로 유권자 평균연령과 투표자 평균연령이 무려 4.4년의 차이가 있었으나, 연령집단별로 정당 지지율의 차이가 크지 않아 한나라당 득표율에서의 추가 이익이 2004년 국회의원 선거에서보다 오히려 감소하는 결과를 가져왔다.

3장

사회학적 투표

인구사회학적 투표는 투표 결정의 인과적 구조에서 가장 기초적인 단계이다. 일반적으로 투표와 같은 정치 행동을 설명하는 인과적 구조는 먼저 인구사회학적 변수가 정치적 정향과 태도 변수에 영향을 미치고, 정치적 정향과 태도 변수가 다시 정치적 행동 변수에 영향을 미치는 단계로 구성된다. 따라서 투표 결정에 영향을 미치는 인과관계의 첫번째 단계에서의 독립변수는 인구사회학적 변수라고 할 수 있다. 사실 인구사회학적 집단별로 정당과 후보자들에 대한 지지가 어떻게 나타나는가, 또는 정당과 후보자들이 어떤 인구사회학적 집단으로부터 지지를 동원하는가 하는 사회학적 투표에 대한 질문은 투표 행태 연구가 가장 먼저 다룬 질문이었다(Lazarsfeld et al. 1948).

현대 정치학의 발전에 가장 큰 영향을 미친 집단 이론에 의하면, 정치란 기본적으로 집단적 현상이며, 사회·경제적 변동에 따라 다양한 집단들이 등장하고 이들 집단의 이익, 이데올로기, 문화 등이 서로 경쟁하고 갈등을 빚으면서 정치를 형성하게 된다(Bentley 1908; Truman 1951). 립셋과 로칸(Lipset and Rokkan 1967)은 집단 이론을 선거에 적용해 서구 민주주의국가의 선거 과정에서 나타나는 기본적인 인구사회학적 균열은 근대 이후 국민국가의 형성과 산업화 과정에서 등장한 중앙과 지방, 국가와 교회, 도시와 농촌, 고용주와 노동자 간의 균열을 반영해 형성되었다고 말한다. 즉, 이들 사회집단들 간의 갈등이 선거에서 정당들의 지지 극대화 노력에 의해 동원되는 과정에서 사회집단과 정당 간의 선거 연합이 형성되고, 그것이 결빙되어 지속적인 선거 균열을 만들어 내게 되었다는 것이다. 라자스펠트 등(Lazarsfeld et al. 1948; Berelson et al. 1954)은 패널 조사 자료를 통해 미국인 대부분이 선거기간 동안에 전개되는 선거운동과는 별 관계없이 계층, 인종, 종교 등에 따라 사회집단별로 특정 정당과 장기적인 유대 관계를 맺고 그 정당을 지지한다는 것을 밝혀냄으로써 사회학적 투표 모형의 원형을 제공했다.

〈표 3-1〉에서 볼 수 있는 것처럼, 한국의 선거에서 나타난 인구사회학적 투표의 가장 중요한 특성은 서구에서 보편적이며 큰 영향력을 발휘하는 계급이나 종교의 영향력이 거의 발견되지 않는 반면, 지역이나 연령과 같은 변수의 영향력이 매우 강하게 나타난다는 점이다. 권위주의 시대 한국의 선거에서 나타난 사회학적 투표는 '여촌야도'로 대표되었다. 대도시에서는 야당 지지가 높고 농촌에서는 여당 지지가 높다는 여촌야도 현상의 원인으로는, 그동안 여론조사 자료가 없었기 때문에 엄격한 경험적 검증 과정을 거치지는 못했지만, 도시인과 농촌인의 문화적 차이에서 비롯되었다든가, 국가가 사회단체 등을 선거에 동원한 결과였다든가, 농촌인이 자기 지역 발전의 기대에 따라 여당을 지지하기 때문이라는 가설 등이 제기되어 왔다(윤천주 1979; 조기숙 1993).

그러나 실제로 도시와 농촌의 정당 지지의 차이는 권위주의하에서 여야 간의 민주 대 반민주 갈등 속에 농촌에 비해 연령이 낮고 교육 수

표 3-1 정당 투표에 미치는 인구사회학적 변수의 영향력(로짓 계수)

대통령 선거

	1992년					1997년					2002년					2007년				
	계수	표준오차	유의확률	Exp(B)	기여도	계수	표준오차	유의확률	Exp(B)	기여도	계수	표준오차	유의확률	Exp(B)	기여도	계수	표준오차	유의확률	Exp(B)	기여도
(상수)	-1.406	0.821	0.087	0.245	-	-1.828	0.750	0.015	0.161	-	-2.348	0.631	0.000	0.096	-	-2.126	0.522	0.000	0.119	-
성별	0.165	0.219	0.451	1.179	0.011	0.330	0.176	0.061	1.391	-0.012	0.161	0.147	0.275	1.175	-0.002	0.198	0.132	0.133	1.219	0.001
연령	0.051	0.008	0.000	1.052	0.043	0.031	0.007	0.000	1.031	0.003	0.037	0.006	0.000	1.038	0.021	0.045	0.005	0.000	1.046	0.045
학력	-0.154	0.125	0.218	0.857	0.013	0.053	0.116	0.647	1.055	0.015	0.023	0.103	0.823	1.023	-0.002	0.035	0.099	0.723	1.036	0.000
소득수준	-0.091	0.050	0.069	0.913	0.011	0.005	0.041	0.897	1.005	0.014	0.066	0.039	0.091	1.068	-0.011	0.082	0.032	0.011	1.085	0.004
충청 출신[지]	0.076	0.244	0.756	1.079		-0.417	0.223	0.061	0.659		-0.097	0.214	0.650	0.907		-0.252	0.171	0.141	0.777	
호남 출신[지]	-3.187	0.398	0.000	0.041	0.234	-3.593	0.524	0.000	0.028	0.192	-2.625	0.364	0.000	0.072	0.136	-1.980	0.193	0.000	0.138	0.110
영남 출신[지]	0.862	0.208	0.000	2.368		0.764	0.183	0.000	2.146		0.630	0.156	0.000	1.879		0.401	0.138	0.004	1.494	
화이트칼라	0.041	0.256	0.874	1.042		0.192	0.221	0.386	1.212		0.266	0.183	0.145	1.305		-0.315	0.157	0.044	0.730	
블루칼라	0.003	0.265	0.990	1.003	0.011	-0.498	0.331	0.132	0.608	-0.004	0.252	0.179	0.158	1.287	-0.003	-0.126	0.200	0.528	0.882	0.008
자영업	-0.273	0.383	0.476	0.761		-0.283	0.212	0.183	0.754		0.600	0.408	0.141	1.822		0.336	0.178	0.060	1.400	
도시화 정도	0.028	0.127	0.828	1.028	0.010	-0.231	0.121	0.056	0.793	-0.012	-0.217	0.115	0.058	0.805	0.000	-0.040	0.099	0.686	0.961	0.000
-2Log L	778.528					927.634					1217.022					1775.337				
x^2	275.179***					254.631***					216.858***					327.743***				
예측 정확도	74.1					70.9					67.3					68.9				
Cox & Snell R^2	0.303					0.246					0.183					0.193				
N	1200					1207					1500					3658				

국회의원 선거

	1996년					2000년					2004년[3]					2008년				
	계수	표준오차	유의확률	Exp(B)	기여도	계수	표준오차	유의확률	Exp(B)	기여도	계수	표준오차	유의확률	Exp(B)	기여도	계수	표준오차	유의확률	Exp(B)	기여도
(상수)	-2.370	0.609	0.000	0.093	-	-0.560	1.063	0.598	0.571	-	-3.163	0.898	0.000	0.042	-	-0.190	1.157	0.870	0.827	-
성별	0.074	0.176	0.674	1.077	-0.002	0.129	0.247	0.603	1.137	0.018	-0.208	0.238	0.381	0.812	-0.015	-0.094	0.302	0.755	0.910	0.006
연령	0.498	0.081	0.000	1.646	0.042	0.010	0.011	0.364	1.010	0.019	0.060	0.010	0.000	1.062	0.048	0.029	0.012	0.016	1.030	0.021
학력	0.081	0.096	0.399	1.084	-0.002	0.003	0.167	0.986	1.003	0.017	0.068	0.078	0.385	1.070	-0.011	-0.095	0.106	0.372	0.910	0.010
소득수준	0.084	0.039	0.030	1.088	0.002	0.098	0.058	0.088	1.103	0.018	-0.022	0.122	0.855	0.978	0.010	-0.024	0.060	0.695	0.977	0.019
충청 출신지	-0.732	0.230	0.001	0.481		-1.075	0.305	0.000	0.341		-1.550	0.526	0.003	0.212		-1.255	0.474	0.008	0.285	
호남 출신지	-1.691	0.242	0.000	0.184	0.082	-2.265	0.354	0.000	0.104		-3.732	1.043	0.000	0.024	0.130	-1.728	0.461	0.000	0.178	0.110
영남 출신지	0.029	0.194	0.879	1.030		1.610	0.279	0.000	5.005		0.798	0.232	0.001	2.220		0.262	0.332	0.429	1.300	
화이트칼라	0.125	0.265	0.638	1.133		0.266	0.337	0.429	1.305		-0.281	0.345	0.414	0.755		-0.305	0.355	0.391	0.737	
블루칼라	-0.156	0.284	0.582	0.855	-0.002	0.180	0.385	0.641	1.197	0.021	-0.065	0.261	0.804	0.937	-0.011	0.181	0.674	0.789	1.198	-0.008
자영업	0.036	0.201	0.859	1.036		0.153	0.274	0.578	1.165		-0.816	0.903	0.366	0.442		-0.422	0.402	0.294	0.656	
도시화 정도	0.251	0.125	0.045	1.286	0.002	-0.354	0.144	0.014	0.702	0.021	-0.048	0.107	0.651	0.953	-0.019	0.108	0.132	0.415	1.114	0.009
-2Log L	991.841					521.103					503.424					313.757				
x^2	116.536***					180.704***					122.459***					45.290***				
예측 정확도	66.4					74.8					74.2					67.2				
Cox & Snell R^2	0.134					0.300					0.215					0.160				
N	1201					1100					1500					1000				

1. 종속변수: 투표 결정은 한나라당 투표 = 1, 기타 정당 투표 = 0
2. 출신지(충청, 호남, 영남) 기여도와 직업(화이트칼라, 블루칼라, 자영업) 기여도는 세 변수의 총합 기여도임
3. 이 책에서 2004년과 2008년 국회의원 선거에서의 정당 투표는 지역구 후보자 투표라고 명기했으며, 이는 지역구 후보자 투표가 전국 비례선거구 정당 투표보다 더 중요한 투표라고 인식되기 때문이다. 예외적으로 비례대표 정당 투표를 분석했을 때는 비례대표 정당 투표라고 명기했다.
4. * = p < 0.05; ** = p < 0.01; *** = p < 0.001
5. 자료: 한국사회과학데이터센터

준이 높은 도시인들이 민주주의를 표방하는 야당을 지지하는 반면, 도시에 비해 상대적으로 연령이 높고 교육 수준이 낮은 농촌인들은 경제 성장과 법과 질서를 내세우는 여당을 지지하면서 나타난 현상이다(이갑윤 1997). 이런 여촌야도 현상은 민주화로 인해 민주 대 반민주 갈등이 해소됨에 따라 점차 사라지게 된 반면, 유권자의 출신 지역에 따른 정당 투표가 폭발적으로 등장해 지금까지 지속되고 있다. 또 연령에 따른 정당 지지의 차이도 1990년대 중반까지 그 영향력이 약화되었으나 1990년대 후반부터 다시 그 영향력이 증가하고 있다. 이에 비해 계급 투표는 민주화 이전과 마찬가지로 아직까지 거의 나타나지 않고 있다. 민주화 이후 한국의 선거에서 나타난 인구사회학적 변수들의 영향력을 ① 지역, ② 연령, ③ 계층, ④ 도시화, 종교, 성별의 순서로 검증해 보자.

1. 지역

민주화 이후 한국인의 집단 투표 중에서 가장 두드러진 현상은 지역 투표이다. 출신 지역별로 영남인은 한나라당을, 호남인은 민주당을 강하게 또 지속적으로 지지해 왔다. 사실 지역 투표가 권위주의 시대에 없었던 것은 아니다. 3공화국의 대통령 선거에서 영남인은 영남 출신 박정희 후보에 대해 높은 지지를 보여 주었으며, 이는 박정희 후보가 세 번의 대통령 선거에서 승리하게 된 원동력이 되었다. 1971년 대통령 선거에서는 영남 출신 박정희 후보와 호남 출신 김대중 후보가 대결해, 영남인과 호남인 각각이 자기 지역 출신 후보에 대해 높은 지지를 보여 준 결과, 동쪽 지방은 박정희 후보를 서쪽 지방은 김대중 후보를 지지하는 동서 현상이 나타나기도 했다. 그러나 권위주의 시대의 지역 투표는 민주화 이후의 지역 투표와 비교했을 때 그 영향력의 크기가 절반 정도에 불과했으며, 국회의원 선거에서는 전혀 나타나지 않고 대통령 선거에서만 나타나는 현상이었다. 따라서 지역 투표는 후보자의 출신 지역인들이 동향 출신 후보자에게 느끼는 단순한 수준의 호감도의 표현이라고 받아들여졌다(이갑윤 1997). 이에 비해 민주화 이후 지역 투표는 지역민과 특정 정당과의 선거 연합이라고 부를 수 있을 만큼 강하고 지속적인 연대를 보여 주고 있다. 출신 지역은 대통령 선거는 물론 국회의원 선거와 지방선거에서도 정당 지지를 결정하는 가장 중요한 인구사회학적 변수로 등장했으며, 지금까지 기존 정당의 분열과 통합, 신당의 등장이 빈번히 일어나는 가운데서도 영남과 호남으로 대립되는 지역 균열 구조의 성격은 크게 변하지 않고 지속되고 있다.

1) 지역 투표의 원인

민주화 이후 강한 지역 투표의 등장에 대해 초기 연구들은 두 가지 요인으로 지역 투표의 기원을 설명했다. 하나는 국가 주도의 산업화 과정에서 나타난 지역 간의 불균등한 사회경제적 발전이 원인이라는 지역 격차론이며, 다른 하나는 전통적으로 지속되어 온 지역민 간의 고정 관념과 심리적 거리감이 원인이라는 지역감정론이다(한국사회학회 1990; 한국심리학회 1989; 김만흠 1991).

이들 두 가지 균열론적 설명은 인과관계의 논리적 구조나 경험적 자료의 정합성 측면에서 볼 때, 민주화 이후 지역 투표의 등장과 지속을 성공적으로 설명하고 있다고 할 수는 없다. 먼저 산업화 과정에서 가장 발전한 지역은 영남 지역이 아니라 서울·경기 지역이며, 소외된 지역에는 호남 지역뿐 아니라 충청 또는 강원 지역도 포함된다는 사실을 고려한다면, 지역 격차론은 왜 정당 균열 및 선거 균열의 대립축이 영남과 호남 사이에서 형성되었는지를 충분히 설명할 수 없다. 또한 지역감정론 역시 영남과 호남 간의 선거 균열을 설명하기에는 불충분하다. 왜냐하면 한국인들의 지역감정에는 비호남인이 호남인에 대해 약한 거리감을 가지고 있고, 모든 지역인이 자기 지역인을 타 지역인보다 더 선호한다는 사실 이외에는 특별한 사실을 발견할 수 없기 때문이다. 이 두 가지 균열론의 가장 큰 한계는 지역 발전의 격차나 지역민 간의 심리적 편견이 지역 투표의 원인이라는 엄격한 증거를 제시하지 못하고 있다는 것이다. 다시 말해, 지금까지 선거에서 지역 간 격차가 선거의 중요 이슈라고 생각하기 때문에 지역 투표를 하고 있다거나 특정 지역민에 대한 편견을 가지고 있기 때문에 지역 투표를 한다는 경험적인 증거는 거의 찾아보기 어렵다.

이에 따라 지역 투표에 대한 사회균열론적 설명의 한계를 넘어서기 위해 지역 투표를 정치적 경쟁과 동원의 결과로 설명하고자 하는 연구가 등장했다(최장집 1991; 손호철 1991; 문용직 1992; 조기숙 1996). 이들에 의하면, 지역 투표의 기원은 민주화 과정에서 권력을 획득하려는 김영삼·김대중의 경쟁과 분열에서 찾을 수 있다. 즉, 6월 민주화 항쟁의 성공으로 대통령 직선제를 포함한 민주화 조치가 빠르게 시행되고 권위주의 하에서의 선거 균열이었던 민주 대 반민주 대립 구도가 약화되는 과정에서 김영삼·김대중이 분열함으로써 지역 균열이 시작되었다는 것이다. 특히 대선을 앞두고 김영삼·김대중이 자신의 당선 가능성을 높이기 위해 자신의 출신 지역민에게 지지를 호소함으로써 지역감정을 자극했으며, 이후 모든 정치인들이 기본적으로 출신 지역에 따라 각각의 지역 정당에 참여하면서 특정 정당과 특정 지역민 간의 선거 연합이 형성되고 지속될 수 있는 기반이 마련되었다는 것이다.

지역 투표의 원인을 밝히려는 다양한 이론들에 대한 경험적 검증이 충분히 이루어지지 못했던 가장 큰 이유는 무엇보다도 한국인의 지역 균열과 대립에 대한 여론조사 자료가 매우 부족했기 때문이다. 여기서는 2010년도 서강대 현대정치연구소가 실시한 한국인의 지역 갈등에 관한 여론조사 자료를 이용해 지역 투표의 세 가지 가설을 검증했다. 각 원인 변수의 효과를 측정하기 위해 다단계 회귀식을 적용했는데, 먼저 첫 번째 단계에서 인구사회학적 변수들의 효과를 측정한 후, 두 번째 단계에서 지역 발전에 대한 기대와 지역민 호감도 변수를 포함했으며, 세 번째 단계에서는 김영삼·김대중에 대한 평가 변수를 추가해 분석했다. 김영삼·김대중에 대한 평가가 최종 단계의 회귀식에 포함된 것은 김영삼·김대중에 대한 평가가 정당 지지에 영향을 미치는 독립변수이지만, 다른 한편으로는 지역 발전에 대한 기대와 지역민 호감도 변수로부터 영향을 받는 종속변수이기 때문이다.

여론조사 자료의 통계적 분석을 통해서 알 수 있는 결론은 다음과 같다. 첫째, 지역 투표는 지역 발전을 위한 지역민의 기대, 특정 지역민에 대한 호감도, 김영삼·김대중과 같은 정치 지도자에 대한 평가 등 다양한 정치·경제·사회적인 요인이 복합적으로 작용한 결과이다. 〈표 3-2〉에서 볼 수 있는 것처럼, 영남 지역에 대한 발전을 기대할수록 영남인을 좋아하고, 호남인을 싫어할수록 김영삼을 좋아하고, 김대중을

표 3-2 정당 지지에 미치는 지역 변수의 영향력1 : 단계별 순위 로짓 계수

	1단계			2단계			3단계		
	계수	표준오차	유의확률	계수	표준오차	유의확률	계수	표준오차	유의확률
성별	0.06	0.11	0.589	0.03	0.11	0.786	0.04	0.11	0.711
연령	−0.02	0.00	0.000	−0.02	0.01	0.000	−0.02	0.01	0.000
학력	0.02	0.10	0.877	−0.06	0.11	0.546	−0.11	0.11	0.327
소득수준	0.04	0.04	0.327	0.05	0.05	0.247	0.05	0.05	0.308
도시화 정도	0.27	0.08	0.000	0.06	0.08	0.406	−0.02	0.08	0.830
이념 성향	−0.27	0.04	0.000	−0.22	0.04	0.000	−0.20	0.04	0.000
충청인 호감도	-	-	-	−0.14	0.04	0.000	−0.14	0.04	0.000
호남인 호감도	-	-	-	0.31	0.03	0.000	0.24	0.03	0.000
영남인 호감도	-	-	-	−0.13	0.04	0.001	−0.08	0.03	0.004
충청×정치인 필요	-	-	-	0.36	0.08	0.000	0.39	0.08	0.000
호남×정치인 필요	-	-	-	0.42	0.07	0.000	0.24	0.07	0.001
영남×정치인 필요	-	-	-	−0.19	0.05	0.000	−0.12	0.05	0.015
김영삼 호감도	-	-	-	-	-	-	−0.26	0.03	0.000
김대중 호감도	-	-	-	-	-	-	0.36	0.03	0.000
Log likelihood	−1563.071			−1427.751			−1346.625		
x^2	130.620***			401.260***			563.510***		
Cox & Snell R^2	0.040			0.123			0.173		
N	1217			1217			1217		

1. 종속변수 : 정당 지지 = 한나라당 지지(1.매우 지지~ 4.매우 반대) = 민주당 지지(1.매우 지지~ 4.매우 반대)
2. 독립변수 : 정치인 필요(자기 지역 발전을 위해 지역 정치인이 필요하다~1.매우 동의함 ~4.전혀 동의하지 않음)
3. * =p < 0.05; ** =p < 0.01; *** = p < 0.001
4. 자료 : 서강대학교 현대정치연구소(2010)

싫어할수록 민주당보다 한나라당을 더 지지하는 반면, 반대로 호남 지역에 대한 발전을 기대할수록 호남인을 좋아하고, 영남인을 싫어할수록 김대중을 좋아하고, 김영삼을 싫어할수록 한나라당보다 민주당을 더 지지하는 것으로 나타난다.

둘째, 분석 결과에 나타난 독립변수의 설명력의 기여도를 기준으로 영향력의 크기를 비교하면, 지역민의 호감도와 같은 심리문화적인 요인이 가장 큰 영향력을 행사했고, 그다음이 김영삼·김대중에 대한 평가와 같은 정치적 요인이었으며, 지역 발전에 대한 기대와 같은 사회경제적 요인은 가장 작은 영향력을 행사했다.

한나라당과 민주당이 김영삼·김대중의 리더십하에 만들어진 정당이라는 점에서 김영삼·김대중에 대한 평가가 이들 정당의 호감도에 어느 정도 영향을 미친다는 것은 너무나 당연하다고 할 수 있다. 지역 투표의 세 가지 요인의 영향력을 검증하는 과정에서 나타난 가장 놀라운 사실은, 그동안 지역 투표의 원인으로 크게 주목받지 못한 지역민 호감도와 같은 심리문화적 요인이 정당 지지에 가장 큰 영향력을 미치고 있다는 것이다. 〈표 3-3〉이 보여 주듯이, 지역민 호감도와 같은 심리문화적 요인의 영향력은 단순히 영호남 지역민에게서만 발견될 뿐 아니라 서울·경기, 충청 지역민들에게서도 매우 강하게 나타나고 있다. 다시 말해, 영남인과 호남인만 자기 지역민과 상대 지역민에 대한 선호도에 따라 정당 지지를 결정하는 것이 아니라, 서울·경기인과 충청인조차 영남인과 호남인에 대한 선호도에 따라 한나라당과 민주당을 지지한다는 것이다. 이는 지역 투표를 영남인과 호남인만이 하는 것이 아니라 서울·경기, 충청 및 기타 지역인들도 영호남 지역민에 대한 호감도에 따라 지역 투표를 한다는 것을 보여 주는 증거라고 할 수 있다.■

이렇게 볼 때, 지역 투표의 기원에 대한 여러 가설들 가운데 가장 설

■ 더 자세한 내용은 이갑윤·박정석(2011) 참조.

표 3-3 정당 지지에 미치는 지역 변수의 영향력2 : 출신 지역별 순위 로짓 계수

	집단 1(호남, 영남)				집단 2(서울·경기, 충청)			
	계수	표준오차	Wald	유의 확률	계수	표준오차	Wald	유의 확률
성별	0.158	0.160	0.977	0.323	−0.086	0.181	0.227	0.633
연령	−0.006	0.007	0.699	0.403	−0.030	0.008	14.378	0.000
학력	−0.063	0.152	0.171	0.680	0.042	0.172	0.058	0.809
소득	0.069	0.065	1.111	0.292	−0.005	0.073	0.005	0.946
도시화 정도	−0.039	0.111	0.126	0.723	0.058	0.130	0.198	0.656
이념 성향	−0.171	0.048	12.752	0.000	−0.233	0.062	14.132	0.000
충청인 호감도	0.057	0.058	0.973	0.324	−0.236	0.063	13.959	0.000
호남인 호감도	0.190	0.047	16.217	0.000	0.430	0.068	40.060	0.000
영남인 호감도	−0.251	0.050	25.227	0.000	−0.312	0.076	16.858	0.000
충청×정치인 필요	-	-	-	-	0.476	0.092	26.462	0.000
호남×정치인 필요	0.159	0.084	3.579	0.059	-	-	-	-
영남×정치인 필요	−0.132	0.069	3.698	0.054	-	-	-	-
김영삼 호감도	−0.235	0.047	25.231	0.000	−0.250	0.051	23.831	0.000
김대중 호감도	0.319	0.044	52.229	0.000	0.395	0.048	66.514	0.000
Log likelihood	1334.146				1053.786			
x^2	315.681***				250.974***			
Cox & Snell R^2	0.407				0.385			
N	604				518			

1. 종속변수 : 정당 지지 = 한나라당 지지(1.매우 지지~ 4.매우 반대) − 민주당 지지(1.매우 지지~ 4.매우 반대)
2. 독립변수 : 정치인 필요(자기 지역 발전을 위해 지역 정치인이 필요하다 1.매우 동의함 ~4.전혀 동의하지 않음)
3. * = p < 0.05; ** = p < 0.01; *** = p < 0.001
4. 자료 : 서강대학교 현대정치연구소(2010)

명력이 높은 가설은 지역감정론이라 할 수 있다. 왜냐하면 김영삼·김대중이 출신 지역민들로부터 높은 지지를 받았던 근본적 원인도 지역민들이 자기 지역 출신을 타 지역 출신보다 더 선호한 결과라고 할 수 있기 때문이다. 1987년 대통령 선거 과정에서 김영삼·김대중의 후보

단일화가 실패한 이유도 비호남인의 호남인에 대한 거리감 때문에 김대중 후보로서는 3자 대결 또는 4자 대결 구도가 자신의 대통령 당선에 가장 유리하다고 판단했기 때문일 것이다. 또 모든 영남 출신 야당 정치인들이 통일민주당에 참여하고, 모든 호남 출신 야당 정치인들이 평화민주당에 참여함으로써 두 야당이 명실상부한 지역 정당으로 변화한 것도 그렇게 하는 것이 자신들의 국회의원 당선에 유리하다고 판단했기 때문이라고 할 수 있다.

2) 지역 투표 성향의 결정 요인

영남인과 호남인이 지역 투표를 한다고 해서 모든 호남인과 영남인이 자기 지역 정당에 투표하는 것은 아니다. 다시 말해, 영남인과 호남인 사이에서도 성별, 연령, 교육 수준, 도시화 정도, 거주지, 출신 지역에 따라 지역 투표의 비율이 다르게 나타난다. 영남 출신 지역민과 호남 출신 지역민만을 대상으로 지역 투표를 호남인과 영남인이 각각 자기 지역 정당에 투표하는 행위라 정의하고, 지역 투표에 미치는 인구사회학적 변수의 영향력을 살펴보면, 먼저 호남 출신 지역민이 영남 출신 지역민보다 지역 투표를 하는 비율이 훨씬 높다는 것을 알 수 있다. 〈표 3-4〉에서 알 수 있는 것처럼, 호남인은 2008년 국회의원 선거를 제외하고는 대통령 선거와 국회의원 선거 모두에서 영남인보다 지역 투표 비율이 더 높으며 통계적으로 유의한 것으로 나타난다. 이는 영남 출신 대통령이 이끄는 권위주의 정권 기간 동안 호남 지역이 정치경제적으로 소외되었으며, 사회문화적으로도 호남 지역민이 다른 지역민들

表 3-4 지역 투표에 미치는 인구사회학적 변수의 영향력(로짓 계수)

대통령 선거

	1992년				1997년				2002년				2007년			
	계수	표준오차	유의 확률	Exp(B)	계수	표준오차	유의 확률	Exp(B)	계수	표준오차	유의 확률	Exp(B)	계수	표준오차	유의 확률	Exp(B)
(상수)	-0.718	0.890	0.420	0.488	-2.323	0.979	0.018	0.098	-2.323	0.979	0.018	0.098	2.153	0.889	0.017	8.611
성별	-0.002	0.214	0.992	0.998	0.468	0.209	0.026	1.596	0.468	0.209	0.026	1.596	-0.436	0.216	0.043	0.647
연령	0.030	0.010	0.003	1.030	0.040	0.010	0.000	1.041	0.040	0.010	0.000	1.041	0.014	0.009	0.117	1.014
학력	-0.104	0.136	0.442	0.901	-0.032	0.138	0.819	0.969	-0.032	0.138	0.819	0.969	-0.640	0.189	0.001	0.527
도시화 정도	0.161	0.143	0.262	1.174	-0.096	0.169	0.571	0.909	-0.096	0.169	0.571	0.909	-0.055	0.143	0.701	0.947
거주 일치	0.676	0.243	0.005	1.966	0.848	0.242	0.000	2.334	0.848	0.242	0.000	2.334	0.676	0.235	0.004	1.965
후보 일치	1.304	0.263	0.000	3.684	1.822	0.247	0.000	6.182	1.822	0.247	0.000	6.182	-0.498	0.229	0.030	0.608
-2Log L	562.593				594.549				661.577				521.908			
x^2	65.083***				93.608***				170.999***				47.558***			
예측 정확도	79.2				72.4				75.4				72.1			
Cox & Snell R^2	0.103				0.150				0.220				0.098			
N	657				626				777				583			

국회의원 선거

	1996년				2000년				2008년			
	계수	표준오차	유의확률	Exp(B)	계수	표준오차	유의확률	Exp(B)	계수	표준오차	유의확률	Exp(B)
(상수)	0.589	0.665	0.376	1.801	1.757	1.264	0.165	5.795	1.774	1.101	0.107	5.893
성별	-0.452	0.210	0.031	0.636	-0.588	0.255	0.021	0.556	-0.256	0.267	0.338	0.774
연령	0.293	0.105	0.005	1.341	0.016	0.013	0.202	1.017	0.007	0.011	0.493	1.007
학력	-0.081	0.121	0.503	0.922	-0.351	0.189	0.063	0.704	-0.146	0.083	0.079	0.864
도시화 정도	-0.663	0.165	0.000	0.515	0.456	0.169	0.007	1.578	-0.251	0.118	0.033	0.778
거주 일치	0.764	0.252	0.002	2.146	0.156	0.267	0.558	1.169	0.661	0.291	0.023	1.937
호남 출신지	1.133	0.238	0.000	3.104	-0.642	0.254	0.011	0.526	-0.146	0.287	0.610	0.864
-2Log L	541.937				422.237				352.289			
x^2	48.793***				41.127***				20.617***			
예측 정확도	66.9				75.0				66.7			
Cox & Snell R^2	0.105				0.095				0.070			
N	636				557				464			

1. 종속변수: 지역 투표 = 1, 기타 투표 = 0(지역 투표는 영남인 한나라당 투표, 호남인은 민주당 투표를 의미함)
2. * = p < 0.05; ** = p < 0.01; *** = p < 0.001
3. 2004년 국회의원 선거 조사에서는 응답자의 출신지가 조사되지 않음
4. 자료: 한국사회과학데이터센터

로부터 차별받고 있다는 불만과 소외 의식이 낳은 결과라고 할 수 있다. 또 이들이 호남 지역을 대표하는 정치인인 김대중 후보에게 보내는 열렬한 지지도 지역 투표의 비율을 높이는 요인이다.

영호남인의 지역 투표에 영향력을 미치는 변수로는 거주지 변수를 들 수 있다. 영남인과 호남인 모두 자기 지역에 계속 살고 있는 사람들, 즉 출신지와 거주지가 일치하는 사람들이 출신지에서 거주하고 있지 않은 사람들에 비해 더 높은 지역 투표 성향을 보여 준다. 〈표 3-4〉에서 볼 수 있는 것처럼, 출신지와 거주지가 일치하는 사람들은 출신지와 거주지가 일치하지 않는 사람들에 비해 네 번의 대통령 선거에서 모두 국회의원 선거에서는 세 번 중 두 번, 더 높은 지역 투표 성향을 보여 주고 있다. 이렇게 출신지와 거주지의 일치 여부에 따라 지역 투표 성향의 차이가 나타나는 것은 출신 지역으로부터 타 지역으로 이주한 사람들은 출신지에서 계속 거주하고 있는 사람들에 비해 지역민 호감도와 같은 지역주의적 문화나 심리가 약화되고 출신지의 지역 발전에 대한 기대와 요구가 낮아졌기 때문이라 추론할 수 있다.

〈표 3-4〉에서 볼 수 있는 것처럼 연령도 지역 투표에 영향을 미치는데, 나이가 적은 사람들이 나이가 많은 사람들에 비해 지역 투표의 비율이 낮게 나타난다. 이런 연령 효과는 네 번의 대통령 선거 중 세 번, 세 번의 국회의원 선거 중 한 번 통계적으로 유의하게 나타나고 있다. 그런데 특기할 것은 연령 효과가 호남인들에게는 발견되지 않고, 영남인들에게서만 발견된다는 점이다. 영남인들의 경우에는 젊은 투표자들이 그들의 진보적 이념 때문에 나이가 많은 사람들보다 한나라당을 지지하는 지역 투표 비율이 더 낮게 나타나지만, 호남인의 경우에는 이념과 관계없이 민주당을 지지하는 지역 투표 비율이 일관되게 높게 나타

났다. 학력의 효과는 2007년 대통령 선거에서만 통계적으로 유의하게 나타나는데, 학력이 높을수록 지역 투표 비율이 낮게 나타났다. 성별과 도시화 정도도 지역 투표에 유의한 영향을 미치지만, 그 방향상으로는 일관성을 보이지 않는다. 남성이 여성보다 세 번의 선거에서 더 높은 지역 투표 비율을 보이지만, 두 번의 선거에서는 오히려 더 낮은 지역 투표 비율을 보이기도 했다. 도시화 정도도 대도시에 거주하는 유권자들이 농촌 지역에 거주하는 유권자보다 한 번의 선거에서 더 높은 지역 투표 비율을 보이지만, 두 번의 선거에서는 반대로 그 비율이 낮게 나타났다.

3〉 지역 투표의 변화

지역 투표에 관한 논쟁 가운데 하나는 선거 결과에서 나타나는 지역 균열의 강도가 민주화 이후 어떻게 변화해 왔는가 하는 것이다. 특히 김대중 정부 이후 정당 균열이 지역 균열 이외에 세대나 이념에 의한 균열을 포함하게 되면서 지역 투표가 약화되는 것이 아닌가 하는 의문이 제기되었다. 이와 더불어 지역 투표와 이념 투표가 어떤 상관관계나 인과관계 혹은 이 양자의 중첩적 관계를 갖고 있는가 하는 의문도 제기되었다(강원택 2003; 최준영·조진만 2005; 이갑윤·이현우 2008; 조성대 2008). 이 두 가지 의문을 경험적 자료를 통해 검증해 보면, 지역 투표의 강도는 이념 투표의 등장으로 별로 약화되지 않았으며, 출신 지역별로 이념적 차이는 나타나고 있으나 그 이념적 차이가 지역 투표의 원인이라고 볼 수는 없다.

지역 투표와 같은 집단 투표의 강도를 측정하기 위해 가장 많이 사용되어 온 지표는 알포드의 균열 지수이다(Alford 1963). 이는 서구에서 계급 균열이나 계급 투표의 강도를 측정하기 위해 고안된 지수로, 대표적 예로는 노동자의 좌파 정당 지지율에서 중산층의 좌파 정당 지지율을 뺀 값으로 계급 투표의 강도를 측정하는 것을 들 수 있다. 알포드 균열 지수는 기본적으로 정당의 수가 둘이고 사회집단도 둘일 경우를 상정해 만든 지수이다. 따라서 정당의 수나 지역 집단의 수가 셋 이상인 한국 선거에 적용하기 위해 여기에서는 지역 집단을 영남인과 호남인으로 국한시키고 정당도 한나라당과 민주당으로 국한시켜 두 지역에서 나타나는 정당 득표율의 차이를 합친 다음, 이를 다시 둘로 나눈 값으로 선거별 지역 투표의 균열 지수를 측정하고자 한다. 다시 말해, 영남인의 지역 투표 지수로 영남 지역 한나라당 득표율에서 민주당 득표율을 뺀 것을, 호남인의 지역 투표 지수로 호남 지역 민주당 득표율에서 한나라당 득표율을 뺀 것으로 한 다음, 영남인의 지역 투표 지수와 호남인의 지역 투표 지수의 평균을 영호남인의 지역 투표에 의한 지역 균열 지수로 한다는 것이다. 이는 서울·경기인과 충청인 또는 제3정당 이하의 정당들을 배제한 까닭에 균열의 강도를 실제보다 더 높게 측정한다는 문제가 있지만, 이 지역 투표 균열 지수로 지역 투표의 강도가 시기적으로 강화되었는가 또는 약화되었는가 하는 추세를 파악하는 데에는 별 문제가 없다.

　〈표 3-5〉는 집합적 선거 결과에서 지역별 득표율에 의한 지역 균열 지수를 측정한 것인데, 이를 통해 지역 투표의 강도는 대통령 선거에서 지난 15년간 약 10%p 정도 감소했다는 것을 알 수 있다. 국회의원 선거에서는 탄핵 이슈로 인해 2004년 선거에서 지역 투표의 강도가 일시

표 3-5 지역 균열 지수의 변화 (단위 : %)

	대통령 선거			
	1992년	1997년	2002년	2007년
호남 지역 투표	86.62	89.63	87.42	70.60
영남 지역 투표	57.98	44.83	43.15	51.74
영호남 지역 균열	72.30	67.23	65.28	61.17

	국회의원 선거			
	1996년	2000년	2004년	2008년
호남 지역 투표	53.98	63.02	53.75	52.56
영남 지역 투표	38.75	42.89	20.08	45.31
영호남 지역 균열	46.36	52.95	36.91	48.94

1. 호남 지역 투표 지수 = 호남 지역 민주당 득표율 − 호남 지역 한나라당 득표율
2. 영남 지역 투표 지수 = 영남 지역 한나라당 득표율 − 영남 지역 민주당 득표율
3. 영호남 지역 균열 지수 = (호남 지역 투표 지수 + 영남 지역 투표 지수) ÷ 2
4. 자료 : 중앙선거관리위원회

적으로 약화되었으나 2008년 국회의원 선거에서는 다시 강화되어 민주화 이후 지금까지 지역 투표의 강도가 크게 변화하지는 않았다.

집합적으로는 정당의 이념적 분화가 지역 투표의 강도에 큰 영향력을 미치지 못했지만, 개인적 차원에서 이념 투표가 지역 투표에 어떤 영향을 미쳤는가를 검증해 볼 필요가 있다. 왜냐하면 집합적으로는 지역 투표의 강도가 변화하지 않았으나 개인적으로는 변화했을 가능성을 배제할 수 없기 때문이다. 민주화 이후 지역 투표가 처음 등장했을 때 지역 투표의 등장 원인으로 정치적 동원을 강조하는 가설들은 그 배경으로 정당의 이념적 수렴 현상을 지적했다(조기숙 1996; 이갑윤 1997). 이들에 따르면, 민주화로 인해 민주 대 반민주의 균열이 소멸함에 따라 투표자들은 지도자의 출신 지역 이외에 정당이나 후보자를 구별할 수 있는 기

준을 찾을 수 없었고, 정당과 후보자 또한 출신 지역민의 충성심 이외에
는 배타적으로 지지를 동원할 만한 수단이 없었기 때문에 지역주의 선
거 연합이 등장할 수밖에 없었다는 것이다. 이런 논리에 의하면, 정당들
간의 이념적 차이를 인식하는 사람들과 이념적 차이를 인식하지 못하는
사람들 사이에 지역 투표의 강도에 차이가 있을 것이라고 기대할 수 있
다. 다시 말해 정당의 이념적 차이를 인식하는 사람은 인식하지 못하는
사람들에 비해 지역 투표의 영향을 덜 받을 것이라는 것이다.

　이 가설을 검증하기 위해 투표자 집단을 한국 정당들의 정책 차이가
크다고 인식하는 사람들과 정책 차이가 작다고 인식하는 사람들로 구
분해 이들의 정당 지지에 미치는 지역 변수의 영향력을 측정해 보았다.
〈표 3-6〉이 보여 주는 것처럼, 분석 결과는 기대했던 대로 주요 정당들
간의 정책 차이가 크다고 보는 사람들에게서 정책 차이가 작다고 보는
사람들보다도 지역 변수의 설명력이 더 작게 나타났다. 이는 지역 변수
의 영향력은 정당 간의 이념적 대립의 크기와 부적 관계에 있다는 것을
보여 준다. 다시 말해, 정당들 간의 이념적 대립이 클수록 지역 변수의
영향력이 약화될 수 있다는 것이다. 그러나 두 집단에서 지역 변수의
설명력의 차이가 그리 크지 않을 뿐 아니라, 정당들 간의 정책적 차이
가 크다고 인식하는 사람들에게서도 지역 발전에 대한 기대나 지역민
호감도, 김영삼·김대중에 대한 평가 등과 같은 지역 변수의 영향력이
매우 크게 나타난다는 점에서 이념 투표의 강화가 지역 투표를 약간 약
화시킬 수는 있어도 크게 감소시킬 것이라고 기대하기는 어렵다. 이렇
게 볼 때 정치적 동원 가설의 주장과는 달리 민주화로 인한 정당의 이
념적 수렴만으로 지역 투표가 설명되기는 힘들다고 하겠다.

　지역 투표와 이념 투표의 관계에 관한 논쟁으로는 지역 투표 속에

표 3-6 정당 지지에 미치는 지역 변수의 영향력3 : 정책 차이 집단별 순위 로짓 계수

	집단1(정책 차이 없음)			집단2(정책 차이 있음)		
	계수	표준오차	유의확률	계수	표준오차	유의확률
성별	−0.05	0.15	0.767	0.10	0.17	0.561
연령	−0.01	0.01	0.059	−0.03	0.01	0.000
학력	−0.11	0.14	0.433	−0.13	0.17	0.444
소득수준	0.07	0.06	0.240	0.05	0.07	0.493
도시화 정도	0.04	0.11	0.735	−0.09	0.12	0.463
이념 성향	−0.23	0.05	0.000	−0.18	0.06	0.001
충청인 호감도	−0.19	0.05	0.001	−0.07	0.05	0.189
호남인 호감도	0.29	0.05	0.000	0.22	0.05	0.000
영남인 호감도	−0.16	0.05	0.001	−0.06	0.02	0.002
충청×정치인 필요	0.30	0.11	0.004	0.50	0.12	0.000
호남×정치인 필요	0.07	0.10	0.455	0.38	0.11	0.001
영남×정치인 필요	−0.15	0.07	0.029	−0.02	0.07	0.782
김영삼 선호도	−0.27	0.05	0.000	−0.26	0.05	0.000
김대중 선호도	0.42	0.05	0.000	0.28	0.04	0.000
Log likelihood	−727.406			−602.713		
x^2	357.73***			228.42***		
Cox & Snell R^2	0.197			0.159		
N	667			549		

1. 종속변수 : 정당 지지 = 한나라당 지지(1.매우 지지~ 4.매우 반대) −민주당 지지(1.매우 지지~ 4.매우 반대)
2. 독립변수 : 정치인 필요(자기 지역 발전을 위해 지역 정치인이 필요하다~1.매우 동의함 ~4.전혀 동의하지 않음)
3. * =p < 0.05; ** =p < 0.01; *** =p < 0.001
4. 자료 : 서강대학교 현대정치연구소(2010)

이념 투표가 중첩되어 나타나는가의 문제도 있다. 다시 말해서, 영남인이 한나라당을 지지하는 것은 한나라당이 영남 정당이기도 하지만 이념적으로 민주당보다 더 보수적이기 때문이고, 마찬가지로 호남인도 민주당이 호남 정당이기 때문만이 아니라 이념적으로 한나라당보다 더 진보적이기 때문에 민주당을 지지하는가 하는 문제이다. 먼저 지역별

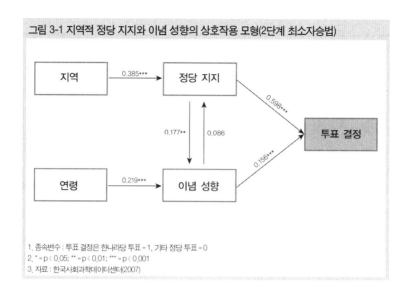

그림 3-1 지역적 정당 지지와 이념 성향의 상호작용 모형(2단계 최소자승법)

1. 종속변수 : 투표 결정은 한나라당 투표 = 1, 기타 정당 투표 = 0
2. * = p < 0.05; ** = p < 0.01; *** = p < 0.001
3. 자료 : 한국사회과학데이터센터(2007)

이념 분포를 보면 주관적인 자기 이념 성향에서 그 차이는 크다고 할 수 없으나 영남인은 충청인과 같이 보수 성향을 가진 반면, 호남인은 서울·경기 지역인들과 같이 진보 성향을 가진 것으로 나타났다. 특히 한미 관계나 대북 정책 등과 같은 외교·안보 분야에서의 지역별 차이는 더욱 뚜렷하게 나타난다. 그러나 이런 이념적 차이가 지역 투표를 가져오는 원인이라고 볼 수 있는 증거는 없다. 오히려 이런 이념적 차이는 지역 투표를 가져오는 원인이 아니라 지역 투표의 결과라 할 수 있다. 〈그림 3-1〉의 정당 지지와 이념과의 상호작용 모형에서 알 수 있듯이, 출신 지역별로 이념 차이가 나타나는 것은 그들이 지지하는 정당의 이념 차이의 결과라 할 수 있다. 자신이 지지하는 정당의 이념을 자신의 이념으로 받아들이는 결과에 따라, 다시 말해서 영남인들은 그들이 지지하는 한나라당이 보수적이기 때문에 자신들을 보수적이라 생각

표 3-7 지역별 이념 성향(Scheffe 검증)

1997년 대통령 선거		p=0.05	2002년 대통령 선거		p=0.05		2007년 대통령 선거		p=0.05	
지역	N	1	지역	N	1	2	지역	N	1	2
서울·경기	515	2.917	호남	710	2.602		호남	568	3.930	
영남	305	2.925	서울·경기	151	2.814	2.814	서울·경기	296		5.326
호남	113	3.009	충청	419	2.815	2.815	영남	119		5.669
충청	119	3.151	영남			2.916	충청			5.857
유의 확률		0.269	유의 확률		0.117	0.712	유의 확률		1.000	0.127

1. 이념 성향은 0(아주 진보) ~ 10(아주 보수)의 척도
2. 자료: 한국사회과학데이터센터

하고, 호남인들은 그들이 지지하는 민주당이 진보적이기 때문에 자신들을 진보적이라 생각하게 된다는 것이다.

사실 지역별로 나타나는 이념적 차이는 정당들의 이념적 분화가 있기 전에는 통계적으로 유의하지 못했으나, 2002년 대통령 선거부터 호남의 진보성과 영남의 보수성을 보여 주는 약간의 차이가 발견되기 시작했으며, 그 차이는 점점 더 커져 가는 것으로 보인다. 다시 말해서, 〈표 3-7〉에서 보는 바와 같이, 2000년대 이전에는 서울·경기, 영남, 호남, 충청 순으로 진보적으로 나타났던 것이 2000년대 이후에 와서 호남, 서울·경기, 충청, 영남 순으로 순서가 바뀌어 나타나고 있다. 이는 지지 정당의 이념적 분화가 지역민들의 이념적 분화의 원인이라는 것을 보여 준다고 할 수 있다. 사실 이런 지지 정당의 정책이 지역민들에게 미치는 설득 효과는 다음 장에서 찾아볼 수 있는 것처럼, 이념에만 국한된 것이 아니라 거의 모든 정치적 이슈에 대한 태도에서도 발견된다.

2. 연령

인구사회학적 변수들 가운데 정당과 후보자에 대한 투표 결정에 출신 지역 다음으로 큰 영향을 미치는 것은 연령 변수이다. 앞의 〈표 3-1〉에서 볼 수 있는 것처럼, 연령 효과의 크기는 지역 변수의 약 3분의 1 정도에 불과하지만, 투표 결정에 미치는 효과는 일관되게 통계적으로 유의할 뿐 아니라 그 영향력도 다른 변수들에 비해 결코 작지 않다(정진민 1992; 강원택 2003).

일반적으로 연령이 높을수록 한나라당을 지지하는 비율이 높은 반면, 연령이 낮을수록 민주당과 진보 정당에 투표하는 비율이 높게 나타난다. 사실 투표 결정에 미치는 연령 효과는 그리 새로운 것이 아니다. 권위주의 시대에 시행된 선거에서 연령은 교육 수준과 더불어 투표 결정에 가장 큰 효과를 미치는 변수였다. 연령이 낮고 교육 수준이 높은 사람들은 연령이 높고 교육 수준이 낮은 사람들에 비해 법과 질서, 경제성장, 반공 등 권위주의 정권이 제시하는 가치보다 자유와 기본권, 참여 등 민주적 가치를 더 선호했기 때문에 야당을 지지하는 비율이 높았다.

민주화 이후에도 연령은, 그 영향력의 크기가 비록 감소했지만 2000년 국회의원 선거를 제외한 모든 대통령 선거와 국회의원 선거에서 통계적으로 유의한 영향을 미쳤으며, 2000년대 들어와 그 영향력이 증가하는 경향을 보여 주고 있다. 투표 결정에 미치는 연령 효과의 크기는 무엇보다도 민주주의, 정치 개혁, 안보 정책 등 연령집단별로 차이를 보이는 이념적 이슈가 선거에서 어떤 영향을 미치는가에 따라 다르게 나타난다. 연령이 낮은 사람들은 연령이 높은 사람들과 비교할 때 효율성보다는 분배를, 법과 질서보다는 변화와 개혁을, 국제주의보다는 민

표 3-8 연령집단별 이념 성향 (단위 : %)

대통령 선거

	1992년			2002년			2007년		
	보수	중도	진보	보수	중도	진보	보수	중도	진보
20대	28.62	17.30	54.09	17.09	33.61	49.30	21.72	41.80	36.48
30대	39.38	22.95	37.67	16.23	31.15	52.62	27.80	41.52	30.69
40대	53.57	23.47	22.96	33.33	29.13	37.54	34.73	41.60	23.66
50대	49.18	28.42	22.40	40.00	28.72	31.28	42.94	34.71	22.35
60대 이상	51.55	22.68	25.77	37.77	39.48	22.75	56.41	31.28	12.31
전체	41.53	22.28	36.19	26.67	32.27	41.07	35.19	38.85	25.96

국회의원 선거

	2000년			2004년			2008년		
	보수	중도	진보	보수	중도	진보	보수	중도	진보
20대	16.74	52.09	31.16	15.54	30.74	53.72	25.88	29.41	44.71
30대	20.08	41.84	38.08	16.83	32.38	50.79	33.15	31.52	35.33
40대	25.73	42.11	32.16	32.30	31.96	35.74	50.00	27.84	22.16
50대	27.68	50.89	21.43	38.63	36.05	25.32	54.84	28.23	16.94
60대 이상	39.25	48.60	12.15	42.45	36.79	20.75	65.91	22.73	11.36
전체	23.82	46.56	29.62	26.43	32.96	40.61	44.27	28.24	27.48

자료 : 한국사회과학데이터센터

족주의를, 경제개발보다는 환경보호를 더 선호하는 진보적 또는 좌파적 성향을 갖고 있다. 이념 성향 이외에도 연령은 거의 모든 정치적 정향과 태도에 큰 영향을 미치는 변수이다. 정당 지지, 정부 업적 평가, 후보자와 이슈에 대한 태도뿐만 아니라, 일반적인 정치적 정향으로서 효능감, 정치적 관심, 정치적 신뢰도 등에도 가장 큰 영향을 미친다(김무경·이갑윤 2005).

한국에서 연령대별로 정당 지지가 다르게 나타나는 이유는 초기 사회화 과정의 차이에 따른 세대 효과가 크게 작용하고 있기 때문이다. 급속한 사회·경제적 변동 속에서 서로 다른 사회화 과정을 겪은 세대가 정치적 태도와 이념에서 연속적이기보다는 단절적인 경향을 보이는 것은 어느 정도 당연하다. 일반적으로 전쟁, 가난, 혼란 등을 초기 사회화 과정에서 경험한 나이가 많은 세대는 보수적 가치와 정향을 가지고 있는 반면, 상대적으로 사회적 안정과 경제적 풍요를 경험한 젊은 세대는 진보적이거나 탈물질주의적인 가치와 정향을 갖고 있다(어수영 1999; 강원택 2003). 연령은 지역과는 달리 이념과 이슈에 대한 태도 변수를 포함시키면 독립적 영향력이 크게 줄어드는데, 이는 연령이 이런 정향과 태도 변수를 통해 투표 결정에 영향을 미친다는 것을 보여 준다.

노무현 정부 시절 가장 관심을 받았던 세대는 소위 386세대라 부르는, 1960년대에 출생해 민주화 운동이 고조되었던 1980년대에 대학 시절을 보낸 30~40대의 사람들이다. 정치적으로 진보적인 노무현 정부에 직접 참여하거나 정부의 지지 세력으로 중추적 역할을 담당했다고 알려진 386세대는 1980년대 민주화 경험에 따라 그 이전 세대는 물론 그 이후 세대에 비해서도 상대적으로 진보적인 성격을 갖고 있다고 주목받아 왔다. 이런 주장을 검증하기 위해 투표 결정은 물론 중심적 정향과 태도에서 386세대(모조 변수)가 통상적인 세대의 연속적 효과와는 다르게 독립적 효과를 미치는가를 검증해 보면, 그 효과는 〈표 3-9〉에서 볼 수 있는 것처럼 통계적으로 유의하지 못한 것으로 나타났다. 다시 말해, 386세대는 노무현 정부 이전이나 그 이후는 말할 것도 없고 노무현 정부 기간에도 정당 지지나 이념 성향에서 특별한 경향을 보이지 않았다. 다시 말해, 1960년대 출생 세대는 정당과 후보자 지지, 정치

표 3-9 정당투표 및 이념 성향에 미치는 386 세대의 세대 효과

정당투표

	2002년 대통령 선거					2007년 대통령 선거					2004년 국회의원 선거					2008년 국회의원 선거				
	계수	표준오차	Wald	유의확률	Exp(B)	계수	표준오차	Wald	유의확률	Exp(B)	계수	표준오차	Wald	유의확률	Exp(B)	계수	표준오차	Wald	유의확률	Exp(B)
(상수)	-1.898	0.590	10.351	0.001	0.150	-0.006	0.645	0.000	0.993	0.994	-3.590	0.795	20.363	0.000	0.028	-0.440	0.857	0.264	0.607	0.644
성별	0.135	0.139	0.947	0.331	1.145	-0.070	0.158	0.198	0.656	.932	-0.004	0.206	0.000	0.983	0.996	0.031	0.226	0.019	0.889	1.032
연령	0.033	0.006	35.302	0.000	1.034	0.024	0.006	15.895	0.000	1.025	0.059	0.009	45.591	0.000	1.060	0.024	0.009	7.591	0.006	1.025
학력	-0.046	0.095	0.236	0.627	0.955	-0.060	0.138	0.191	0.662	0.942	0.077	0.066	1.354	0.245	1.080	-0.100	0.077	1.669	0.196	0.905
소득수준	0.053	0.036	2.175	0.140	1.055	-0.042	0.031	1.796	0.180	0.959	-0.055	0.107	0.266	0.606	0.946	0.044	0.046	0.895	0.344	1.044
도시화 정도	-0.253	0.107	5.580	0.018	0.776	-0.174	0.105	2.759	0.097	0.840	0.038	0.091	0.177	0.674	1.039	0.034	0.098	0.118	0.732	1.034
충청 출신지	-0.151	0.199	0.581	0.446	0.860	-0.164	0.219	0.560	0.454	0.849	-1.441	0.409	12.427	0.000	0.237	-1.171	0.334	12.277	0.000	0.310
호남 출신지	-2.476	0.310	63.951	0.000	0.084	-1.580	0.232	46.278	0.000	0.206	-4.160	1.030	16.321	0.000	0.016	-1.749	0.347	25.379	0.000	0.174
영남 출신지	0.702	0.148	22.608	0.000	2.017	0.559	0.180	9.647	0.002	1.749	0.867	0.205	17.866	0.000	2.379	0.322	0.253	1.618	0.203	1.380
화이트칼라	0.297	0.177	2.810	0.094	1.345	-0.029	0.214	0.019	0.892	0.971	-0.187	0.304	0.377	0.539	0.830	-0.326	0.273	1.426	0.232	0.722
블루칼라	0.204	0.168	1.473	0.225	1.226	0.459	0.250	3.368	0.066	1.583	-0.013	0.225	0.003	0.953	0.987	0.282	0.515	0.301	0.584	1.326
자영업	0.413	0.377	1.199	0.274	1.511	0.125	0.197	0.404	0.525	1.134	-0.177	0.617	0.083	0.774	0.837	-0.234	0.290	0.652	0.419	0.791
386세대	0.209	0.153	1.865	0.172	1.232	0.050	0.180	0.078	0.780	1.052	-0.041	0.225	0.033	0.855	0.960	-0.020	0.236	0.007	0.933	0.980
−2Log L	1383.086					1076.398					0.197					540.432				
x^2	253.589***					140.740***					680.877***					74.506***				
예측 정확도	68.8					68.7					73.1					67.1				
Cox & Snell R^2	0.187					0.146					0.230					0.154				
N	1500					1200					1500					1500				

이념 성향

	2002년 대통령 선거				2007년 대통령 선거				2004년 국회의원 선거				2008년 국회의원 선거			
	계수	표준오차	베타	유의확률	계수	표준오차	베타	유의확률	계수	표준오차	베타	유의확률	계수	표준오차	베타	유의확률
(상수)	2.632	0.227		0.000	4.910	0.550		0.000	2.023	0.627		0.001	3.576	0.797		0.000
성별	0.071	0.053	0.037	0.183	-0.218	0.133	-0.049	0.100	0.025	0.173	0.005	0.886	-0.325	0.206	-0.067	0.115
연령	0.011	0.002	0.169	0.000	0.038	0.005	0.259	0.000	0.060	0.007	0.340	0.000	0.061	0.008	0.350	0.000
학력	-0.107	0.037	-0.102	0.004	-0.182	0.119	-0.058	0.126	0.012	0.058	0.008	0.843	0.006	0.074	0.004	0.939
소득수준	-0.007	0.014	-0.015	0.608	-0.023	0.027	-0.027	0.399	0.087	0.096	0.033	0.364	-0.025	0.042	-0.026	0.554
도시화 정도	0.019	0.040	0.013	0.628	-0.121	0.089	-0.039	0.175	-0.048	0.082	-0.021	0.561	0.065	0.089	0.030	0.465
충청 출신지	-0.095	0.080	-0.034	0.232	0.273	0.198	0.043	0.167	-0.485	0.283	-0.065	0.086	-0.024	0.298	-0.003	0.937
호남 출신지	-0.286	0.074	-0.112	0.000	-0.908	0.183	-0.155	0.000	-1.157	0.274	-0.154	0.000	-0.260	0.279	-0.041	0.351
영남 출신지	0.059	0.061	0.029	0.336	0.225	0.153	0.047	0.141	0.404	0.197	0.076	0.041	0.291	0.240	0.055	0.227
화이트칼라	-0.038	0.068	-0.017	0.577	-0.179	0.181	-0.032	0.323	-0.209	0.248	-0.034	0.399	-0.491	0.250	-0.096	0.050
블루칼라	0.040	0.065	0.018	0.537	0.018	0.200	0.003	0.928	-0.107	0.200	-0.021	0.594	-0.239	0.410	-0.025	0.560
자영업	-0.171	0.146	-0.033	0.242	-0.239	0.169	-0.048	0.158	0.123	0.595	0.007	0.836	-0.391	0.275	-0.068	0.156
386세대	-0.069	0.059	-0.031	0.247	0.001	0.153	0.000	0.992	-0.054	0.204	-0.009	0.790	0.260	0.222	0.047	0.242
R^2	0.077				0.118				0.137				0.125			

1. 종속변수 투표 결정은 한나라당 투표 = 1, 기타 정당 투표 = 0, 이념 성향은 0(아주 진보) ~ 10(아주 보수)의 척도
2. 386세대는 60년-69년 출생한 세대를 의미하며 386 세대 = 1, 기타 세대 = 0
3. * = p < 0.05; ** = p < 0.01; *** = p < 0.001
4. 자료: 한국사회과학데이터센터

적 정향과 태도에서 1950년대 출생 세대와 1970년대 출생 세대의 중간에 위치하기 때문에 연속적인 세대 효과를 통제하면 특별한 차이가 발견되지 않는다. 여기서 주의해야 할 것은 386세대에서 다른 세대와 구별할 수 있는 특별한 세대 효과가 발견되지 않는다는 것이 정치적인 정향과 태도에 미치는 세대 효과가 없다는 것을 의미하는 것은 아니라는 사실이다. 다시 말해, 다른 세대와 비교할 때 386세대에서 특별히 두드러진 세대 효과를 발견할 수 없다 할지라도 한국에서 연령집단별 정향과 태도의 차이에 가장 큰 영향을 미치는 것은 세대 효과라는 것이다.

3. 계층

서구와 비교해 볼 때, 한국인의 투표 행태에 나타나는 가장 중요한 특성 가운데 하나는 계층 또는 계급 투표가 거의 나타나지 않는다는 점이다. 계층 또는 계급을 구성하는 요인에 해당하는 소득수준, 직업, 교육 수준 등은 정당 및 후보자 지지에 거의 영향을 미치지 못하고 있는 것이다. 교육 수준은 권위주의 시대에는 투표 결정에 영향을 미쳤지만 민주화 이후에는 거의 영향을 미치지 못하고 있으며, 직업이나 소득수준 등도 지금까지 투표 결정에 영향을 미쳤다는 증거가 없다. 특기할 만한 사실은 한국에서는 계층이나 계급 투표가 거의 나타나지 않을 뿐 아니라, 나타날 경우에도 기대했던 방향과는 반대로 나타난다는 점이다(조중빈 1988; 이갑윤 1997). 다시 말해, 소득수준이 높은 전문직 종사자가 다른 직종과 차이를 보일 때, 이들은 보수적인 정당보다는 진보적인 정당을 지지하는 비율이 더 높게 나타난다는 것이다.

계급 투표의 부재를 과거에는 정당 이념의 미분화 또는 진보 정당의 부재로 설명해 왔지만, 이는 다음 두 가지 측면에서 옳은 추론이라고 할 수 없다. 첫째, 17대 국회의원 선거에서 뚜렷한 진보적 이념과 노동자 권익의 대표를 표방한 민주노동당이 원내 진입에 성공했을 때 〈표 3-10〉에서 볼 수 있는 것처럼, 민주노동당에 대한 지지에 소득수준, 직업 등이 통계적으로 유의한 영향을 미치지 못한 반면, 연령과 성별은 통계적으로 유의한 영향을 미치는 것으로 나타났기 때문이다. 연령이 낮은 사람들이 연령이 높은 사람들보다, 남성들이 여성들보다 민주노동당을 지지하는 비율이 더 높게 나타난 반면, 소득수준이나 직업별 차이는 나타나지 않았으며 노조 가입 여부도 민주노동당 지지에 통계적으로 유의한 영향을 미치지 않은 것으로 나타났다. 둘째, 진보 정당에 대한 지지가 사회경제적 하층민들 사이에서 더 높으리라 기대하는 것은 이들의 이념 성향만 봐도 어려운 일이다. 〈표 3-11〉에서 볼 수 있는 것처럼, 직업이나 소득에 따라 이념이나 이슈에 대한 태도가 차이가 없거나 차이가 있어도 일관된 방향으로 나타나지 않기 때문이다.

4. 도시화·종교·성별

권위주의 시대에 집합적 선거 결과에서 가장 두드러지게 나타났던 여촌야도 현상은 민주화 이후에 크게 감소해, 1990년대 이후부터는 거의 나타나고 있지 않다. 투표율의 차이와 마찬가지로 권위주의 시대에

표 3-10 민주노동당 투표에 미치는 인구사회학적 변수의 영향력(로짓 계수)

	2004년 국회의원 선거(비례대표)					2008년 국회의원 선거(비례대표)				
	계수	표준오차	Wald	유의 확률	Exp(B)	계수	표준오차	Wald	유의 확률	Exp(B)
(상수)	0.659	0.926	0.506	0.477	1.932	−2.198	1.608	1.869	0.172	0.111
성별	−0.746	0.266	7.899	0.005	0.474	−0.562	0.439	1.644	0.200	0.570
연령	−0.034	0.011	9.484	0.002	0.967	−0.013	0.021	0.428	0.513	0.987
학력	−0.036	0.086	0.178	0.673	0.964	0.010	0.143	0.005	0.942	1.010
소득수준	0.041	0.140	0.087	0.768	1.042	0.000	0.088	0.000	1.000	1.000
도시화 정도	−0.051	0.124	0.171	0.679	0.950	−0.076	0.188	0.161	0.688	0.927
충청 출신지	−0.264	0.480	0.303	0.582	0.768	0.486	0.557	0.761	0.383	1.625
호남 출신지	−0.479	0.436	1.208	0.272	0.619	0.075	0.688	0.012	0.913	1.078
영남 출신지	0.125	0.289	0.187	0.666	1.133	−0.906	0.646	1.967	0.161	0.404
화이트칼라	0.257	0.375	0.472	0.492	1.293	0.557	0.524	1.130	0.288	1.746
블루칼라	0.066	0.312	0.045	0.832	1.069	0.332	0.850	0.153	0.696	1.394
자영업	0.673	0.731	0.847	0.357	1.959	0.207	0.612	0.115	0.734	1.231
노동조합 가입 여부	0.663	0.510	1.690	0.194	1.940	0.563	0.560	1.010	0.315	1.756
−2Log L			455.297					227.932		
x^2			28.298**					11.001***		
예측 정확도			87.6					95.7		
Cox & Snell R^2			0.043					0.016		
N			1500					1000		

1. 종속변수 : 민주노동당 투표 = 1, 기타 정당 투표 = 0
2. * = p < 0.05; ** = p < 0.01; *** = p < 0.001
3. 자료 : 한국사회과학데이터센터

나타났던 도시화에 따른 정당 지지의 차이는 인과관계에 의한 것이 아니었다. 다시 말해, 도시에 사는가, 농촌에 사는가 하는 것보다는 교육수준과 연령에 따른 정당 지지의 차이가 여촌야도를 형성하는 원인이었다. 2000년대 들어 여촌야도가 다시 약화된 것은 세대에 따른 이념

표 3-11 계층집단별 이념 성향 (단위 : %)

대통령 선거

		1992년			2002년			2007년		
		보수	중도	진보	보수	중도	진보	보수	중도	진보
직업	화이트칼라	43.02	21.71	35.27	51.31	26.24	22.45	33.04	37.50	29.46
	블루칼라	43.02	23.26	33.72	39.02	32.52	28.46	21.47	45.40	33.13
	자영업	41.77	24.05	34.18	39.39	31.82	28.79	23.61	37.38	39.02
	기타	40.45	20.35	39.20	37.66	35.81	26.53	25.66	38.16	36.18
	전체	41.68	22.02	36.29	41.24	32.59	26.17	25.96	38.85	35.19

국회의원 선거

		2000년			2004년			2008년		
		보수	중도	진보	보수	중도	진보	보수	중도	진보
직업	화이트칼라	34.25	40.41	25.34	46.07	34.83	19.10	31.10	28.23	40.67
	블루칼라	28.93	52.07	19.01	38.07	33.84	28.10	25.58	27.91	46.51
	자영업	29.63	47.41	22.96	22.73	45.45	31.82	24.05	24.05	51.90
	기타	27.69	46.58	25.73	42.79	30.35	26.86	29.09	30.18	40.73
	전체	29.62	46.56	23.82	41.35	32.66	25.99	28.32	28.03	43.65

대통령 선거

		1997년			2002년			2007년		
		보수	중도	진보	진보	중도	보수	진보	중도	보수
소득수준	하	49.34	19.74	30.92	34.50	35.11	30.39	20.29	38.39	41.32
	중	38.16	23.91	37.93	42.54	32.69	24.78	28.76	39.43	31.81
	상	42.03	21.74	36.23	50.72	24.10	25.18	31.18	37.10	31.72
	전체	41.50	22.34	36.17	41.39	31.85	26.76	26.07	38.66	35.27

국회의원 선거

		2000년			2004년			2008년		
		진보	중도	보수	진보	중도	보수	진보	중도	보수
소득수준	하	23.39	50.29	26.32	39.61	31.58	28.81	19.41	30.59	50.00
	중	31.94	45.30	22.76	40.69	34.48	24.83	29.46	25.50	45.04
	상	29.38	46.39	24.23	41.67	29.41	28.92	26.62	32.37	41.01
	전체	29.62	46.56	23.82	40.50	32.40	27.10	26.28	28.25	45.47

자료 : 한국사회과학데이터센터

표 3-12 종교 집단별 후보자 투표율

(단위 : %)

	대통령 선거 1992년				1997년			
	김영삼	김대중	정주영	기타	이회창	김대중	이인제	기타
불교	61.73	22.22	10.49	5.56	50.16	29.18	17.38	3.28
기독교	45.02	39.44	7.17	8.37	25.79	55.16	15.87	3.17
천주교	46.94	25.51	18.37	9.18	38.89	35.19	18.52	7.41
기타	45.52	32.09	11.19	11.19	37.14	45.71	17.14	0.00
무교	40.00	40.00	0.00	20.00	33.16	42.75	18.13	5.96
전체	50.37	30.28	10.65	8.70	36.92	41.16	17.40	4.51

	2002년				2007년			
	이회창	노무현	권영길	기타	이명박	정동영	이회창	기타
불교	50.15	45.32	4.53	0.00	62.74	17.11	11.41	8.75
기독교	34.38	61.36	3.98	0.28	55.38	27.42	5.38	11.83
천주교	41.54	52.31	5.38	0.77	53.76	18.28	12.90	15.05
기타	28.00	68.00	4.00	0.00	74.07	18.52	7.41	0.00
무교	33.82	60.92	5.25	0.00	55.97	20.45	11.36	12.22
전체	38.74	56.39	4.72	0.15	58.09	20.63	10.21	11.07

자료 : 한국사회과학데이터센터

투표가 등장했기 때문이며, 이 또한 도시화와 정당 지지는 가관계에 있다는 것을 보여 준다. 그렇기 때문에 여론조사 자료를 통해 도시화의 독립적 효과를 분석할 때, 연령 효과를 통제하면 아무런 효과도 보여 주지 못한다.

현재까지 한국 선거에서 성별과 종교는 통계적으로 유의한 영향을 보여 주지 못했다. 정치적 태도와 정향, 사회적 조직과 네트워크에서는 어느 정도 영향을 미치는 이 두 변수가 정당 지지에는 아무런 영향을 미치지 못한다는 것은 약간 이례적이라 할 수 있다. 그 이유는 한국 사

표 3-13 인구사회학적 집단별 정당 투표율 (단위 : %)

대통령 선거

		1992년			1997년			2002년			2007년		
		김영삼	김대중	투표율차	이회창	김대중	투표율차	이회창	노무현	투표율차	이명박	정동영	투표율차
전체		50.37	30.28	20.09	36.92	41.16	−4.24	38.76	56.35	−17.58	58.14	20.60	37.54
성별	남자	49.71	28.68	21.03	33.27	42.63	−9.35	37.48	57.51	−20.03	58.77	21.27	37.50
	여자	50.99	31.78	19.21	41.09	39.40	1.69	40.00	55.27	−15.27	57.51	20.08	37.42
연령	19~29세	36.15	33.85	2.31	30.21	39.93	−9.72	24.74	68.04	−43.30	45.12	17.68	27.44
	30대	43.83	32.47	11.36	33.45	39.27	−5.82	32.73	61.26	−28.53	52.75	22.02	30.73
	40대	51.89	33.02	18.87	41.67	38.89	2.78	45.58	49.32	−3.74	59.51	22.93	36.59
	50대	64.29	24.03	40.26	38.69	46.73	−8.04	50.00	46.15	3.85	62.03	24.05	37.97
	60대 이상	72.60	21.92	50.68	51.38	43.12	8.26	48.13	51.40	−3.27	71.20	16.30	54.89
학력	중졸 이하	62.32	28.08	34.24	41.15	47.74	−6.58	46.13	51.85	−5.72	67.15	21.90	45.26
	고졸	44.64	31.12	13.52	32.01	41.44	−9.43	39.67	53.72	−14.05	63.51	20.00	43.51
	대재 이상	41.13	32.27	8.87	39.22	37.16	2.06	33.33	62.10	−28.76	50.48	20.67	29.81
소득수준	하	56.70	26.56	30.14	35.40	50.93	−15.53	38.97	55.63	−16.67	65.37	14.33	51.04
	중	45.74	33.89	11.85	36.30	41.55	−5.25	39.97	54.76	−14.80	54.01	23.36	30.66
	상	49.18	27.05	22.13	38.22	37.58	0.64	39.08	57.14	−18.07	52.60	25.97	26.62
직업	화이트칼라	49.15	24.36	24.79	39.92	39.92	0.00	38.59	56.71	−18.12	49.72	23.16	26.55
	블루칼라	47.27	33.59	13.67	29.89	41.38	−11.49	42.24	53.73	−11.49	65.57	18.85	46.7
	자영업	50.39	38.76	11.63	26.75	51.06	−24.32	29.69	67.19	−37.50	61.09	22.91	38.18
	기타	52.71	29.07	23.64	45.00	33.75	11.25	37.38	57.21	−19.84	57.46	18.31	39.15
출신지역	서울·경기	50.64	17.02	33.62	39.04	39.04	0.00	37.39	57.57	−20.18	59.63	17.04	42.59
	충청	54.44	22.78	31.67	34.08	39.66	−5.59	37.85	58.19	−20.34	57.46	14.18	43.28
	호남	8.81	89.43	−80.62	1.94	86.43	−84.50	5.14	93.68	−88.54	25.00	59.87	−34.87
	영남	71.66	9.36	62.30	59.75	12.07	47.68	57.82	35.37	22.45	72.76	8.33	64.42
	기타	60.94	12.50	48.44	54.08	25.51	28.57	46.00	47.00	−1.00	61.02	15.25	45.76

국회의원 선거

		1996년			2000년			2004년			2008년		
		신한국당	국민회의	투표율 차	한나라당	민주당	투표율 차	한나라당	열린우리당	투표율 차	한나라당	통합민주당	투표율 차
전체		42.82	24.94	17.88	47.10	35.62	11.48	35.52	49.20	−13.68	49.11	26.09	23.03
성별	남자	42.68	26.10	16.59	45.91	35.88	10.03	34.51	48.59	−14.08	49.36	25.32	24.04
	여자	42.96	23.79	19.17	48.28	35.36	12.93	36.56	49.82	−13.26	48.87	26.86	22.01
연령	19-29세	28.31	31.93	−3.61	47.89	32.39	15.49	21.57	60.78	−39.22	44.21	30.53	13.68
	30대	34.74	24.41	10.33	45.10	34.31	10.78	24.46	61.15	−36.69	44.70	29.55	15.15
	40대	49.69	20.50	29.19	44.12	38.82	5.29	40.70	41.40	−0.70	46.98	26.85	20.13
	50대	53.55	23.76	29.79	55.56	31.62	23.93	47.68	39.66	8.02	54.24	20.34	33.90
	60대 이상	-	-	-	45.60	40.80	4.80	48.36	39.34	9.02	55.12	23.62	31.50
학력	중졸 이하	51.28	24.18	27.11	44.98	40.67	4.31	40.91	44.95	−4.04	50.88	26.32	24.56
	고졸	37.03	26.45	10.58	47.58	34.55	13.03	35.46	48.61	−13.15	52.17	21.74	30.43
	대재 이상	42.76	22.37	20.39	48.40	32.42	15.98	32.73	52.21	−19.48	44.64	30.36	14.29
소득수준	하	47.45	26.28	21.17	44.63	36.72	7.91	35.82	49.86	−14.04	46.00	26.67	19.33
	중	39.39	23.27	16.11	46.81	37.01	9.80	32.11	51.05	−18.95	48.35	25.27	23.08
	상	45.24	26.53	18.71	50.29	31.21	19.08	32.22	47.22	−15.00	53.40	28.16	25.24
직업	화이트칼라	41.32	25.62	15.70	47.73	33.33	14.39	31.72	50.34	−18.62	38.51	35.40	3.11
	블루칼라	34.74	28.42	6.32	50.60	30.12	20.48	40.34	44.07	−3.73	70.37	3.70	66.67
	자영업	45.65	25.78	19.88	45.85	39.53	6.32	52.38	28.57	23.81	54.20	19.85	34.35
	기타	42.96	22.54	20.42	46.90	34.83	12.07	33.65	51.66	−18.01	52.56	21.86	30.70
출신지역	서울·경기	48.89	21.11	27.78	50.87	37.57	13.29	-	-	-	58.03	23.83	34.20
	충청	37.67	13.01	24.66	29.84	36.29	−6.45	-	-	-	34.94	22.89	12.05
	호남	19.89	70.43	−50.54	10.00	68.33	−58.33	-	-	-	16.07	60.71	−44.64
	영남	53.73	3.53	50.20	80.17	10.78	69.40	-	-	-	66.85	7.61	59.24
	기타	63.64	14.55	49.09	57.14	24.49	32.65	-	-	-	50.00	30.00	20.00

1. 투표율 차 = 한나라당 투표율 −민주당 투표율
2. 자료 : 한국사회과학데이터센터

회에서 여성과 관련된 정책 이슈가 아직 본격적으로 제기되지 않았고, 서구 사회와 같은 종교적 갈등이 부재한 결과라고 추론할 수 있다. 그러나 최근에 제기되고 있는 종교계 간의 대립이나 특정 종교에 대한 정부의 편파성 시비를 감안할 때, 종교는 미래의 선거에서 영향력을 발휘할 수 있는 잠재 변수라 할 수 있다.

4장

당파적 투표

투표 결정에 장기적이며 구조적 영향을 미치는 정치적 정향 및 태도 변수로 가장 많이 사용되는 것은 투표자의 당파적 태도와 정치적 이념 성향이다(Campbell et al. 1960; Miller and Shanks 1996). 개인의 당파성과 이념 성향은 일반적으로 유년기에 형성되기 시작해 성년기를 거쳐 노년기에 이르기까지 장기적으로 지속될 뿐 아니라 다른 정치적인 태도와 정향을 결정하는 데 큰 영향을 미치는 중심적 변수이기도 하다. 이 장에서는 한국인의 투표 결정에 ① 정당 지지, ② 여야 성향, ③ 이념 투표가 미치는 영향력을 경험적으로 검증해 본다.

1. 정당 지지

투표 행태 연구에 가장 큰 영향을 미친 미시간 모형의 핵심은 정당 귀속감이라고 하는 당파적 태도이다. 미시간 모형에 따르면, 대부분의 국가에서 투표자들은 어릴 때부터 특정 정당에 대해 습관적이고 구조적인 심리적 유착 관계를 형성하게 되고, 이런 심리적인 유착 관계에 의해 선거에서 특정 정당과 후보자에 대한 지지를 결정하게 된다 (Campbell et al. 1960). 이런 미시간 모형이 다른 나라의 투표 행태에 적용되면서, 유럽에서는 인구사회학적 변수나 이념적 변수가 정당 귀속감보다 투표 결정에 더 큰 영향을 미친다는 비판이, 그리고 정당제의 구조가 유동적이고 정당에 대한 신뢰도가 낮은 비서구 국가에서는 정당 귀속감이 형성되기 어렵다는 비판이 제기되었다(Budge et al. 1976). 미국에서도 정당 귀속감이 다른 정치적인 태도와 정향에 일방적으로 영향을 미치는 것이 아니고 이들과 영향력을 주고받는 상호작용 관계에 있다고 하는 연구들이나 1970년대 이후 소위 '정당의 실패' 현상에 의해 정당 귀속감의 영향력이 약화되고 있다고 하는 연구들이 등장했다 (Niemi and Weisberg 2001). 그럼에도 불구하고, 아직까지는 경험적인 설명력의 측면에서 볼 때 정당 귀속감과 같은 당파적인 태도가 투표 결정에 가장 큰 영향력을 미치는 변수라는 사실은 부정할 수가 없다.

〈표 4-1〉에서 볼 수 있는 것처럼, 한국에서도 민주화 이후의 선거에서 정당 지지 성향은 태도 변수들 가운데 투표 결정에 가장 크고 일관된 영향력을 미치는 변수이다. 평균적으로 투표자는 그들이 지지하는 정당의 후보자에게 대통령 선거와 국회의원 선거에서 약 80%에 달하는 높은 지지를 보여 주고 있으며, 투표 결정에 대한 모형의 설명력 기여도도 평균 10%p로 다른 어떤 변수보다도 설명력이 크다. 또 정당 지지자들은 국회의원 선거에서 같은 정당의 지역구 후보와 비례대표를 선택하는 일관 투표의 비율도 약 80%로 매우 높게 나타나고 있다.

정당 지지에 의해 투표 결정이 이루어진다는 사실은 그리 놀라운 일

표 4-1 정당 투표에 미치는 당파적 태도 및 이념 성향의 영향력(로짓 계수)

| | 대통령 선거 | | | | | | | | | |
| | 1992년 | | | | | 1997년 | | | | |
	계수	표준오차	유의확률	Exp(B)	기여도	계수	표준오차	유의확률	Exp(B)	기여도
(상수)	1.134	1.150	0.324	3.109	-	2.050	1.152	0.075	7.765	-
성별	−0.358	0.294	0.224	0.699	-	0.269	0.237	0.257	1.308	-
연령	0.031	0.011	0.004	1.032	-	0.014	0.010	0.151	1.014	-
학력	−0.072	0.158	0.648	0.930	-	0.086	0.156	0.584	1.089	-
소득수준	−0.022	0.066	0.735	0.978	-	−0.087	0.055	0.112	0.917	-
도시화 정도	0.006	0.170	0.971	1.006	-	−0.173	0.165	0.295	0.841	-
충청 출신지	0.157	0.326	0.631	1.170	-	−0.233	0.303	0.442	0.792	-
호남 출신지	−2.188	0.525	0.000	0.112	-	−2.306	0.589	0.000	0.100	-
영남 출신지	0.338	0.273	0.216	1.402	-	0.477	0.246	0.052	1.612	-
화이트칼라	−0.124	0.339	0.713	0.883	-	0.357	0.284	0.209	1.429	-
블루칼라	−0.159	0.351	0.651	0.853	-	−0.901	0.466	0.053	0.406	-
자영업	−0.637	0.536	0.235	0.529	-	−0.343	0.291	0.239	0.710	-
여야 성향	−0.723	0.121	0.000	0.485	0.037	−1.219	0.155	0.000	0.296	0.042
이념 성향	-	-	-	-	-	−0.184	0.103	0.075	0.832	−0.004
한나라당 지지	2.337	0.279	0.000	10.348	0.088	2.574	0.374	0.000	13.121	0.057
민주당 지지	−0.689	0.343	0.045	0.502		−1.432	0.388	0.000	0.239	
−2Log L	495.080					576.464				
x^2	558.627***					605.801***				
예측 정확도	85.3					85.5				
Cox & Snell R^2	0.520					0.489				
N	1200					1207				
전 단계 대비 설명력 증가율	0.217					0.243				

	대통령 선거									
	2002년					2007년				
	계수	표준오차	유의 확률	Exp(B)	기여도	계수	표준오차	유의 확률	Exp(B)	기여도
(상수)	−4.903	0.882	0.000	0.007	-	−3.593	0.659	0.000	0.028	-
성별	0.158	0.185	0.392	1.172	-	0.087	0.159	0.585	1.091	-
연령	0.030	0.008	0.000	1.030	-	0.036	0.006	0.000	1.036	-
학력	0.134	0.130	0.301	1.143	-	−0.006	0.120	0.962	0.994	-
소득수준	0.050	0.048	0.298	1.052	-	0.066	0.039	0.089	1.068	-
도시화 정도	−0.178	0.143	0.212	0.837	-	0.052	0.122	0.668	1.054	-
충청 출신지	0.090	0.272	0.742	1.094	-	−0.421	0.213	0.048	0.656	-
호남 출신지	−1.523	0.413	0.000	0.218	-	−0.550	0.252	0.029	0.577	-
영남 출신지	0.323	0.196	0.099	1.382	-	−0.016	0.170	0.926	0.984	-
화이트칼라	0.368	0.225	0.101	1.446	-	−0.162	0.187	0.386	0.850	-
블루칼라	0.007	0.227	0.976	1.007	-	−0.023	0.243	0.925	0.977	-
자영업	0.516	0.490	0.292	1.676	-	0.562	0.220	0.011	1.754	-
여야 성향	0.248	0.124	0.046	1.282	−0.008	-	-	-	-	-
이념 성향	0.585	0.097	0.000	1.796	0.009	0.046	0.038	0.226	1.047	0.001
한나라당 지지	2.483	0.225	0.000	11.972	0.139	2.719	0.210	0.000	15.160	0.182
민주당 지지	−1.554	0.303	0.000	0.211		−0.736	0.285	0.010	0.479	
−2Log L		850.222					1310.954			
x^2		583.658***					792.125***			
예측 정확도		81.6					82.7			
Cox & Snell R^2		0.419					0.404			
N		1500					3658			
전 단계 대비 설명력 증가율		0.236					0.211			

| | 국회의원 선거 | | | | | | | | | |
| | 1996년 | | | | | 2000년 | | | | |
	계수	표준오차	유의 확률	Exp(B)	기여도	계수	표준오차	유의 확률	Exp(B)	기여도
(상수)	−0.839	0.773	0.278	0.432	-	−2.807	1.188	0.018	0.060	-
성별	0.005	0.214	0.983	1.005	-	0.204	0.256	0.427	1.226	-
연령	0.368	0.095	0.000	1.444	-	0.007	0.011	0.507	1.007	-
학력	0.108	0.113	0.335	1.115	-	−0.016	0.172	0.927	0.984	-
소득수준	0.044	0.047	0.342	1.045	-	0.086	0.060	0.156	1.090	-
도시화 정도	0.198	0.149	0.186	1.218	-	−0.451	0.153	0.003	0.637	-
충청 출신지	−0.482	0.268	0.072	0.618	-	−1.059	0.316	0.001	0.347	-
호남 출신지	0.160	0.326	0.623	1.174	-	−1.908	0.368	0.000	0.148	-
영남 출신지	−0.237	0.230	0.302	0.789	-	1.392	0.288	0.000	4.024	-
화이트칼라	0.361	0.312	0.247	1.435	-	0.338	0.349	0.332	1.403	-
블루칼라	0.083	0.341	0.808	1.087	-	0.238	0.396	0.549	1.268	-
자영업	0.316	0.242	0.192	1.372	-	0.094	0.286	0.744	1.098	-
여야 성향	−0.511	0.095	0.000	0.600	0.026	0.653	0.130	0.000	1.921	0.043
이념 성향	-	-	-	-	-	0.293	0.158	0.064	1.340	0.019
한나라당 지지	1.521	0.219	0.000	4.576	0.092	-	-	-	-	-
민주당 지지	−3.578	0.756	0.000	0.028		-	-	-	-	-
−2Log L	734.633					490.777				
x^2	373.743***					211.030***				
예측 정확도	79.1					75.5				
Cox & Snell R^2	0.369					0.340				
N	1201					1100				
전 단계 대비 설명력 증가율	0.235					0.010				

국회의원 선거

	2004년					2008년				
	계수	표준오차	유의확률	Exp(B)	기여도	계수	표준오차	유의확률	Exp(B)	기여도
(상수)	-4.472	1.233	0.000	0.011	-	5.410	1.973	0.006	223.540	-
성별	-0.546	0.316	0.084	0.579	-	-0.337	0.401	0.401	0.714	-
연령	0.036	0.014	0.012	1.036	-	0.032	0.016	0.012	1.033	-
학력	0.079	0.106	0.456	1.082	-	-0.188	0.138	0.172	0.828	-
소득수준	-0.143	0.163	0.379	0.866	-	-0.025	0.078	0.743	0.975	-
도시화 정도	-0.104	0.141	0.460	0.901	-	0.145	0.173	0.404	1.156	-
충청 출신지	-1.402	0.662	0.034	0.246	-	-1.170	0.618	0.058	0.310	-
호남 출신지	-3.238	1.085	0.003	0.039	-	-1.211	0.596	0.042	0.298	-
영남 출신지	0.504	0.313	0.107	1.655	-	-0.352	0.445	0.429	0.703	-
화이트칼라	-0.557	0.463	0.229	0.573	-	0.019	0.471	0.967	1.020	-
블루칼라	-0.401	0.354	0.258	0.670	-	-0.217	0.805	0.788	0.805	-
자영업	-1.472	1.193	0.217	0.229	-	-1.193	0.537	0.026	0.303	-
여야 성향	0.637	0.172	0.000	1.891	0.014	-1.547	0.300	0.000	0.213	0.094
이념 성향	0.306	0.066	0.000	1.357	0.026	-0.155	0.100	0.122	0.856	0.055
한나라당 지지	2.629	0.483	0.000	13.865	0.084	1.748	0.469	0.000	5.745	0.091
민주당 지지	-3.102	1.036	0.003	0.045		-1.324	0.727	0.068	0.266	
-2Log L			313.573					209.566		
x^2			312.310***					149.480***		
예측 정확도			87.0					82.2		
Cox & Snell R^2			0.460					0.438		
N			1500					1000		
전 단계 대비 설명력 증가율			0.245					0.278		

1. 종속변수: 정당 투표는 한나라당 = 1, 기타 정당 = 0
2. 정당 지지(한나라당 지지, 민주당 지지) 기여도는 두 변수의 총합 기여도임
3. * = p < 0.05; ** = p < 0.01; *** = p < 0.001
4. 설명력 증가율 = 당파성 및 이념 성향 모형 설명력 − 인구사회학적(전 단계) 모형 설명력
5. 한나라당 지지는 한나라당과 그 전신인 민자당, 신한국당 지지를 의미하고, 민주당 지지는 민주당과 그 전신인 국민회의,
   열린우리당 지지를 의미
6. 자료: 한국사회과학데이터센터

이 아니다. 정당 귀속감에 의한 투표를 비판하는 사람들은 정당을 지지한다는 것과 그 정당의 후보자에게 투표한다는 것은 행태적으로 동어반복과 같은 것이고, 그렇기 때문에 정당 투표에 대한 정당 지지의 설명력이 높게 나타날 수밖에 없다고 주장한다(Budge et al. 1976). 그러나 정당 귀속감과 같은 당파적 태도에 의한 정당 투표를 강조하는 연구자들은 투표자들이 선거기간 동안에 갖는 특정 정당이나 후보자에 대한 일시적이고 불안정한 지지에 의해서가 아니라 평소에 갖고 있는 장기적이고 안정적이며 구조적인 정당 지지에 의해 투표한다는 사실을 강조한다. 다시 말해, 많은 유권자들은 유년기에 부모로부터 학습한 결과, 특정 정당에 대해 귀속감과 같은 감정적 유착 상태를 가지고 있으며, 이런 귀속감은 나이가 들면서 강화되어 선거 때 이에 따라 습관적으로 특정 정당 및 후보자에게 투표한다는 것이다. 그렇기 때문에 이들은 정당 지지를 이념이나 이슈에 대한 태도, 정부 업적과 경제 사정 평가, 후보자 자질과 능력 등 투표 결정에 직접 영향을 미치는 변수들보다 논리적으로 선행하는 변수라고 간주한다(Miller and Shanks 1996). 이렇게 볼 때, 정당 지지가 투표 결정에 영향력을 미친다는 인과관계가 의미를 갖기 위해서는 정당 지지가 시간적으로 안정적이어야 하고 다른 변수에 미치는 구조적 영향력이 유의할 뿐 아니라 커야 한다. 만약 정당 지지가 시간적으로 불안정한 일시적 태도이거나 다른 정치적인 성향과 태도에 인과적으로 거의 영향을 미치지 못하는 태도라면 정당 지지는 투표 결정에 대한 분석에서 다른 정향과 태도에 선행하는 변수가 아니라 후행하는 변수로서 가장 마지막 단계에 포함되어야 할 변수가 될 것이다. ▪

표 4-2 정당 지지자의 지역구 후보자 및 비례대표 정당 투표의 일관성

2004년 국회의원 선거

	지지자 수	일관 투표자 수	지역구 / 비례 일관 투표 비율(%)
한나라당 지지자	166	137	82.53
열린우리당 지지자	189	153	80.95

2008년 국회의원 선거

	지지자 수	일관 투표자 수	지역구 / 비례 일관 투표 비율(%)
한나라당 지지자	151	111	73.51
민주당 지지자	55	46	83.64

자료 : 한국사회과학데이터센터

1〉 당파적 태도의 안정성

정당 지지의 시간적 안정성은 정당 지지율의 총변동과 순변동을 통해 검증할 수 있다. 총변동이란 집합적 정당 지지율이 시기적으로 어떻게 변화하는가 하는 것이고, 순변동이란 개인적 정당 지지가 시기적으로 어떻게 변화하는가 하는 것이다. 먼저 한국사회여론연구소(KSOI)의 조사 자료를 통해, 2002년부터 2008년까지 유일하게 분열하거나 통합되지 않은 한나라당을 기준으로, 정당 지지의 총변동을 살펴봤을 때 그

■ 일반적으로 독립변수 간의 상관관계가 높기 때문에 변수가 어떤 단계에 포함되느냐에 따라 그 변수의 영향력은 말할 것도 없고 다른 독립변수들의 영향력의 크기나 통계적 유의도가 달라진다. 따라서 독립변수를 어떤 단계에 포함시키느냐 하는 것은 변수들의 영향력을 정확하게 측정하는 데 매우 중요하다.

표 4-3 한나라당 지지율(선거 연도 및 선거 월)

	월 평균(%)	선거 월(%)	차이(%p)
2004년	25.7	25.7	0
2006년	36.1	45.9	-9.8
2007년	45.2	45.1	0.1
2008년	36.4	41.5	-5.1
2010년	34.7	36.2	-1.5
평균	35.6	38.9	-3.3

1. 2010년의 경우, 선거가 있는 달의 지지율은 선거 다음 달인 7월로 했음
2. 자료 : 한국사회여론연구소

크기는 매우 작다. 월별 한나라당 지지율 변화의 평균은 3%p, 6개월 이동 평균의 변화량은 2%p로서 여론조사의 측정 오차를 감안한다면, 정당의 지지는 전반적으로 매우 안정되어 있다.■ 특히 정당 지지율은 대통령 지지율보다 변화의 크기가 약 2분의 1에 불과하고, 대통령 지지율에 의해 유의한 영향을 받지만 영향력의 크기는 매우 작게 나타난다. 회귀분석을 통해 여당 지지에 미치는 대통령 직무평가의 효과를 측정해 보면, 2003년 이후 대통령 지지율 변화의 회귀 계수는 0.16으로 대통령 지지율이 1%p 변화할 때마다 여당 지지율은 0.16%p 변화했다. 또 정당 지지가 선거기간 동안 일시적으로 나타나는 것이 아니라 평소

■ 이들 여론조사의 표본의 수가 대부분 1천 명 이하이고 조사 방법도 전화에 의한 조사라는 점에서 측정 오차는 5%p 이상으로 커질 수 있기 때문에 정당 지지가 상당히 안정되어 있다고 추론할 수 있다.

에 사람들이 갖고 있는 당파적 태도라는 사실은 〈표 4-3〉에서 보는 것처럼 선거가 시행된 달의 한나라당 지지율이 선거가 있는 해의 평균 지지율보다 평균 3.8%p밖에 크지 않다는 사실에서도 확인할 수 있다.

2007년 대통령 선거기간 동안 같은 표본 집단을 여섯 차례에 걸쳐 조사했던 동아시아연구원의 패널 조사 자료에서 나타난 정당 지지의 총변동과 순변동을 살펴보아도 결과는 마찬가지이다. 먼저 전체 조사 기간인 8개월 동안 한나라당 지지율의 변화를 살펴보면, 1차(47.8%), 2차(49.4%), 3차(49.8%), 4차(47.6%), 5차(47.4%), 6차(49.1%)로 거의 변화하지 않았다. 조사 기간 동안 여당인 열린우리당이 해체되고 통합민주당이 등장하기까지 정당들의 이합집산이 있었다는 점을 감안하면 놀라울 정도로 한나라당에 대한 지지가 안정되어 있다고 할 수 있다. 한나라당 지지의 순변동을 보아도 정당 지지가 평소에 갖고 있는 특정 정당에 대한 당파적 태도라는 것을 잘 알 수 있다. 〈표 4-4〉에서 볼 수 있듯이, 1차 조사부터 6차 조사까지의 조사 기간 동안 한나라당 지지자의 약 82%가 변함없이 계속 한나라당을 지지했던 반면, 한나라당 지지에서 지지 정당 없음으로 이동했던 사람들은 10.7%, 민주당이나 기타 정당으로 지지를 옮긴 사람들은 7.7%에 지나지 않았다. 앞에서 본 것처럼 한국에서의 정당 지지 조사가 지지율을 과대평가할 수 있다는 점을 고려한다면, 한국인의 정당 지지의 시간적 안정성은 서구와 비견할 만한 수준이라고 할 수 있다. 한국인의 정당 지지가 기존 정당의 분열과 통합, 신당의 등장과 소멸에도 불구하고 높은 안정성을 보이는 것은 1990년 3당 합당 이후 정당제의 구조가 기본적으로 양대 지역을 대표하고 그들을 지지 기반으로 하는 한나라당(또는 그의 전신)과 민주당(또는 그의 전신)의 양당 중심 구조로 지속되어 왔기 때문이다.

표 4-4 정당 지지의 순변동
(단위 : %)

| | | 대통령 선거 6차 조사(2007년 12월) | | | | | | | | |
		한나라당	대통합 민주신당	민주 노동당	민주당	국민 중심당	창조 한국당	기타 정당	지지 정당 없음	N
대통령 선거 1차 조사 (2007년 4월)	한나라당	81.56	2.79	1.89	0.40	0.10	1.89	0.70	10.67	1003
	열린우리당	16.14	47.64	5.12	1.97	0.00	5.51	1.57	22.05	254
	민주당	14.42	34.62	4.81	17.31	0.00	2.88	0.00	25.96	104
	민주노동당	10.13	11.39	50.00	1.27	0.00	6.33	1.27	19.62	158
	국민중심당	39.13	4.35	0.00	0.00	17.39	8.70	4.35	26.09	23
	통합신당 모임	9.46	51.35	8.11	0.00	0.00	8.11	0.00	22.97	74
	지지 정당 없음	25.98	9.69	4.74	1.86	0.00	3.71	1.24	52.78	485
	전체	49.12	13.76	6.90	1.81	0.24	3.43	0.95	23.80	2101

자료 : 동아시아연구원

한국과 같이 정당에 대한 신뢰도가 낮은 비서구 국가에서 정당 지지와 같은 당파적 태도가 과연 서구에서의 정당 귀속감과 같은 정당에 대한 긍정적 태도인가 하는 의문도 제기될 수 있다. 사실 한국과 일본 또는 남미 국가들에서는 정당과 의회 또는 정치인 일반에 대한 불신감이 높으며, 선거에서 특정 정당을 지지하는 것이 그 정당을 좋아해서가 아니라 상대 정당을 싫어하기 때문이라는 주장도 있다(三宅一郎 1991; 황아란 2008). 정당 지지자들의 지지 정당에 대한 호감도가 문제가 되는 또 하나의 이유는 앞에서 논의한 것처럼 지지 정당을 묻는 설문이 정당 지지 여부와 지지 정당으로 구분되지 않아 정당 지지자 안에 약한 정당 지지자들이 포함될 수 있기 때문이다. 한국의 정당 지지자들이 지지하는 정당에 대한 호감도를 〈표 4-5〉와 같이 분석해 보면, 한나라당과 민주당에 대한 전체 국민의 호감도는 결코 높다고 할 수 없지만, 지지자들의 지지 정당에 대한 호감도는 평균 7.5점으로 매우 높다고 할 수 있

표 4-5 정당 지지자의 지지 정당 호감도

		2004년 국회의원 선거		2008년 국회의원 선거	
		한나라당 호감도	열린우리당 호감도	한나라당 호감도	민주당 호감도
한나라당 지지자	평균	7.62	3.07	7.70	3.47
	N	177	171	281	263
	표준편차	2.28	2.45	1.71	2.00
열린우리당· 민주당 지지자	평균	2.24	8.05	2.67	7.38
	N	217	219	102	106
	표준편차	2.36	1.79	2.10	2.13
전체	평균	3.93	5.44	5.40	4.51
	N	1411	1207	939	895
	표준편차	3.03	2.81	2.77	2.42

1. 정당 호감도는 0(매우 싫다) ~ 10(매우 좋다)의 척도로 측정됨
2. 자료 : 한국사회과학데이터센터

다. 따라서 한국인이 정당 일반에 대해 호감을 가진 것은 아니나, 지지 정당을 갖는 사람의 경우에는 그 정당을 좋아해서 지지하는 것이지 상대 정당을 싫어해서 지지하는 것은 아니라고 할 수 있다.

정당 지지가 안정적이고 긍정적인 당파적 태도로서 투표 결정에 큰 영향을 미친다는 것은 대통령 선거와 새로 선출된 대통령의 임기 기간 동안 실시된 국회의원 선거에서 정당 지지자들의 일관 투표 경향이 높다는 데서도 확인할 수 있다. 〈표 4-6〉이 보여 주는 것처럼, 설문의 특수성에 의해 정당 지지가 조사되지 않은 2000년 국회의원 선거를 제외한 나머지 대통령 선거와 일정 기간 후에 실시된 국회의원 선거에서 정당 지지자들의 80% 이상이 그들이 지지하는 정당의 대통령 후보와 국

표 4-6 대통령 선거와 국회의원 선거에서 정당 지지자들의 일관 투표 비율

	1992년 대선 /1996년 총선	2002년 대선 /2004년 총선	2007년 대선 /2008년 총선
한나라당 지지	83.94% (183/218)	82.05% (128/156)	72.41% (105/145)
민주당 지지	89.51% (128/143)	75.61% (124/164)	80.39% (41/51)

1. 한나라당 지지는 한나라당과 그 전신인 민자당, 신한국당 지지를 의미하고, 민주당 지지는 민주당과 그 전신인 국민회의, 열린우리당 지지를 의미
2. 자료 : 한국사회과학데이터센터

회의원 후보를 선택했다. 1992년 대통령 선거와 1996년 국회의원 선거에서 민자당(신한국당) 지지자 중 83.9%가 김영삼 후보와 신한국당 국회의원 후보자를 지지했으며, 2002년 대통령 선거와 2004년 국회의원 선거에서 한나라당 지지자 중 82.1%가, 2007년 대통령 선거와 2008년 국회의원 선거에서 한나라당 지지자 중 72.4%가 한나라당 후보자를 일관되게 지지했다. 대통령 선거와 국회의원 선거의 간격이 가장 짧았던 2007년 대통령 선거와 2008년 국회의원 선거에서 한나라당 지지자들의 일관 투표율이 상대적으로 가장 낮았던 이유는 후보자 공천 과정의 공정성 시비에 의해 한나라당 후보자가 무소속 또는 친박연대 후보자로 분열되었기 때문이다. 민주당 지지자 역시 높은 일관 투표 비율을 보여 주었는데, 1992년 대통령 선거와 1996년 국회의원 선거에서 89.5%, 2002년 대통령 선거와 2004년 국회의원 선거에서 75.6%, 2007년 대통령 선거와 2008년 국회의원 선거에서 80.4%가 민주당(국민회의) 후보를 일관되게 지지했다.

2) 당파적 태도의 구조적 영향력

한국인의 정당 지지는 서구인들의 정당 귀속감처럼 다른 정치적 정향과 태도에도 구조적 영향을 미치는 중심적 정향이라고 할 수 있다. 정당 귀속감과 같은 당파적 태도가 다른 정치적 태도나 정향에 미치는 구조적 효과에는 설득 효과(persuasion effect)와 투사 효과(projection effect)가 있다(Page and Jones 1979; Feldman and Conover 1983). 설득 효과란 개인이 자신과 특정 정당의 이슈에 대한 태도가 같기 때문에 그 정당을 지지하는 것이 아니라 그 정당을 좋아하기 때문에 그 정당이 택하는 이슈에 대한 입장을 지지하게 되는 것을 말하고, 투사 효과란 이슈에 대한 자신의 입장과 자신이 지지하는 정당의 입장이 같지 않음에도 불구하고 같다고 생각하는 착각 효과를 말한다. 한국인의 정당 지지에서도 서구와 마찬가지로 두 가지 구조적 효과에 대한 경험적 증거를 발견할 수 있다(이갑윤 2000; 이내영·정한울 2007).

개인이 지지하는 정당의 노선이나 이념을 자신의 노선이나 이념으로 받아들이는 설득 효과는 앞 장에서 본 것처럼, 정당 지지에 따라 이념 성향이 결정되는 사례에서 잘 나타난다. 설득 효과는 이념뿐 아니라 다른 모든 정치적 정향과 태도에 그대로 나타나고 있다. 사실 정당 지지는 투표 결정에 영향을 미치는 경제 사정 평가나 대통령 업적 평가와 같은 합리적 변수와 후보자의 자질과 능력, 이슈에 대한 태도에도 가장 큰 영향을 미치고 있다. 〈그림 4-1〉의 상호작용 모형에서 볼 수 있는 것처럼, 개인의 국가 경제 평가가 정당 지지에 통계적으로 유의한 영향을 미치기도 하지만, 정당 지지가 경제 평가에 유의한 영향을 미치기도 한다. 다시 말해서, 개인은 자신의 국가 경제 평가에 따라서 여당을 지

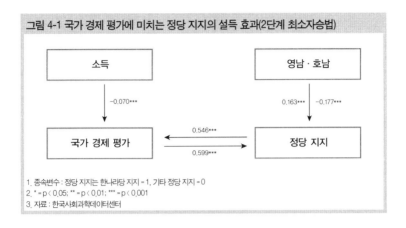

그림 4-1 국가 경제 평가에 미치는 정당 지지의 설득 효과(2단계 최소자승법)

소득		영남 · 호남

−0.070***   0.163*** −0.177***

| 국가 경제 평가 | ←→ | 정당 지지 |

0.546***
0.599***

1. 종속변수 : 정당 지지는 한나라당 지지 = 1, 기타 정당 지지 = 0
2. * = p < 0.05; ** = p < 0.01; *** = p < 0.001
3. 자료 : 한국사회과학데이터센터

지하거나 반대하기도 하지만, 자신이 지지하는 정당이 여당일 경우에는 국가 경제를 긍정적으로 평가하고, 야당일 경우에는 국가 경제를 부정적으로 평가한다는 것이다.

투사 효과도 개인의 주관적 이념 성향과 정당의 이념 평가의 관계에서 그 증거를 찾아볼 수 있다(이내영·정한울 2007). 먼저, 정당 지지자가 평가한 자신의 이념적 위치와 그 정당의 이념적 위치와의 거리는 자신의 이념적 위치와 그 정당의 실제 이념적 위치와의 거리보다 더 가깝게 나타난다. 실제로, 한나라당의 이념적 위치를 한나라당 지지자들이 평가한 한나라당 이념적 위치의 평균으로 규정해 보면, 이 평균과 지지자 개인의 이념적 위치의 거리보다 개인의 이념적 위치와 그 개인이 평가한 한나라당의 이념적 위치의 거리가 약 20% 더 작게 나타난다. 이는 한나라당 지지자들 사이에서 한나라당에 대한 이념 평가가 다르게 나타나는 중요한 원인 중 하나가, 그것을 평가하는 지지자의 이념적 위치라는 것을 보여 준다. 다시 말해서, 지지자들은 실제보다 자신의 이념과 자신이 지지하는 정당의 이념이 더 가깝다고 여기고 있는 것이다.

이런 투사 효과는 한나라당의 이념적 위치를 종속변수로 하고, 한나라당 지지자 개인의 이념적 위치를 독립변수로 해서 회귀분석을 했을 때도 잘 나타난다. 이 회귀식에서 개인의 이념적 위치의 회귀 계수가 0.46이라는 것은 0~10척도에서 개인의 이데올로기적 위치가 1만큼 더 보수적이거나 진보적인 사람들은 한나라당 이데올로기를 0.46 더 보수적이거나 진보적으로 평가하는 경향이 있다는 것을 보여 준다.

정당 지지에 가장 큰 영향을 미치는 인구사회학적 변수는 연령과 출신 지역으로, 연령이 낮고 호남 지역 출신일수록 민주당 지지 성향이 높은 반면, 연령이 높고 영남 지역 출신일수록 한나라당 지지 성향이 높게 나타난다. 정당 지지에 미치는 연령과 출신 지역의 효과를 비교해 보면, 먼저 출신 지역이 연령보다 더 큰 영향력을 지니고 있으며, 또 연령은 이념을 통해 정당 지지에 영향을 미치는 데 반해, 출신 지역은 다른 매개변수를 통하지 않고 직접 정당 지지에 영향을 미친다는 것을 발견할 수 있다.

한편, 성별이나 계층, 학력, 소득, 직업 등은 정당 지지에 아무런 영향을 미치지 못하고 있지만, 중심적 정향으로서 정당 지지와 상호작용 관계에 있는 여야 성향과 이념 성향은 정당 지지에 비교적 큰 영향을 미치고 있다.

표 4-7 정당 지지에 미치는 인구사회학적 변수의 영향력(로짓 계수)

| | 대통령 선거 | | | | | | | | | |
| | 1992년 | | | | | 1997년 | | | | |
	계수	표준오차	Wald	유의 확률	Exp(B)	계수	표준오차	Wald	유의 확률	Exp(B)
(상수)	−1.345	0.630	4.561	0.033	0.261	−2.304	0.798	8.333	0.004	0.100
성별	0.297	0.161	3.382	0.066	1.345	0.281	0.188	2.235	0.135	1.325
연령	0.035	0.006	31.963	0.000	1.035	0.025	0.007	11.410	0.001	1.025
학력	−0.182	0.095	3.672	0.055	0.833	−0.124	0.121	1.054	0.305	0.883
소득수준	−0.128	0.039	10.512	0.001	0.880	0.052	0.044	1.390	0.238	1.053
도시화 정도	−0.022	0.100	0.048	0.826	0.978	−0.229	0.132	2.979	0.084	0.796
충청 출신지	0.071	0.198	0.127	0.722	1.073	−0.375	0.259	2.097	0.148	0.687
호남 출신지	−2.540	0.298	72.863	0.000	0.079	−2.960	0.601	24.246	0.000	0.052
영남 출신지	0.976	0.165	34.926	0.000	2.653	0.570	0.191	8.923	0.003	1.769
화이트칼라	−0.035	0.207	0.029	0.865	0.965	−0.106	0.246	0.186	0.666	0.899
블루칼라	0.129	0.191	0.459	0.498	1.138	−0.018	0.338	0.003	0.957	0.982
자영업	0.339	0.283	1.431	0.232	1.404	−0.016	0.225	0.005	0.943	0.984
−2Log L		1250.762					863.492			
x^2		332.223***					126.898***			
예측 정확도		72.5					81.0			
Cox & Snell R^2		0.246					0.116			
여야 성향	−1.262	0.088	207.446	0.000	0.283	−2.094	0.180	135.758	0.000	0.123
이념 성향	-	-	-	-	-	−0.205	0.103	4.000	0.045	0.815
−2Log L		960.977					617.889			
x^2		622.007***					372.500***			
예측 정확도		81.7					86.9			
Cox & Snell R^2		0.410					0.304			
N		1200					1207			

대통령 선거

	2002년					2007년				
	계수	표준오차	Wald	유의확률	Exp(B)	계수	표준오차	Wald	유의확률	Exp(B)
(상수)	−2.335	0.606	14.866	0.000	0.097	−1.980	0.590	11.255	0.001	0.138
성별	−0.078	0.144	0.294	0.588	0.925	0.089	0.142	0.393	0.531	1.093
연령	0.027	0.006	22.231	0.000	1.027	0.038	0.006	43.610	0.000	1.038
학력	−0.037	0.096	0.152	0.696	0.963	−0.016	0.128	0.016	0.898	0.984
소득수준	0.074	0.037	4.018	0.045	1.077	0.005	0.029	0.036	0.849	1.005
도시화 정도	−0.112	0.111	1.017	0.313	0.894	0.069	0.097	0.498	0.480	1.071
충청 출신지	−0.360	0.217	2.754	0.097	0.698	0.027	0.201	0.019	0.892	1.028
호남 출신지	−2.421	0.402	36.253	0.000	0.089	−1.957	0.244	64.371	0.000	0.141
영남 출신지	0.608	0.150	16.541	0.000	1.838	0.621	0.157	15.581	0.000	1.861
화이트칼라	0.065	0.187	0.120	0.729	1.067	−0.195	0.194	1.013	0.314	0.823
블루칼라	0.340	0.166	4.190	0.041	1.405	0.302	0.211	2.035	0.154	1.352
자영업	0.274	0.408	0.451	0.502	1.316	0.188	0.181	1.082	0.298	1.207
−2Log L		1358.335					1318.634			
x^2		171.566***					213.134***			
예측 정확도		76.4					68.0			
Cox & Snell R^2		0.115					0.175			
여야 성향	0.570	0.101	31.751	0.000	1.768	-	-	-	-	-
이념 성향	0.751	0.081	86.149	0.000	2.119	0.060	0.005	0.257	0.000	1.332
−2Log L		1230.415					1247.663			
x^2		299.485***					284.105***			
예측 정확도		79.7					71.1			
Cox & Snell R^2		0.192					0.226			
N		1500					1200			

	국회의원 선거 1996년				
	계수	표준오차	Wald	유의 확률	Exp(B)
(상수)	−2.093	0.542	14.895	0.000	0.123
성별	0.083	0.159	0.276	0.599	1.087
연령	0.369	0.070	27.798	0.000	1.447
학력	−0.002	0.085	0.001	0.980	0.998
소득수준	0.053	0.034	2.399	0.121	1.055
도시화 정도	−0.009	0.116	0.006	0.936	0.991
충청 출신지	−0.673	0.216	9.687	0.002	0.510
호남 출신지	−1.745	0.277	39.694	0.000	0.175
영남 출신지	0.461	0.165	7.823	0.005	1.586
화이트칼라	−0.100	0.238	0.177	0.674	0.905
블루칼라	−0.320	0.258	1.536	0.215	0.726
자영업	−0.157	0.178	0.780	0.377	0.855
−2Log L			1251.334		
x^2			149.840***		
예측 정확도			72.6		
Cox & Snell R^2			0.117		
여야 성향	−1.216	0.087	193.884	0.000	0.297
이념 성향	-	-	-	-	-
−2Log L			984.693		
x^2			416.481***		
예측 정확도			82.2		
Cox & Snell R^2			0.293		
N			1201		

2004년 국회의원 선거					
	계수	표준오차	Wald	유의 확률	Exp(B)
(상수)	−6.142	1.028	35.672	0.000	0.002
성별	0.116	0.257	0.203	0.653	1.123
연령	0.055	0.010	28.532	0.000	1.056
학력	0.168	0.084	3.957	0.047	1.182
소득수준	0.034	0.138	0.060	0.806	1.034
도시화 정도	0.186	0.117	2.558	0.110	1.205
충청 출신지	−1.720	0.762	5.098	0.024	0.179
호남 출신지	−19.257	4270.369	0.000	0.996	0.000
영남 출신지	0.599	0.248	5.823	0.016	1.821
화이트칼라	0.089	0.369	0.058	0.810	1.093
블루칼라	0.189	0.287	0.433	0.510	1.208
자영업	1.119	0.800	1.954	0.162	3.061
−2Log L			459.553		
x^2			86.647***		
예측 정확도			86.8		
Cox & Snell R^2			0.118		
여아 성향	0.644	0.155	17.309	0.000	1.904
이념 성향	0.350	0.063	30.545	0.000	1.419
−2Log L			391.686		
x^2			154.514***		
예측 정확도			88.0		
Cox & Snell R^2			0.200		
N			1500		

2008년 국회의원 선거					
	계수	표준오차	Wald	유의 확률	Exp(B)
(상수)	−0.106	0.840	0.016	0.899	0.899
성별	−0.152	0.222	0.469	0.493	0.859
연령	0.020	0.008	5.469	0.019	1.020
학력	−0.090	0.077	1.354	0.245	0.914
소득수준	−0.014	0.044	0.099	0.753	0.986
도시화 정도	−0.127	0.094	1.818	0.178	0.881
충청 출신지	−0.800	0.319	6.283	0.012	0.449
호남 출신지	−2.187	0.454	23.224	0.000	0.112
영남 출신지	0.073	0.236	0.095	0.758	1.075
화이트칼라	−0.047	0.273	0.029	0.865	0.954
블루칼라	0.391	0.417	0.877	0.349	1.478
자영업	0.209	0.282	0.548	0.459	1.232
−2Log L			574.445		
x^2			65.429***		
예측 정확도			70.6		
Cox & Snell R^2			0.120		
여야 성향	−1.408	0.202	48.798	0.000	0.245
이념 성향	0.291	0.065	20.300	0.000	1.338
−2Log L			428.622		
x^2			211.252***		
예측 정확도			81.0		
Cox & Snell R^2			0.339		
N			1000		

1. 종속변수: 정당 지지는 한나라당 지지 = 1, 기타 정당 지지 = 0
2. * = $p < 0.05$; ** = $p < 0.01$; *** = $p < 0.001$
3. 자료: 한국사회과학데이터센터

2. 여야 성향

특정 정당에 대해 개인들이 연속적이며 습관적인 감정적 유착을 느끼는 정당 귀속감과 같은 당파적 정향이 세대에서 세대로 계승되기 위해서는 정당제의 구조적 안정성이 전제되어야 한다. 그러나 한국 정당제의 구조는 권위주의 시대는 물론 민주화 이후에도 1990년대 후반까지 정당의 분열과 통합, 신당의 등장과 소멸이 빈번하게 이루어지면서 비교적 높은 유동성을 보여 왔다. 이런 유동적 정당제 구조하에서 정당 귀속감처럼 구조적이고 중심적인 당파적 태도를 나타내는 변수로 사용되어 온 것이 바로 여야 성향이다(조중빈 1988; 이남영 1993).

여야 성향이란 평소 여당을 지지하거나 야당을 지지하는 성향을 나타내는 개념이다. 여야 성향은 유동적인 정당제 구조하에서 어느 정도 불안정할 수밖에 없는 정당 지지 변수를 대신해 민주화 이후 투표 결정에 큰 영향을 미치는 변수로 인식되어 왔으며, 일반적으로 선거에서 여당 성향을 갖는 사람은 여당 후보를, 야당 성향을 갖는 사람들은 야당 후보를 지지하는 성향을 보여 왔다. 특기할 것은 여당 성향은 특정 정당에 대한 지지를 나타내는 정당 지지 효과를 통제한 이후에도 독립적인 영향을 미쳤을 뿐 아니라 정당 지지와 마찬가지로 다른 정치적 태도 변수, 예를 들어 이념이나 이슈에 대한 태도와 정부 업적 평가와 같은 변수에도 영향을 미치는 구조적이며 중심적인 변수의 역할을 해왔다는 점이다.

〈표 4-8〉에서 볼 수 있는 것처럼, 여야 성향에 가장 큰 영향을 미치는 인구사회학적 변수는 정당 지지와 마찬가지로 연령과 출신 지역이다. 1997년 대통령 선거에서 김대중 후보가 당선되기까지 연령이 낮거나 호남 출신인 유권자들은 야당 성향을 갖는 반면, 연령이 높거나 영남

표 4-8 여야 성향에 미치는 인구사회학적 변수의 영향력(순위 로짓 계수)

대통령 선거

	1992년				1997년				2002년			
	계수	표준오차	Wald	유의확률	계수	표준오차	Wald	유의확률	계수	표준오차	Wald	유의확률
성별	−0.366	0.135	7.346	0.007	−0.214	0.128	2.793	0.095	−0.269	0.107	6.274	0.012
연령	−0.038	0.005	54.479	0.000	−0.024	0.005	21.046	0.000	0.007	0.004	2.665	0.103
학력	0.107	0.080	1.784	0.182	−0.069	0.085	0.664	0.415	−0.002	0.074	0.001	0.979
소득수준	0.080	0.033	6.047	0.014	−0.042	0.030	1.946	0.163	0.080	0.027	8.578	0.003
도시화 정도	−0.129	0.084	2.372	0.124	0.020	0.088	0.050	0.822	−0.082	0.080	1.047	0.306
충청 출신지	0.251	0.171	2.156	0.142	0.353	0.173	4.195	0.041	−0.022	0.159	0.020	0.888
호남 출신지	2.182	0.190	131.911	0.000	2.070	0.193	114.785	0.000	−1.062	0.152	48.659	0.000
영남 출신지	−0.723	0.144	25.119	0.000	−0.722	0.145	24.831	0.000	0.371	0.123	9.098	0.003
화이트칼라	−0.132	0.173	0.583	0.445	−0.049	0.168	0.084	0.772	0.052	0.135	0.148	0.700
블루칼라	−0.212	0.161	1.726	0.189	0.008	0.231	0.001	0.974	0.259	0.128	4.100	0.043
자영업	0.189	0.232	0.666	0.415	0.147	0.153	0.918	0.338	−0.062	0.293	0.044	0.834
Log likelihood	2180.809				2129.132				2861.270			
x^2	381.457***				289.043***				119.460***			
Cox & Snell R^2	0.274				0.225				0.081			
이념 성향	-	-	-	-	0.351	0.067	27.547	0.000	−0.033	0.057	0.346	0.556
한나라당 지지	−1.890	0.155	149.224	0.000	−2.516	0.215	137.109	0.000	0.670	0.135	24.547	0.000
민주당 지지	1.380	0.187	54.305	0.000	2.128	0.202	111.430	0.000	−1.022	0.137	55.806	0.000
Log likelihood	1867.765				1550.977				2801.996			
x^2	684.249***				655.674***				215.824***			
Cox & Snell R^2	0.441				0.471				0.142			
N	1200				1207				1500			

국회의원 선거

	1996년				2000년				2004년			
	계수	표준오차	Wald	유의확률	계수	표준오차	Wald	유의확률	계수	표준오차	Wald	유의확률
성별	−0.133	0.125	1.136	0.286	0.135	0.133	1.033	0.309	0.064	0.143	0.202	0.653
연령	−0.317	0.056	32.111	0.000	−0.002	0.006	0.143	0.706	0.035	0.006	38.357	0.000
학력	0.058	0.068	0.730	0.393	0.097	0.095	1.034	0.309	0.116	0.048	5.712	0.017
소득수준	−0.046	0.027	2.815	0.093	0.044	0.033	1.753	0.186	0.013	0.079	0.029	0.864
도시화 정도	−0.027	0.091	0.090	0.764	0.136	0.080	2.920	0.088	0.142	0.067	4.505	0.034
충청 출신지	0.344	0.166	4.294	0.038	−0.092	0.186	0.246	0.620	0.086	0.253	0.114	0.735
호남 출신지	1.700	0.171	99.335	0.000	−1.633	0.177	84.965	0.000	−0.238	0.228	1.089	0.297
영남 출신지	−0.172	0.144	1.430	0.232	1.122	0.159	49.636	0.000	0.592	0.161	13.515	0.000
화이트칼라	0.019	0.183	0.011	0.917	0.165	0.194	0.720	0.396	−0.157	0.207	0.573	0.449
블루칼라	0.412	0.195	4.450	0.035	0.291	0.201	2.104	0.147	0.170	0.163	1.078	0.299
자영업	0.478	0.145	10.923	0.001	0.367	0.151	5.885	0.015	−0.987	0.541	3.331	0.068
Log likelihood	2069.446				1917.127				1570.520			
x^2	205.606***				241.094***				77.478***			
Cox & Snell R^2	0.158				0.197				0.095			
이념 성향	-	-	-	-	0.010	0.096	0.011	0.916	0.098	0.034	8.337	0.004
한나라당 지지	−2.080	0.152	186.447	0.000	-	-	-	-	1.049	0.246	18.218	0.000
민주당 지지	2.288	0.234	95.940	0.000	-	-	-	-	−1.518	0.220	47.592	0.000
Log likelihood	1875.901				1547.843				1320.239			
x^2	559.046***				184.086***				179.426***			
Cox & Snell R^2	0.373				0.196				0.228			
N	1201				1100				1500			

1. 종속변수 : 여야 성향은 여 성향 = 1, 야 성향 = −1, 중도 성향 = 0
2. * = p < 0.05; ** = p < 0.01; *** = p < 0.001
3. 한나라당 지지는 한나라당과 그 전신인 민자당, 신한국당을 지지함을 의미하고, 민주당 지지는 민주당과 그 전신인 국민회의, 열린우리당 지지를 의미
4. 자료 : 한국사회과학데이터센터

표 4-9 연령 및 출신지별 여야 성향

		1996년			2000년			2008년		
		여 성향	중도	야 성향	여 성향	중도	야 성향	여 성향	중도	야 성향
연령	20대	19.87	46.79	33.33	19.78	64.03	16.19	31.25	46.02	22.73
	30대	21.77	42.52	35.71	23.81	50.68	25.51	38.38	37.88	23.74
	40대	29.72	42.45	27.83	21.20	54.84	23.96	39.29	34.69	26.02
	50대 이상	37.80	41.21	21.00	22.45	56.46	21.09	54.01	27.01	18.98
출신지역	서울·경기	30.32	50.54	19.13	15.96	70.21	13.83	42.86	36.63	20.51
	충청	25.12	48.84	26.05	22.70	59.46	17.84	31.93	42.02	26.05
	호남	14.17	23.48	62.35	55.46	38.86	5.68	18.31	40.85	40.85
	영남	35.73	47.04	17.22	9.15	50.91	39.94	58.63	27.31	14.06
	기타	29.58	45.07	25.35	13.16	71.05	15.79	42.31	32.69	25.00
N		349	293	193	254	618	228	349	293	193

자료 : 한국사회과학데이터센터

출신인 유권자들은 여당 성향을 갖는 비율이 높았다. 그러나 연령과 출신지에 따른 여야 성향의 분포는 1998년의 정권 교체와 더불어 역전되었다. 2000년 16대 국회의원 선거에서 연령이 높거나 영남 출신인 유권자들은 야당 성향을 갖고, 연령이 낮거나 호남 출신인 유권자들이 여당 성향을 갖는 것으로 나타난 것이다. 〈표 4-9〉가 보여 주듯이, 여야 성향에 미치는 연령과 출신 지역의 영향력의 방향은 2008년 정권이 열린우리당에서 한나라당으로 교체됨에 따라 다시 한 번 바뀌게 되었다.

정권 교체에 따른 연령과 출신 지역에 의한 여야 성향의 역전 현상은 여야 성향이 그 통계적 영향력의 크기가 유지됨에도 불구하고 과연 정당 귀속감과 같이 다른 정향과 태도 변수에 구조적 영향을 미치는 중심적 정향인가에 대해 의문을 제기하는 계기가 되었다(이현출 2001). 인과적으로 여야 성향이 중요한 의미를 갖는 이유는 정당제의 높은 유동성 속에서 사람들은 특정 정당에 대해 귀속감을 갖는 대신 친정부 또는 반정부적 성향을 나타내는 여야 성향을 갖게 되고, 이에 따라 정당 지지를 결정하는 것으로 인식되었기 때문이다. 연령과 출신지에 따른 여야 성향의 역전이 정권 교체에 의해 나타난다고 한다면, 개인의 여야 성향은 그들이 지지하는 정당이 여당인가 야당인가에 따라 결정된다는 것이고, 이는 여야 성향이 정당 지지의 독립변수가 아니라 종속변수라는 것을 보여 준다고 할 수 있다. 여야 성향이 정당 지지와 같이 구조적 영향력을 행사하지 못한다고 해서 투표 결정에서 아무런 의미를 갖지 않았던 것은 물론 아니다. 여야 성향은 적어도 김대중 정부 출범으로 정권 교체가 이루어지기 전까지 다른 정치적 정향과 태도에 구조적 영향을 미친 중심적 변수였으며, 그 이후에도 약간의 영향력을 행사하고 있기 때문에 정당 지지 이외에 투표 결정에 영향을 주는 또 하나의 당파적 태도로 해석할 수 있다.

3. 이념 투표

이념 투표는 투표 행태 연구에서 주로 이론적으로 발전해 왔다. 대표적으로 다운스와 같은 합리적 선택 이론가들은 이념이 정당들의 경쟁 수단이자 유권자의 투표 결정 요인이 된다고 가정했다(Downs 1957). 그러나 경험적 연구에서 이념 투표 모형은 지금까지 정당 귀속감과 같은 당파적 태도를 강조하는 미시간 모형만큼 큰 관심을 받지 못했다.

그 이유는 무엇보다도 유권자들이 이념적으로 세련되지 않았을 뿐 아니라 유권자들의 이념 또는 이슈에 대한 태도가 정당 귀속감과 같은 심리문화적인 요인에 의해 크게 영향을 받기 때문에, 투표 결정에 미치는 이들 변수의 독립적인 영향력이 그리 크지 않은 것으로 인식되었기 때문이다(Converse 1964, 1966; Page and Jones 1979).

이념 투표는 한국인의 투표 결정 요인으로는 비교적 새로운 현상이라 간주되고 있다(강원택 2003; 최준영·조진만 2005; Jhee 2006; 이내영·정한울 2007). 권위주의 시대의 민주 대 반민주 균열하에서도 경제성장, 법과 질서, 반공 등의 가치를 선호한 사람과 자유와 인권, 민주주의를 선호한 사람들의 가치 정향에 따른 투표 결정이 있었지만, 이런 균열을 서구에서 일반적으로 나타나는 공공 소유와 사회적 관용의 축에서의 좌·우 또는 진보와 보수의 균열이라고 보지는 않았다. 앞의 〈표 4-1〉에서 볼 수 있는 것처럼, 이념 투표는 1997년 대통령 선거에서 처음으로 미약하게나마 나타난 이후, 2002년 대통령 선거에서 본격적으로 등장해 지역 투표나 정당 지지 투표와는 다른 새로운 투표 행태로 인식되기 시작했다. 이념 투표는 탄핵 이슈가 중심이 되었던 2004년 국회의원 선거에서는 큰 영향력을 행사했으나, 2007년 대통령 선거와 2008년 국회의원 선거에서는 통계적으로 유의한 영향을 미치지 못하는 것으로 나타났다.

1990년대 중반까지만 해도 투표자의 이념은 정당이나 후보자 지지에 영향을 미치지 못한다고 여겨져 이념을 조사하는 설문이 여론조사에 포함되지조차 않았다. 이런 이념 투표가 2000년대 들어서 새로운 투표 행태로 등장하게 된 배경으로는 다음의 두 가지를 지적할 수 있다. 하나는 정당 경쟁에서의 이념적 분화이다. 김대중 정부의 햇볕 정책을 둘러싸고 여야 간의 이념 경쟁이 시작되었으며, 이런 외교·안보 정책 영역에서의 이념적 갈등은 노무현 정부에 이르러서는 기업 규제, 환경보호, 사회복지, 인권, 환경보호 등 사회·경제·문화 정책 영역으로 확대됨으로써 유권자가 선택할 수 있는 이념적 대안이 선거에서 뚜렷하게 등장한 것이다. 다른 하나는 유권자의 이념적 분화이다. 1980년대 초반부터 학생과 지식인 집단에서 싹트기 시작한 사회주의, 민족주의, 탈물질주의 등의 진보적 가치가 이후 젊은 세대를 중심으로 확산된 것이다. 이런 유권자의 이념적 분포의 확대가 정당 간의 이념 경쟁과 상호작용해 선거에서의 이념 투표를 가져왔다고 할 수 있다.

'이념적 근접성에 의한 정당 지지 가설'과 '이념적 방향성에 따른 정당 지지 가설'은 이와 같은 주관적 이념 성향에 따른 특정 정당에 대한 지지를 좀 더 이론적으로 세련화한 가설이다(Rabinowitz and Macdonald 1989). 이 두 가지 가설은 정당의 수가 셋 이상일 경우에도 적용할 수 있지만, 간단히 정당이 둘 있는 경우를 가정해 보자. 이념적 근접성 가설은 투표자의 이념 성향과 정당 또는 후보자의 이념 성향의 근접성이 지지를 결정한다는 것인데, 확률적으로 유권자는 자신의 이념 성향과 정당의 이념 성향의 거리가 가까울수록 그 정당에 투표할 확률이 높은 반면, 그 거리가 멀수록 투표할 확률이 낮다는 것이다. 이념적 근접성 가설은 다운스의 고전적 정당 경쟁 모형을 조작화한 것인데, 기대했던 만큼 설명력이 높지 않다. 왜냐하면 거의 모든 나라에서 국민의 이념 성향은 중도에 가까운 반면, 주요 정당과 후보자들은 좌우 어느 한쪽의 뚜렷한 이념 성향을 갖고 있기 때문이다.

이와 같은 이념적 근접성 가설의 경험적 설명력의 한계를 극복하고자 등장한 것이 이념적 방향성 가설이다. 이 가설에 의하면, 기본적으로 이념적 거리와는 관계없이 보수적 유권자는 보수정당의 후보자를,

진보적 유권자는 진보 정당의 후보자를 지지하는데, 이념적 성향이 강한 유권자일수록 그와 같은 이념 성향을 가진 정당에 투표할 확률이 더 높다는 것이다. 방향성 가설이 근접성 가설보다 미국 및 일부 서구 국가에서 설명력이 더 높게 나타나지만, 그 차이가 그리 큰 것은 아니다. 지병근은 2004년 국회의원 선거에서의 이념적 방향성 가설이 근접성 가설이나 단순한 이념 성향 가설보다 설명력이 더 높다는 것을 발견했다(Jhee 2006). 〈표 4-10〉에서 보는 것처럼, 2007년 대통령 선거에서 단순한 이념 투표(유권자의 주관적 이념 성향)는 후보자 지지에 유의한 영향을 미치지 못하지만 이념적 근접성 가설과 이념적 방향성 가설은 유의한 영향을 미치는 것으로 나타나고 있으며, 이념적 방향성 가설이 이념적 근접성 가설보다 좀 더 영향력이 유의한 것으로 나타난다. 그러나 이 두 가설들과 단순한 주관적 이념 가설 사이에 모형의 설명력에 있어 차이가 거의 없기 때문에 두 이념 변수(근접성과 방향성)가 주관적 이념보다 투표 결정에 결코 더 큰 영향을 미친다고 주장하기는 어렵다.

　이념 투표를 측정할 때 고려해야 할 것은 이념 성향을 어떻게 조작화해 측정할 것인가라는 조작적 정의의 문제이다. 정치 행태 연구에서 이념이란 일반적으로 개인이 구체적인 정치사회적 이슈나 문제에 대해 일정한 방향으로 태도를 갖게 하는 중심적 정향이라고 이해되고 있다. 그렇기 때문에 개인들의 이념 성향을 알게 되면, 그들의 태도와 행위를 설명하고 예측할 수 있게 된다. 하지만 이런 중심적인 정향으로서의 이념 성향을 개인이 0~10의 이념 척도에서 주관적으로 평가한 수치로 측정할 수 있는가, 또는 그런 조작화로 측정한 이념 성향이 실제로 다른 이슈에 대한 태도를 결정하는 중심적 정향인가 하는 데 대해서는 의문이 제기될 수 있다.

표 4-10 정당 투표에 미치는 이념 변수의 영향력(로짓 계수)

	모형1				모형2				모형3			
	계수	표준오차	유의확률	Exp(B)	계수	표준오차	유의확률	Exp(B)	계수	표준오차	유의확률	Exp(B)
(상수)	−3.387	0.617	0.000	0.034	−3.098	0.599	0.000	0.045	−3.286	0.599	0.000	0.037
성별	0.001	0.140	0.994	1.001	0.003	0.140	0.984	1.003	0.017	0.141	0.903	1.017
연령	0.036	0.006	0.000	1.037	0.038	0.006	0.000	1.038	0.036	0.006	0.000	1.036
학력	−0.062	0.115	0.588	0.940	−0.063	0.114	0.583	0.939	−0.050	0.115	0.666	0.952
소득수준	0.068	0.038	0.070	1.070	0.069	0.038	0.067	1.071	0.071	0.037	0.057	1.074
도시화 정도	0.085	0.122	0.483	1.089	0.100	0.122	0.412	1.105	0.100	0.122	0.414	1.105
충청 출신지	−0.463	0.239	0.053	0.630	−0.445	0.239	0.062	0.641	−0.446	0.241	0.064	0.640
호남 출신지	−0.548	0.307	0.074	0.578	−0.583	0.308	0.059	0.558	−0.551	0.308	0.073	0.576
영남 출신지	−0.031	0.157	0.841	0.969	−0.052	0.157	0.740	0.949	−0.025	0.157	0.871	0.975
한나라당 지지	2.790	0.206	0.000	16.288	2.755	0.202	0.000	15.722	2.723	0.202	0.000	15.232
민주당 지지	−0.764	0.280	0.006	0.466	−0.773	0.281	0.006	0.462	−0.788	0.281	0.005	0.455
주관적 이념 성향	0.032	0.037	0.388	1.032	-							
이념적 근접성	-				−0.085	0.037	0.024	0.919				
이념적 방향성	-								0.039	0.012	0.001	1.040
−2Log L	1370.655				1365.583				1359.693			
x^2	800.489***				802.764***				808.654***			
예측 정확도	82.7				82.9				82.8			
Cox & Snell R^2	0.397				0.399				0.401			
N	3658				3658				3658			

1. 종속변수는 한나라당 투표 = 1, 기타 정당 투표 = 0
2. 주관적 이념 성향은 0(매우 진보)에서 10(매우 보수)까지의 연속 변수
3. 이념적 근접 = | 개인의 이념적 위치−한나라당의 이념적 위치 |
   이념적 방향 = (개인의 이념적 위치−5) · (한나라당의 이념적 위치 −5)
4. * = p < 0.05; ** = p < 0.01; *** = p < 0.001
5. 자료 : 동아시아연구원(2007)

유권자의 주관적 이념 성향이 다양한 이슈에 대한 태도를 결정하는 가를 이슈에 대한 태도와 주관적 이념 성향과의 상관분석을 통해 검증해 보면, 〈표 4-11〉에서 볼 수 있는 것처럼, 주관적 이념 성향이 다양한 이슈에 대한 태도에 통계적으로 유의한 영향력을 미치는 것으로 나타나

표 4-11 주관적 이념 성향과 이슈와의 상관관계(2007)

	교육 문제	대북 지원	복지 문제	사형제 폐지	재벌 규제	한미 관계	환경보호
Pearson 상관계수	−0.075	−0.169	0.136	−0.087	0.135	−0.227	−0.117
유의 확률 (양쪽)	0.011	0.000	0.000	0.003	0.000	0.000	0.000
N	1162	1178	1175	1170	1169	1176	1172

자료 : 서강대학교 현대정치연구소(2007)

지만, 이 태도들을 이념 성향이 결정한다고 할 만큼 영향력이 크지는 않다. 영향력의 크기에 따라 이슈에 대한 태도를 구분해 보면, 외교·안보 이슈가 주관적 이념 성향에 의해 가장 큰 영향을 받고, 그다음으로 정치 경제적 이슈가 영향을 받으며, 사회문화적 이슈가 가장 작은 영향을 받는 것으로 나타난다. 구체적으로 말하면, 주관적 이념 성향에 따라 대북 지원, 한미 동맹에 대한 태도가 가장 크게 변화하고, 사형제, 국가보안법, 대기업 규제에 대한 태도가 어느 정도 차이가 나는 반면, 교육과 문화, 여성 할당제, 환경보호 등의 태도에는 차이가 작게 나타나고 있다.

이렇게 볼 때, 한국인의 주관적 이념 성향은 개인의 외교·안보적 이슈에 대한 태도를 중심으로 결정된다고 할 수 있다. 그 이유는 아마 설득 효과로서 2000년대 이후 한나라당과 민주당의 이념 대립이 주로 한미 관계나 대북 지원을 둘러싸고 일어났기 때문일 것이다. 0~10점 척도에서 응답자가 선택하는 한국인의 주관적 이념 성향이 서구와는 달리 정부의 시장 개입이나 공공 소유, 소수자에 대한 사회적 관용을 둘러싼 사회경제적 축에 의해 결정되기보다는 지지 정당의 설득 효과로 인해 한미 관계나 대북 지원과 같은 외교·안보적 이슈에 의해 결정된다고 한다면, 이념 성향이 개인의 정치적 정향과 태도를 결정하는 중심

표 4-12 이념 성향에 미치는 인구사회학적 변수의 영향력

대통령 선거

	1997년				2002년				2007년			
	계수	표준오차	베타	유의확률	계수	표준오차	베타	유의확률	계수	표준오차	베타	유의확률
(상수)	4.065	0.313	-	0.000	2.647	0.226	-	0.000	4.547	0.447	-	0.000
성별	−0.111	0.073	−0.050	0.130	0.067	0.053	0.034	0.210	−0.003	0.114	−0.001	0.982
연령	−0.020	0.003	−0.241	0.000	0.011	0.002	0.170	0.000	0.032	0.004	0.210	0.000
학력	0.043	0.050	0.036	0.383	−0.111	0.037	−0.107	0.003	−0.098	0.084	−0.035	0.240
소득수준	−0.030	0.017	−0.061	0.075	−0.008	0.014	−0.017	0.562	0.002	0.027	0.002	0.943
도시화 수준	−0.060	0.050	−0.038	0.236	0.017	0.040	0.012	0.661	0.008	0.086	0.002	0.925
충청 출신지	0.067	0.103	0.023	0.516	−0.098	0.080	−0.036	0.217	0.060	0.156	0.010	0.700
호남 출신지	0.214	0.096	0.079	0.026	−0.288	0.074	−0.113	0.000	−0.778	0.149	−0.143	0.000
영남 출신지	0.001	0.087	0.001	0.987	0.058	0.061	0.028	0.347	0.166	0.123	0.038	0.175
화이트칼라	−0.125	0.095	−0.048	0.188	−0.044	0.067	−0.019	0.514	−0.193	0.138	−0.042	0.164
블루칼라	−0.178	0.134	−0.044	0.183	0.025	0.064	0.011	0.689	−0.209	0.173	−0.033	0.226
자영업	−0.080	0.089	−0.033	0.368	−0.180	0.145	−0.035	0.217	0.069	0.150	0.014	0.645
R^2	0.063				0.077				0.082			
여야 성향	0.289	0.054	0.214	0.000	−0.025	0.034	−0.020	0.462	-	-	-	-
한나라당지지	−0.195	0.101	−0.068	0.054	0.564	0.062	0.245	0.000	1.379	0.144	0.319	0.000
민주당 지지	0.020	0.094	0.009	0.829	−0.162	0.065	−0.073	0.013	0.032	0.172	0.006	0.852
R^2	0.115				0.139				0.156			

	2000년				2004년				2008년			
	계수	표준오차	베타	유의확률	계수	표준오차	베타	유의확률	계수	표준오차	베타	유의확률
(상수)	1.984	0.245	-	0.000	2.230	0.673	-	0.001	3.593	0.860	-	0.000
성별	−0.047	0.055	−0.032	0.392	−0.004	0.184	−0.001	0.983	−0.324	0.221	−0.066	0.144
연령	0.008	0.002	0.141	0.002	0.062	0.007	0.334	0.000	0.063	0.009	0.348	0.000
학력	−0.056	0.038	−0.071	0.143	−0.013	0.062	−0.009	0.830	0.034	0.080	0.023	0.674
소득수준	0.004	0.014	0.011	0.767	0.055	0.102	0.020	0.589	−0.046	0.045	−0.047	0.303
도시화 수준	−0.025	0.032	−0.027	0.439	−0.030	0.087	−0.013	0.736	0.065	0.096	0.030	0.495
충청 출신지	0.019	0.074	0.010	0.798	−0.596	0.316	−0.074	0.060	−0.051	0.318	−0.007	0.873
호남 출신지	−0.286	0.072	−0.152	0.000	−1.172	0.293	−0.154	0.000	−0.382	0.300	−0.058	0.204
영남 출신지	0.008	0.062	0.005	0.897	0.408	0.208	0.076	0.051	0.274	0.259	0.050	0.291
화이트칼라	−0.023	0.079	−0.012	0.771	−0.257	0.264	−0.041	0.330	−0.481	0.267	−0.092	0.072
블루칼라	−0.071	0.081	−0.034	0.384	−0.231	0.213	−0.045	0.278	−0.188	0.439	−0.020	0.669
자영업	−0.097	0.062	−0.062	0.119	0.228	0.654	0.013	0.728	−0.454	0.293	−0.078	0.122
R^2	0.047				0.138				0.117			
여야 성향	−0.013	0.028	−0.018	0.641	0.262	0.103	0.097	0.011	−1.063	0.119	−0.378	0.000
한나라당 지지	-	-	-	-	1.599	0.266	0.220	0.000	1.040	0.224	0.197	0.000
민주당 지지	-	-	-	-	−0.686	0.232	−0.108	0.003	−0.395	0.297	−0.050	0.184
R^2	0.047				0.221				0.360			

1. 종속변수 : 이념 성향은 0(아주 진보) ~ 10(아주 보수)의 척도
2. 한나라당 지지는 한나라당과 그 전신인 민자당, 신한국당을 지지를 의미하고, 민주당 지지는 민주당과 그 전신인 국민회의, 열린우리당 지지를 의미
3. 자료 : 한국사회과학데이터센터

표 4-13 당파적 태도 및 이념 성향 집단별 정당 투표율 (단위 : %)

대통령 선거

		1992년			1997년			2002년			2007년		
		김영삼	김대중	투표율차	이회창	김대중	투표율차	이회창	노무현	투표율차	이명박	정동영	투표율차
정당지지	한나라당	91.24	2.53	88.71	94.69	3.38	91.30	90.27	8.81	81.46	86.34	2.94	83.40
	민주당	8.03	86.29	−78.26	2.96	84.95	−81.99	4.05	94.86	−90.81	7.50	88.33	−80.83
	기타	11.30	13.91	−2.61	13.64	16.67	−3.03	14.53	51.28	−36.75	22.12	20.19	1.92
	무당파	47.06	18.10	28.96	47.85	26.61	21.24	36.14	60.44	−24.30	40.28	23.15	17.13
여야성향	여	83.49	6.22	77.27	82.81	7.72	75.09	22.41	75.63	−53.22	-	-	-
	중도	53.82	21.53	32.29	40.58	30.03	10.54	35.53	58.46	−22.93	-	-	-
	야	9.76	64.77	−55.01	7.28	68.40	−61.12	56.47	37.65	18.82	-	-	-
이념성향	진보	-	-	-	24.29	47.18	−22.88	20.83	71.56	−50.72	38.43	31.44	6.99
	중도	-	-	-	35.62	39.73	−4.11	41.94	54.84	−12.90	55.17	24.14	31.03
	보수	-	-	-	47.71	34.70	13.01	62.67	34.82	27.86	72.97	10.17	62.79
전체		50.23	30.40	19.83	37.21	41.00	−3.79	38.74	56.39	−17.66	57.86	20.85	37.01

국회의원 선거

		1996년			2000년			2004년			2008년		
		신한국당	국민회의	투표율차	한나라당	민주당	투표율차	한나라당	열린우리당	투표율차	한나라당	통합민주당	투표율차
정당지지	한나라당	80.47	3.91	76.56	72.50	25.00	47.50	87.35	10.24	77.11	85.71	2.60	83.12
	민주당	1.34	95.30	−93.96	29.51	44.26	−14.75	3.68	91.05	−87.37	7.02	87.72	−80.70
	기타	15.94	5.80	10.14	33.33	66.67	−33.33	5.49	40.66	−35.16	28.57	16.48	12.09
	무당파	43.73	16.13	27.60	48.33	33.63	14.70	35.35	48.02	−12.67	45.55	27.74	17.81
여야성향	여	71.60	7.41	64.20	20.87	64.56	−43.69	14.29	71.43	−57.14	75.19	8.02	67.18
	중도	48.05	13.96	34.09	48.14	33.51	14.63	31.50	52.29	−20.80	35.57	30.87	4.70
	야	10.74	53.33	−42.59	75.57	6.25	69.32	64.17	18.24	45.93	13.29	53.15	−39.86
이념성향	진보	-	-	-	41.30	39.67	1.63	14.81	67.41	−52.59	20.74	47.41	−26.67
	중도	-	-	-	47.08	38.91	8.17	34.84	47.74	−12.89	46.02	33.63	12.39
	보수	-	-	-	60.93	20.53	40.40	64.21	25.46	38.75	66.14	12.60	53.54
전체		42.82	24.94	17.88	47.84	34.53	13.31	35.25	49.28	−14.04	49.66	25.25	24.41

1. 투표율 차 = 한나라당 투표율−민주당 투표율
2. 자료 : 한국사회과학데이터센터

적 정향이라는 주장의 설득력은 제한적이라 할 수 있다.

이념 성향은 정당 지지만큼 큰 영향력을 갖고 있지는 않지만, 투표 결정에 영향을 미치는 정부 업적 평가, 후보자와 이슈에 대한 태도, 경제 평가에 통계적으로 유의한 영향을 미치고 있다. 〈표 4-12〉에서 볼 수 있는 것처럼, 개인의 이념 성향에 가장 큰 영향을 미치는 변수는 연령이지만, 출신지, 특히 호남 지역도 이념 성향에 적지 않은 영향을 미치고 있다. 이에 비해 소득수준, 직업, 학력 등의 계층 변수는 이념에 거의 영향을 미치지 못하고 있다. 정당 지지는 정당이 이념적으로 분화되지 않았던 1997년 대통령 선거에서는 영향을 미치지 못했지만, 2000년 국회의원 선거부터는 영향을 미치고 있는데, 이는 위에서 본 바와 같이 설득 효과로 인해 유권자의 주관적 이념 성향이 정당 지지로부터 영향을 받고 있음을 보여 주는 것이다.

5장

합리적 투표

투표 결정의 인과관계 단계에서 사회학적 투표와 당파적 투표의 다음 단계에 해당하는 것이 경제 사정이나 대통령 직무평가 등을 기준으로 결정하는 합리적 투표이다. 합리적 투표를 넓게 정의하면 합리적 선택 이론에서 강조하는 이념 투표를 포함할 수 있지만, 좁게 정의하면 개인의 경제적·물질적 손익계산에 의한 투표만을 의미한다. 좁은 의미의 합리적 투표는 사회학적 투표와 당파적 투표 등과 다음의 두 가지 점에서 다르다(Key 1966; Fiorina 1981).

첫째, 사회학적 투표나 당파적 투표가 정당과 유권자 간에 형성되는 장기적인 연대 관계라고 한다면, 합리적 투표는 선거와 선거 사이 기간에 나타난 경제 사정의 변화나 정부 업적에 대한 평가 등에 따라 중·단기적으로 결정되는 변수이다. 둘째, 합리적 투표는 한편으로 인구사회학적 변수나 당파적 변수 등에 의해 영향을 받는 동시에, 다른 한편으로 후보자와 이슈 변수에 영향을 미치는 변수로 투표 결정의 인과적 구조에서 중간을 담당한다. 합리적 투표의 장점은 무엇보다 선거마다 다르게 나타나는 정당과 후보자의 득표율의 변화를 설명하고 예측할 수 있다는 점이다. 실제로 경제 사정 평가와 대통령 직무평가는 선거 전 선거 결과를 예측하는 데 가장 많이 사용되는 변수이다(Tufte 1975, 1993; Sigelman 1979).[■]

1. 경제 투표

합리적 투표의 이론적 기원은 키의 책임 이론이다(Key 1966). 키는 투표자의 투표 결정이 사회학적 모형이나 심리학적 모형이 주장하듯이 습관적이거나 심리적이지 않다고 반박하면서 정부가 잘하면 여당을 지지하고 정부가 못하면 야당을 지지한다는 보상과 처벌 가설을 제시했다. 국가와 시대를 막론하고 국민들의 가장 큰 관심은 경제적 사정에 있기 때문에, 경제가 잘되면 여당을 지지하고 그 반대로 경제가 나빠지면 야당을 지지하는 경제 투표가 합리적 투표의 중심에 있다. 경제 투표를 합리적 투표라 부르는 이유는 투표 결정이 투표자의 경제적 이익의 극대화라는 합리적 기준에서 이루어지기 때문이다.[■■]

[■] 계급·종교와 같은 인구사회학적 변수나 정당 귀속감과 같은 심리문화적 변수는 정당과 유권자 간에 장기적인 유대 관계를 전제로 하기 때문에 선거마다 변화하는 유권자의 지지 변화를 설명하는 데 매우 제한적인 영향력만을 행사한다.
[■■] 키(Key 1966)가 강조하고자 하는 것은 사회학적 투표 모형이나 심리문화적 투표 모형이 전제하는 것과 같이 투표자가 습관적이거나 감정적이지 않다는 것이다(Voters are not fools).

경제 투표의 검증은 두 가지로 나누어 진행되어 왔다. 하나는 경제성장률, 물가 상승률, 실업률 등의 거시적 경제지표가 여당의 득표율에 미치는 영향력을 검증하는 것인데, 반 이상의 서구 국가에서 여당 득표율에 미치는 경제지표의 영향력이 유의하게 나타나고 있다(Kramer 1971; Mueller 1989).▪ 다른 하나는 여론조사에서 나타난 유권자의 주관적 경제평가가 정당 지지에 미치는 영향력을 검증하는 것인데, 주관적 경제 평가는 객관적 경제지표보다 더 많은 나라에서 유의한 영향력을 보여 주고있다. 주관적 평가에 의한 경제 투표의 영향력은 두 가지 기준에서 검증되고 있다. 하나는 유권자들이 선거 때까지의 경제 사정을 평가해 회고적 경제 투표(retrospective economic voting)를 하는가, 아니면 선거 후의 경제를 예측해 전망적 경제 투표(prospective economic voting)를 하는가 하는것이다. 다른 하나는 개인적 경제 사정 평가에 따라 투표(pocketbook voting)하는가 아니면 국가 경제 사정 평가에 따라 투표(sociotropic voting)하는가 하는 것이다. 일반적으로 투표 결정에 국가 경제의 회고적 평가가 전망적 평가보다 약간 더 큰 영향력을 보여 주는 반면, 개인적 경제사정 평가는 매우 작거나 통계적으로 유의하지 못한 영향력을 미치는것으로 나타난다(Keiwiet 1981; Lewis-Beck 1988; Erikson 1989).

대부분의 서구 국가에서 나타나는 경제 투표는 한국에서 엄격하게경험적으로 검증된 것은 아니지만 민주화 이후에 등장한 새로운 투표행태의 하나로 논의되어 왔다(이현우 1998; 이재철 2008). 하지만 경제 투표

▪ 한국의 경우 민주화 이후에 실시된 선거의 수가 적어 객관적 경제지표가 여당 득표율에 미치는 영향력을 측정할 수 없기 때문에 이 책에서는 주관적 경제 평가의 영향력만 측정했다.

가 검증되지 않았다고 해서 권위주의 시대에 한국인들이 경제에 대해 관심을 갖고 있지 않았다고 인식되었던 것은 아니다. 오히려 그 반대로 권위주의 시대에도 많은 국민들이 경제에 대한 관심이 높았고, 이는 선거에서 권위주의 정부와 여당이 승리할 수 있는 중요한 자원이 되었다(이갑윤 1989). 경제성장, 법과 질서, 반공 등을 업적으로 과시하는 여당과 국민의 자유와 기본권, 공명선거의 확립 등과 같은 민주화 조치를 요구하는 야당 사이에서, 경제성장을 민주화보다 중요시하는 사람들은 여당을 지지하고 민주화를 경제성장이나 법과 질서보다 더 선호하는 사람들은 야당을 지지했다. 따라서 경제가 좋아지던 나빠지던 관계없이 경제에 관심이 많은 사람들은 여당을 일관되게 지지했기 때문에 경제 사정의 변화와 여당의 지지율은 깊은 상관관계를 보이지 않는 것처럼 나타난 것이다. 실제로 1987년 대통령 선거는 말할 것도 없고 1992년 대통령 선거에서도 경제 사정 평가와는 관계없이 경제문제를 우선시하는 투표자는 여당 후보자를 지지하는 비율이 높고 정치사회적 문제를 우선시하는 투표자는 야당 후보자를 지지하는 비율이 높았다. 권위주의 여당의 맥을 잇는 신한국당이 더 이상 경제성장의 이슈를 독점할 수 없게 된 것은 1997년 IMF 경제 위기 이후부터라고 할 수 있다.

민주화 이후 경제 투표에 대한 학문적 관심이 높아지면서 한국에도 경제 투표가 존재한다는 주장이 제기되었다(이현우 1998). 특히 2007년 대통령 선거에서 전망적 국가 경제 평가가 대통령 후보자 지지 결정에 크고 유의한 영향을 미치는 것으로 나타난 바 있다(이재철 2008). 〈표 5-1〉에서 볼 수 있는 것처럼, 경제 사정 평가가 조사된 세 번의 대통령 선거 가운데 2007년 대통령 선거에서만 전망적 경제 사정 평가가 투표 결정에 유의한 영향력을 미친 것으로 나타났다. 〈표 5-1〉에서 나타난 전망적 경제 투표의 효과가 이재철의 연구와는 다르게 그 크기가 작게 나타나는 것은 서로 다른 여론 자료를 사용했기 때문이 아니라, 이재철의 모형에서는 경제 사정 평가의 영향력을 측정하는 모형에 정당 지지 변수가 포함되지 않았기 때문이다.

한 가지 특기할 만한 사실은 2007년 대통령 선거에서 나타난 전망적 경제 사정에 의한 경제 투표의 방향이 서구에서 일반적으로 발견되는 방향과는 반대로 나타난다는 것이다. 일반적으로 전망적 경제 투표는 미래의 경제에 대해 낙관적 예측을 하는 사람들이 여당을 지지하고, 비관적 예측을 하는 사람들이 야당을 지지하는 방향으로 나타난다(Lockerbie 1991).* 그러나 여기서 사용한 동아시아연구원 자료에서는 미래의 경제가 좋아질 것이라는 사람은 야당 후보인 이명박을 지지하고, 반대로 경제가 나빠질 것이라는 사람은 여당 후보를 지지하는 것으로 나타난다. 특히 전망적 경제 평가가 조사된 1차 패널 조사는 선거가 실시되기 8개월 전에 이루어져 여당 후보나 야당 후보가 확정되기 전이라는 점을 생각한다면 매우 의문스러운 결과라고 할 수 있다. 한 가지 가능한 설명은 노무현 정부에 대한 국민적 평가가 워낙 부정적이었기 때문에 정권 교체가 기정사실로 받아들여졌으며, 차기 대통령으로 경제 대통령을 표방한 이명박 후보가 가장 유력했다는 점에서 이명박 정부에서 경제 사정이 좋아질 것이라고 생각한 사람은 이명박 후보를 지지하고, 좋아지지 않을 것이라고 생각한 사람은 여당 후보를 지지했다는 것이

---

* 전망적 경제 투표의 세련된 형태로 정당 또는 후보자의 집권에 따라 경제가 어떻게 변화할 것인가를 고려해 더 나은 경제적 전망을 가져오는 정당과 후보자에게 투표하는 경제 투표를 생각해 볼 수 있다.

다. 그러나 이런 매우 세련된 전망적 경제 투표는 현실에서 찾아보기 어려울 뿐 아니라, 합리적 투표의 이론적 기반인 정부의 책임 가설과는 다른 것이다. 왜냐하면 회고적 경제 평가는 투표 결정에 통계적으로 유의한 영향을 미치지 못했을 뿐 아니라 유의한 영향을 미친 전망적 경제 평가도 정당 요인에 의한 것이 아니라 이명박 후보의 개인적 능력에 기반을 둔 것이기 때문이다. 이런 점에서 2007년 대통령 선거에서의 전망적 경제 투표는 후보자의 능력 차이에 따른 후보자 투표의 한 형태라고 할 수 있다.

2007년 대통령 선거에서 처음으로 경제 투표가 나타났던 것은 그동안 한국인이 경제문제에 대해 관심이 적었기 때문이 아니다. 사실 민주화 이후 다양한 이슈의 등장과 후보자의 교체 속에서도 선거에서 국민들의 가장 큰 관심사는 항상 경제문제였다. 경기회복, 경제성장, 물가 상승, 일자리 창출, 부동산 안정 등을 경제문제에 포함시킨다면, 선거에서 80%에 가까운 국민의 가장 큰 관심사는 경제문제였다고 할 수 있다. 하지만 경제문제에 대한 높은 관심에도 불구하고 경제 투표가 나타나지 않는 이유는, 무엇보다도 한국의 대통령 임기가 5년 단임제이기 때문에 현직 대통령과 차기 대통령의 연관 관계가 크지 않을 뿐 아니라, 경제정책 분야에서 한나라당과 민주당의 정책 차이가 별로 없기 때문에 대통령의 경제적 업적이 정당보다는 개인적 능력에 의해 더 크게 결정된다고 인식되기 때문이라고 할 수 있다.

국회의원 선거에서도 정부의 책임을 묻는 경제 투표는 제한적으로만 나타나고 있다. 경제 사정 평가가 조사된 1996년과 2008년 선거 가운데 1996년 선거에서만 회고적 국가 경제 사정 평가가 후보자 투표에 기대했던 방향으로 통계적으로 유의한 영향을 미치고 있다. 경제가 호

표 5-1 정당 투표에 미치는 합리적 변수의 영향력(로짓 계수)

	대통령 선거 1992년					1997년				
	계수	표준오차	유의확률	Exp(B)	기여도	계수	표준오차	유의확률	Exp(B)	기여도
(상수)	1.192	1.287	0.355	3.293	-	1.442	1.306	0.270	4.228	-
성별	−0.361	0.295	0.221	0.697	-	0.266	0.237	0.263	1.304	-
연령	0.032	0.011	0.003	1.033	-	0.014	0.010	0.139	1.015	-
학력	−0.073	0.161	0.649	0.929	-	0.076	0.157	0.628	1.079	-
소득수준	−0.029	0.068	0.666	0.971	-	−0.086	0.055	0.117	0.918	-
도시화 정도	0.005	0.170	0.978	1.005	-	−0.181	0.166	0.274	0.834	-
충청 출신지	0.146	0.328	0.655	1.158	-	−0.243	0.304	0.424	0.784	-
호남 출신지	−2.185	0.526	0.000	0.113	-	−2.310	0.590	0.000	0.099	-
영남 출신지	0.330	0.275	0.229	1.391	-	0.509	0.249	0.041	1.663	-
화이트칼라	−0.135	0.340	0.691	0.873	-	0.354	0.285	0.214	1.424	-
블루칼라	−0.160	0.352	0.648	0.852	-	−0.931	0.468	0.047	0.394	-
자영업	−0.622	0.536	0.246	0.537	-	−0.392	0.296	0.186	0.676	-
여야 성향	−0.729	0.124	0.000	0.482	-	−1.234	0.156	0.000	0.291	-
이념 성향	-				-	−0.187	0.104	0.071	0.829	-
한나라당 지지	2.329	0.283	0.000	10.263	-	2.613	0.378	0.000	13.640	-
민주당 지지	−0.690	0.345	0.046	0.502	-	−1.436	0.388	0.000	0.238	-
현 정부 업적 평가	0.006	0.208	0.976	1.006	0.007	0.081	0.125	0.516	1.084	0.000
회고적 국가 경제 평가	0.064	0.131	0.629	1.066	0.009	-	-	-	-	-
회고적 가정경제 평가	−0.090	0.150	0.547	0.914		0.083	0.122	0.496	1.087	0.000
전망적 국가 경제 평가	-	-	-	-	-	-	-	-	-	-
−2Log L	494.624					575.457				
x^2	559.083***					606.808***				
예측 정확도	85.3					85.8				
Cox & Snell R^2	0.520					0.489				
N	1200					1207				
전 단계 대비 설명력 증가율	0.000					0.001				

대통령 선거

	2002년					2007년				
	계수	표준오차	유의확률	Exp(B)	기여도	계수	표준오차	유의확률	Exp(B)	기여도
(상수)	−6.282	0.941	0.000	0.002	-	−3.540	0.765	0.000	0.029	-
성별	0.165	0.189	0.382	1.180	-	0.128	0.160	0.426	1.136	-
연령	0.028	0.008	0.000	1.028	-	0.033	0.006	0.000	1.034	-
학력	0.097	0.132	0.465	1.102	-	−0.031	0.121	0.797	0.969	-
소득수준	0.031	0.049	0.525	1.032	-	0.051	0.040	0.201	1.053	-
도시화 정도	−0.152	0.146	0.298	0.859	-	0.051	0.122	0.674	1.053	-
충청 출신지	0.074	0.277	0.790	1.077	-	−0.422	0.214	0.049	0.656	-
호남 출신지	−1.420	0.431	0.001	0.242	-	−0.566	0.253	0.025	0.568	-
영남 출신지	0.258	0.200	0.196	1.295	-	0.005	0.172	0.979	1.005	-
화이트칼라	0.408	0.229	0.075	1.504	-	−0.155	0.188	0.411	0.857	-
블루칼라	−0.047	0.232	0.839	0.954	-	0.014	0.244	0.953	1.015	-
자영업	0.437	0.508	0.390	1.547	-	0.578	0.223	0.010	1.783	-
여야 성향	0.164	0.128	0.201	1.178	-	-	-	-	-	-
이념 성향	0.577	0.099	0.000	1.781	-	0.035	0.039	0.366	1.036	-
한나라당 지지	2.499	0.230	0.000	12.172	-	2.598	0.213	0.000	13.438	-
민주당 지지	−1.304	0.311	0.000	0.272	-	−0.685	0.288	0.017	0.504	-
현 정부 업적 평가	0.529	0.099	0.000	1.697	0.004	0.327	0.116	0.005	1.386	0.003
회고적 국가 경제 평가	-	-	-	-	-	−0.014	0.099	0.889	0.986	0.000
회고적 가정경제 평가	-	-	-	-	-	-	−0.069	0.106	0.515	0.933
전망적 국가 경제 평가	-	-	-	-	-	−0.181	0.091	0.046	0.834	0.002
−2Log L		820.476					1298.965			
x^2		613.405***					804.114***			
예측 정확도		83.8					82.8			
Cox & Snell R^2		0.435					0.409			
N		1500					3658			
전 단계 대비 설명력 증가율		0.016					0.005			

	1996년					2000년				
	계수	표준오차	유의확률	Exp(B)	기여도	계수	표준오차	유의확률	Exp(B)	기여도
(상수)	−0.963	0.884	0.276	0.382	-	−3.742	1.250	0.003	0.024	-
성별	−0.094	0.219	0.669	0.911	-	0.203	0.258	0.432	1.225	-
연령	0.313	0.098	0.001	1.367	-	0.007	0.011	0.528	1.007	-
학력	0.084	0.114	0.462	1.087	-	−0.023	0.174	0.894	0.977	-
소득수준	0.040	0.048	0.403	1.041	-	0.081	0.061	0.182	1.084	-
도시화 정도	0.267	0.153	0.080	1.306	-	−0.474	0.154	0.002	0.622	-
충청 출신지	−0.455	0.271	0.094	0.634	-	−1.037	0.318	0.001	0.354	-
호남 출신지	0.386	0.338	0.253	1.471	-	−1.857	0.369	0.000	0.156	-
영남 출신지	−0.257	0.236	0.276	0.773	-	1.284	0.294	0.000	3.609	-
화이트칼라	0.308	0.318	0.332	1.361	-	0.290	0.353	0.412	1.336	-
블루칼라	−0.002	0.351	0.996	0.998	-	0.220	0.400	0.582	1.246	-
자영업	0.200	0.248	0.420	1.221	-	0.005	0.291	0.986	1.005	-
여야 성향	−0.578	0.101	0.000	0.561	-	0.582	0.133	0.000	1.789	-
이념 성향	-	-	-	-	-	0.288	0.160	0.072	1.333	-
한나라당 지지	1.516	0.228	0.000	4.553	-	-	-	-	-	-
민주당 지지	−3.632	0.763	0.000	0.026	-	-	-	-	-	-
현 정부 업적 평가	−0.509	0.180	0.005	0.601	0.010	0.546	0.201	0.007	1.727	0.019
회고적 국가 경제 평가	0.468	0.131	0.000	1.597	0.019	-	-	-	-	-
회고적 가정경제 평가	0.100	0.138	0.469	1.105	-	-	-	-	-	-
전망적 국가 경제 평가	-	-	-	-	-	-	-	-	-	-
−2Log L		711.199					483.296			
x^2		397.178***					218.512***			
예측 정확도		80.1					75.1			
Cox & Snell R^2		0.386					0.350			
N		1201					1100			
전 단계 대비 설명력 증가율		0.018					0.010			

국회의원 선거

	2004년					2008년				
	계수	표준오차	유의확률	Exp(B)	기여도	계수	표준오차	유의확률	Exp(B)	기여도
(상수)	-5.697	1.389	0.000	0.003	-	5.720	2.179	0.009	304.785	-
성별	-0.579	0.321	0.071	0.561	-	-0.134	0.413	0.745	0.874	-
연령	0.033	0.014	0.023	1.033	-	0.024	0.017	0.150	1.024	-
학력	0.093	0.107	0.386	1.097	-	-0.158	0.140	0.261	0.854	-
소득수준	-0.167	0.164	0.307	0.846	-	-0.059	0.081	0.462	0.942	-
도시화 정도	-0.107	0.143	0.452	0.898	-	0.163	0.178	0.358	1.177	-
충청 출신지	-1.473	0.656	0.025	0.229	-	-1.261	0.626	0.044	0.283	-
호남 출신지	-3.184	1.072	0.003	0.041	-	-1.409	0.629	0.025	0.244	-
영남 출신지	0.483	0.316	0.125	1.622	-	-0.380	0.466	0.415	0.684	-
화이트칼라	-0.534	0.469	0.255	0.586	-	0.194	0.493	0.693	1.215	-
블루칼라	-0.364	0.357	0.308	0.695	-	-0.050	0.805	0.950	0.951	-
자영업	-1.301	1.187	0.273	0.272	-	-1.022	0.544	0.061	0.360	-
여야 성향	0.608	0.175	0.001	1.836	-	-1.430	0.305	0.000	0.239	-
이념 성향	0.300	0.067	0.000	1.350	-	-0.175	0.102	0.086	0.839	-
한나라당 지지	2.590	0.488	0.000	13.328	-	1.622	0.476	0.001	5.061	-
민주당 지지	-2.958	1.042	0.005	0.052	-	-0.666	0.766	0.384	0.514	-
현 정부 업적 평가	0.519	0.240	0.031	1.680	-0.002	-0.707	0.356	0.047	0.493	0.037
회고적 국가 경제 평가	-	-	-	-	-	0.575	0.350	0.101	1.777	-0.004
회고적 가정경제 평가	-	-	-	-	-	-	-	-	-	-
전망적 국가 경제 평가	-	-	-	-	-	-0.231	0.320	0.470	0.794	-0.010
-2Log L	308.738					199.826				
x^2	317.146***					159.220***				
예측 정확도	87.4					83.4				
Cox & Snell R^2	0.465					0.459				
N	1500					1000				
전 단계 대비 설명력 증가율	0.005					0.021				

1. 종속변수: 정당 투표는 한나라당 투표 = 1, 기타 정당 투표 = 0
2. 회고적 경제 평가(회고적 국가 경제 평가, 회고적 가정경제 평가) 기여도는 두 변수의 총합 기여도임.
3. * = $p < 0.05$; ** = $p < 0.01$; *** = $p < 0.001$
4. 설명력 증가율 = 합리적 변수 모형 설명력 – 당파적(전 단계) 투표 모형 설명력
5. 한나라당 지지는 한나라당과 그 전신인 민자당, 신한국당 지지를 의미하고, 민주당 지지는 민주당과 그 전신인 국민회의, 열린우리당 지지를 의미
6. 자료: 한국사회과학데이터센터

표 5-2 정당 투표에 미치는 개인경제 평가의 영향력(로짓 계수)

	계수	표준오차	유의 확률	Exp(B)
(상수)	−4.161	1.273	0.001	0.016
성별	0.449	0.246	0.068	1.567
연령	0.043	0.010	0.000	1.044
학력	0.007	0.170	0.967	1.007
소득수준	0.078	0.060	0.193	1.081
도시화 정도	−0.002	0.175	0.992	0.998
충청 출신지	−0.265	0.297	0.373	0.768
호남 출신지	−1.003	0.312	0.001	0.367
영남 출신지	0.621	0.255	0.015	1.862
화이트칼라	−0.223	0.308	0.470	0.800
블루칼라	0.163	0.357	0.648	1.177
자영업	0.125	0.304	0.681	1.133
한나라당 지지	0.597	0.235	0.011	1.817
민주당 지지	−0.333	0.326	0.308	0.717
이념 성향	0.053	0.052	0.306	1.055
회고적 가정경제 평가	−0.079	0.156	0.611	0.924
회고적 국가 경제 평가	−0.032	0.141	0.822	0.969
전망적 국가 경제 평가	−0.235	0.125	0.060	0.790
현 정부 업적 평가	0.645	0.179	0.000	1.906
−2Log L		593.510		
x^2		150.661***		
예측 정확도		74.5		
Cox & Snell R^2		0.240		
N		921		

1. 분석 집단 : 개인경제가 정부 정책에 의해 큰 영향을 받고 있다는 사람들만을 대상으로 함
2. 종속변수 : 정당 투표는 한나라당 투표＝1, 기타 정당 투표＝0
3. * ＝p〈0.05; ** ＝p〈0.01; *** ＝p〈0.001
4. 자료 : 동아시아연구원

전되었다고 생각하는 사람들은 민자당 후보를, 악화되었다고 생각하는 사람들은 민주당이나 국민당 같은 야당 후보를 지지하는 비율이 높았

다. 2008년 선거에서는 경제 사정 평가가 후보자 투표에 유의한 영향을 미치지 못하는 것으로 나타났는데, 대통령 직무평가 변수가 모형에 포함되지 않았을 때는 회고적 국가 경제 평가 변수의 영향력이 유의하게 나타나고 있다. 이는 회고적 국가 경제 평가가 대통령 업적 평가를 통해서 후보자 투표에 영향을 미친다는 것을 보여 준다고 할 수 있다. 한 가지 특기할 것은 지역구 후보자 투표와는 달리 전국 비례대표 선거에서는 전망적 경제 투표가 유의한 영향을 미쳤는데, 기대했던 대로 경제 사정이 호전될 것이라는 사람은 여당인 한나라당을, 경제 사정이 호전되지 않을 것이라고 생각하는 사람들은 야당인 통합민주당을 지지하는 비율이 높았다. 대통령 선거보다 국회의원 선거에서 경제 투표의 영향력이 좀 더 크게 나타나는 이유는, 국회의원 선거는 정권에 대한 중간 평가로서 현직 대통령의 업적 평가라는 성격이 강하기 때문이다.

개인적 경제 사정의 평가가 국가 경제 사정의 평가와는 달리 투표 결정에 유의한 영향을 미치지 못하는 이유로 그동안 제기된 설명은, 국가 경제는 정부와 여당의 정책과 능력에 의해 좌우되지만 개인의 경제 사정은 개인의 노력과 상황 등에 의해 더 크게 영향을 받기 때문이라는 것이었다(Kramer 1983). 그러나 정부 정책이 개인의 경제 사정에 큰 영향을 미친다고 보는 사람들만을 분석 대상으로 개인 경제 사정에 대한 평가가 투표 결정에 미친 영향력을 검증해 보면, 〈표 5-2〉에서 볼 수 있는 것처럼, 통계적으로 유의하지 못한 것으로 나타난다. 다시 말해서 정부 정책에 의해 개인경제가 큰 영향을 받았다는 사람들조차 개인 경제 사정의 평가에 따른 경제 투표는 하지 않았다는 것이다.

한국의 대통령 선거와 국회의원 선거에서 제한적으로나마 나타난 경제 투표 현상을 합리적 투표의 증거라고 해석하기는 쉽지 않다.▪ 그 이유는 경제 투표의 영향력의 크기가 작다는 것 외에도 경제 사정 평가가 지나치게 부정적이고 당파적이기 때문이다. 여덟 번의 선거 가운데 경제 사정 평가가 조사에 포함되었던 다섯 번의 조사에서 국가 경제 사정이 나빠졌다고 평가하는 사람들은 과반수를 넘는 것으로 나타난다. 〈표 5-3〉에서 볼 수 있는 것처럼, 응답자의 국가 경제에 대한 부정적 평가는 한국 경제의 실질 경제성장률이 연평균 4~5%를 기록해 왔다는 점에서 결코 객관적인 평가라 할 수 없을 것이다. 한국인이 권위주의 시대의 고도성장에 익숙해져 있기 때문에 민주화 이후의 저성장 경제에 대해 상대적으로 실망이 컸던 것으로 보이지만, 그렇다고 해서 주요 경제지표에 비추어 볼 때 경제가 나빠졌다고 하는 평가가 객관적이라고 보기는 어렵다.

국가 경제 사정 평가가 중립적이고 객관적인 평가라고 보기 어려운 또 하나의 이유는 교육 수준을 제외하면 경제 사정 평가에 영향을 미치는 거의 모든 변수들이 편파적 성격을 띠는 여야 성향, 이념 성향, 정당 지지, 출신 지역 등이기 때문이다. 〈표 5-4〉에서 볼 수 있는 것처럼, 2007년 대통령 선거와 2008년 국회의원 선거에서의 회고적 경제 평가에서 한나라당 지지자는 경제를 부정적으로 평가한 반면 민주당 지지자는 긍정적으로 평가하고 있으며, 이념적으로 진보적인 사람은 경제를 긍정적으로, 보수적인 사람은 부정적으로 평가했다. 다시 말해, 자

■ 서구에서는 객관적인 경제 사정의 변화에 따른 여당 득표율의 변화가 경제 투표의 가장 중요한 경험적 기반이 되지만, 한국의 경우에는 민주화 이후 선거의 수가 너무 작기 때문에 객관적 경제 사정이 정당 또는 후보자 득표율에 미치는 영향력의 통계적 분석은 유의한 의미를 갖지 못한다.

표 5-3 주요 경제지표(1993~2007)

	김영삼		김대중		노무현	
	1993~97	1997	1998~2002	2002	2003~07	2007
실업률	2.4	2.6	4.9	3.1	3.4	3.0
물가 상승률	5.0	4.5	3.6	2.8	2.9	2.5
경제성장률	7.6	4.2	4.8	7.8	4.2	5.6
주관적 경제 평가	−0.64		-		−0.55	

1. 주관적 경제 평가는 경제 평가의 평균값(부정적 경제 평가 = −1, 긍정적 경제 평가 = 1)
2. 자료 : 한국은행, 한국사회과학데이터센터

신이 지지하는 정당이 여당일 경우에는 경제를 긍정적으로 평가하는 반면, 야당일 경우에는 경제를 부정적으로 평가한다는 것이다. 또 호남 출신 유권자는 영남 출신 유권자에 비해 민주당 정부에서의 경제 사정을 긍정적으로 평가하는 반면, 영남 출신 유권자는 호남 출신 유권자에 비해 한나라당 정부에서의 경제 사정을 긍정적으로 평가했다.

2. 대통령 직무평가

경제 사정 외에 선거 결과에 단기적인 영향을 미치는 합리적 변수는 보통 대통령 지지도라고 알려진 대통령 직무평가이다(Sigelman 1979; Tufte 1975; 가상준 2002; 조진만 외 2006). 대통령이 업무를 잘 수행하고 있다고 평가하는 투표자는 선거에서 여당을 지지하는 반면, 그렇지 않다고 평가하는 투표자는 야당을 지지한다는 것이다. 대통령 지지도 또는 직무평가는 경제 사정 평가보다 일반적으로 투표 결정에 더 큰 영향을 미

표 5-4 회고적 국가 경제 평가에 미치는 인구사회학적 변수 및 정당 지지의 영향력

대통령 선거

	1992년				2007년			
	계수	표준오차	베타	유의 확률	계수	표준오차	베타	유의 확률
(상수)	3.440	0.260	-	0.000	2.615	0.191	-	0.000
성별	−0.005	0.067	−0.002	0.940	0.099	0.049	0.057	0.043
연령	−0.003	0.003	−0.037	0.298	0.010	0.002	0.156	0.000
학력	0.169	0.040	0.174	0.000	0.150	0.036	0.126	0.000
소득수준	0.022	0.016	0.043	0.180	0.014	0.012	0.032	0.239
도시화 정도	−0.103	0.042	−0.081	0.013	0.002	0.037	0.002	0.947
충청 출신지	0.019	0.090	0.007	0.836	−0.002	0.067	−0.001	0.978
호남 출신지	0.151	0.087	0.059	0.083	−0.326	0.064	−0.141	0.000
영남 출신지	0.205	0.074	0.095	0.006	−0.028	0.052	−0.016	0.588
화이트칼라	0.027	0.088	0.011	0.762	−0.092	0.059	−0.048	0.121
블루칼라	0.137	0.080	0.058	0.087	0.065	0.074	0.024	0.378
자영업	0.043	0.114	0.013	0.708	0.269	0.064	0.126	0.000
R^2	0.065				0.062			
여야 성향	0.110	0.032	0.134	0.001	-	-	-	-
이념 성향	-	-	-	-	0.025	0.011	0.059	0.023
한나라당 지지	−0.016	0.080	−0.007	0.845	0.274	0.064	0.151	0.000
민주당 지지	0.092	0.091	0.040	0.317	−0.232	0.075	−0.107	0.002
R^2	0.080				0.109			

국회의원 선거

	1996년				2008년			
	계수	표준오차	베타	유의 확률	계수	표준오차	베타	유의 확률
(상수)	2,881	0,212	-	0,000	2,234	0,215	-	0,000
성별	0,073	0,062	0,038	0,236	0,019	0,055	0,017	0,727
연령	0,039	0,027	0,049	0,151	0,003	0,002	0,081	0,119
학력	−0,003	0,034	−0,003	0,931	0,021	0,020	0,063	0,285
소득수준	0,031	0,014	0,073	0,024	−0,013	0,011	−0,056	0,254
도시화 정도	−0,138	0,045	−0,095	0,002	0,021	0,024	0,040	0,390
충청 출신지	0,084	0,083	0,034	0,314	−0,147	0,080	−0,090	0,066
호남 출신지	−0,081	0,080	−0,034	0,313	0,046	0,074	0,031	0,534
영남 출신지	0,020	0,072	0,010	0,780	0,065	0,065	0,051	0,316
화이트칼라	0,057	0,091	0,022	0,527	−0,090	0,066	−0,074	0,177
블루칼라	0,221	0,096	0,077	0,022	0,013	0,110	0,006	0,908
자영업	0,223	0,071	0,113	0,002	−0,032	0,073	−0,023	0,663
R^2		0,020				0,008		
여야 성향	0,151	0,029	0,188	0,000	0,028	0,037	0,042	0,458
이념 성향	-	-	-	-	0,027	0,013	0,114	0,040
한나라당 지지	−0,202	0,071	−0,094	0,005	−0,044	0,066	−0,036	0,506
민주당 지지	−0,203	0,096	−0,077	0,035	−0,308	0,087	−0,166	0,000
R^2		0,065				0,036		

1. 종속변수: 경제 평가는 1(아주 좋아짐) ~ 5(아주 나빠짐)의 척도
2. 한나라당 지지는 한나라당과 그 전신인 민자당, 신한국당 지지를 의미하고, 민주당 지지는 민주당과 그 전신인 국민회의, 열린우리당 지지를 의미
3. 자료: 한국사회과학데이터센터

친다. 앞의 〈표 5-1〉에서 볼 수 있는 것처럼, 대통령 직무평가는 국회의원 선거에서는 네 번 모두, 대통령 선거에서는 2002년 이래 두 번의 선거에서 유의한 영향을 미치고 있다. 대통령 직무평가는 경제 투표와 마찬가지로 대통령 선거에서보다는 국회의원 선거에서 더 큰 영향을 미치고 있는 것이다. 이는 앞에서 본 것처럼 국회의원 선거가 정권에 대한 중간 평가라는 성격이 크기 때문이다.

그런데 1997년까지는 현직 대통령에 대한 직무평가가 대통령 선거에서 투표 결정에 통계적으로 유의한 영향을 미치지 못하다가 왜 2002년 이후부터 유의한 영향을 미치게 되었는가 하는 의문이 제기될 수 있다. 한 가지 가능한 설명은 2000년대에 들어서면서 정당들이 이념적으로 분화되어 김대중 대통령과 노무현 후보, 노무현 대통령과 정동영 후보 사이에는 대북정책이나 경제정책 등에서 정당별 정책적 연속성을 담보할 수 있게 되었다는 것이다. 이와는 달리 노태우 대통령과 김영삼 후보, 김영삼 대통령과 이회창 후보의 관계는 정책적 또는 이념적 연속성이 약했으며 개인적으로도 갈등적 관계에 있었기 때문에 현직 대통령에 대한 직무평가가 여당의 대통령 후보자 평가에 별로 영향을 주지 못했던 것이라고 추론할 수 있다.

민주화 이후 네 명의 전임 대통령의 직무평가는 일반적으로 임기 초기에는 높게 나타났다가 임기 말에는 매우 낮게 나타나고 있다. 이런 직무평가의 하락을 단순히 임기 말에 나타나는 레임덕 효과로만 보기는 어려운데, 그 이유는 직무평가가 집권 초기부터 단계적으로 하락하는 경향을 보이고 있기 때문이다. 즉, 직무평가가 일정 기간 유지되고 있다가 단기간 내에 급격히 하락하고, 하락한 직무평가가 다시 지속되는 경향이 반복된다는 것이다. 3개월 평균 직무평가가 3~6개월 사이에

10%p이상 하락한 경우가 김영삼 정부에서는 두 번, 김대중, 노무현, 이명박 정부에서는 각각 한 번씩 나타나 총 다섯 번이 있었는데, 임기 초에 세 번, 임기 중반에 한 번, 임기 말에 한 번씩 나타났다. 하락의 원인을 찾아보면, 친인척이나 고위층 비리 이외에도, 쌀시장 개방, 대기업 도산, 촛불 집회 등 그 원인은 다양하고 복합적이며, 특정한 경향이 발견되지는 않는다〈그림 5-1〉 참조).

대통령 직무평가에 영향을 미치는 변수는 〈표 5-5〉에서 볼 수 있는 것처럼, 연령, 출신지, 이념, 정당 지지 등 일반적으로 당파적 요인들이다. 대통령 선거에서 현직 대통령 후보를 지지했던 사람들은 대통령 직무평가에서 긍정적 평가를 하는 반면, 지지하지 않았던 사람들은 부정적 평가를 하고 있는 것으로 나타나고 있다. 민주당 대통령을 긍정적으로 평가하는 사람들은 나이가 적고, 호남 출신이며, 민주당을 지지하고, 진보적 이념을 가진 사람들이 많은 데 반해, 한나라당 대통령을 긍정적으로 평가하는 사람은 나이가 많고, 영남 출신이며, 한나라당을 지지하고, 보수적 이념을 가진 사람들이 많다. 이는 대통령 직무를 부정적으로 평가하기 때문에 대통령을 지지하지 않는 것이 아니라 대통령을 원래 지지하지 않기 때문에 직무평가를 부정적으로 하게 되는, 이른바 정당이나 지도자 지지의 설득 효과를 보여 준다고 할 수 있다.

〈표 5-5〉에서 볼 수 있는 것처럼, 대통령 직무평가에 당파적 변수이외에 영향을 미치는 변수는 경제 사정 평가이다. 경제 사정 평가는 거의 모든 선거에서 대통령 직무평가에 통계적으로 유의한 영향을 미친다. 일반적으로 경제 사정을 긍정적으로 평가하는 사람이 부정적으로 평가하는 사람보다 대통령의 직무를 긍정적으로 평가하는 비율이 높다. 재미있는 사실은, 주관적 경제 평가는 직무평가에 유의한 영향을

그림 5-1 대통령 지지율의 변화와 주요 사건

(단위 : %)

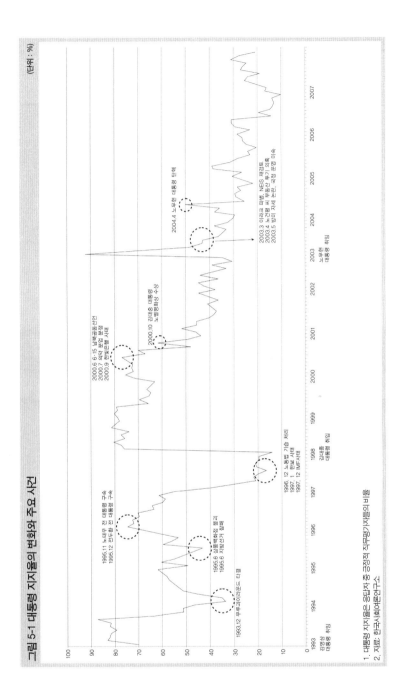

1993.12 우루과이라운드 타결

1995.11 노태우 전 대통령 구속
1995.12 전두환 전 대통령 구속

1995.6 삼풍백화점 붕괴
1995.6 지방선거 참패

1996.12 노동법 기습 처리
1997. 1 한보 사태
1997.12 IMF사태

2000.6 6·15 남북공동선언
2000.7 약각 분리 방침
2000.9 현대운행 사태

2000.10 김대중 대통령
노벨평화상 수상

2004.4 노무현 대통령 탄핵

2003.3 이라크 파병, NEIS 재검토
2003.4 노 건평 씨 부동산 투기 의혹
2003.5 방미 자세 논란, 국정 운영 미숙

김영삼 대통령 취임   김대중 대통령 취임   노무현 대통령 취임

1. 대통령 지지율은 응답자 중 긍정적 직무평가자들의 비율
2. 자료: 한국사회여론연구소

표 5-5 대통령 직무평가에 미치는 인구사회학적 변수 및 태도 변수의 영향력

대통령 선거

	1992년				1997년			
	계수	표준오차	베타	유의 확률	계수	표준오차	베타	유의 확률
(상수)	2.602	0.158	-	0.000	4.211	0.243	-	0.000
성별	−0.094	0.041	−0.074	0.022	−0.023	0.057	−0.014	0.686
연령	−0.004	0.002	−0.096	0.007	0.000	0.002	0.006	0.869
학력	0.104	0.025	0.173	0.000	0.048	0.038	0.054	0.209
소득수준	0.036	0.010	0.114	0.000	−0.001	0.013	−0.004	0.916
도시화 정도	−0.010	0.025	−0.013	0.684	0.008	0.039	0.007	0.829
충청 출신지	0.138	0.055	0.082	0.012	−0.008	0.080	−0.004	0.920
호남 출신지	0.296	0.053	0.186	0.000	0.043	0.075	0.021	0.566
영남 출신지	0.053	0.045	0.039	0.244	−0.311	0.067	−0.170	0.000
화이트칼라	−0.039	0.054	−0.025	0.467	0.096	0.074	0.049	0.197
블루칼라	−0.052	0.049	−0.036	0.281	0.003	0.104	0.001	0.974
자영업	0.011	0.069	0.006	0.871	0.063	0.069	0.035	0.358
R^2	0.108				0.029			
여야 성향	0.119	0.019	0.234	0.000	0.096	0.043	0.096	0.027
이념 성향	-	-	-	-	0.001	0.025	0.001	0.971
한나라당 지지	−0.135	0.047	−0.104	0.004	−0.076	0.080	−0.036	0.340
민주당 지지	0.135	0.053	0.095	0.011	0.139	0.075	0.078	0.064
R^2	0.193				0.046			
회고적 국가 경제 평가	0.176	0.017	0.284	0.000	-	-	-	-
회고적 가정경제 평가	0.032	0.021	0.043	0.118	0.101	0.028	0.112	0.000
전망적 국가 경제 평가	-	-	-	-	-	-	-	-
R^2	0.276				0.058			

대통령 선거

	2002년				2007년			
	계수	표준오차	베타	유의 확률	계수	표준오차	베타	유의 확률
(상수)	3.028	0.228	-	0.000	2.385	0.164	-	0.000
성별	−0.041	0.054	−0.021	0.447	−0.004	0.042	−0.003	0.920
연령	0.004	0.002	0.055	0.078	0.010	0.002	0.182	0.000
학력	0.035	0.037	0.033	0.347	0.092	0.031	0.090	0.003
소득수준	0.043	0.014	0.089	0.002	0.026	0.010	0.069	0.011
도시화 정도	−0.111	0.040	−0.074	0.006	−0.056	0.031	−0.044	0.075
충청 출신지	0.048	0.080	0.017	0.548	0.004	0.057	0.002	0.948
호남 출신지	−0.597	0.075	−0.229	0.000	−0.279	0.054	−0.143	0.000
영남 출신지	0.273	0.062	0.130	0.000	0.003	0.045	0.002	0.956
화이트칼라	0.026	0.068	0.011	0.699	−0.097	0.050	−0.059	0.056
블루칼라	0.109	0.064	0.048	0.090	−0.018	0.063	−0.008	0.782
자영업	0.205	0.146	0.039	0.162	0.113	0.055	0.063	0.039
R^2	0.105				0.065			
여야 성향	0.145	0.034	0.110	0.000	-	-	-	-
이념 성향	0.073	0.027	0.071	0.006	0.033	0.009	0.092	0.000
한나라당 지지	0.230	0.063	0.098	0.000	0.386	0.053	0.249	0.000
민주당 지지	−0.500	0.065	−0.220	0.000	−0.250	0.061	−0.137	0.000
R^2	0.193				0.175			
회고적 국가경제 평가	-	-	-	-	0.330	0.020	0.387	0.000
회고적 가정경제 평가	-	-	-	-	0.097	0.022	0.099	0.000
전망적 국가경제 평가	-	-	-	-	0.052	0.020	0.055	0.009
R^2	-				0.348			

국회의원 선거

	1996년				2000년			
	계수	표준오차	베타	유의 확률	계수	표준오차	베타	유의 확률
(상수)	2.649	0.137	-	0.000	2.405	0.198	-	0.000
성별	0.002	0.040	0.001	0.966	−0.053	0.044	−0.043	0.230
연령	−0.071	0.018	−0.136	0.000	−0.001	0.002	−0.028	0.508
학력	−0.027	0.022	−0.044	0.218	−0.010	0.031	−0.015	0.745
소득수준	−0.004	0.009	−0.013	0.682	0.015	0.011	0.050	0.158
도시화 정도	−0.040	0.029	−0.042	0.172	0.016	0.026	0.020	0.547
충청 출신지	0.055	0.054	0.034	0.311	−0.019	0.060	−0.011	0.756
호남 출신지	0.137	0.052	0.090	0.008	−0.301	0.058	−0.188	0.000
영남 출신지	−0.045	0.047	−0.034	0.333	0.347	0.050	0.261	0.000
화이트칼라	0.030	0.059	0.018	0.605	0.071	0.064	0.044	0.261
블루칼라	0.035	0.062	0.019	0.576	−0.020	0.066	−0.011	0.764
자영업	0.070	0.046	0.055	0.128	0.130	0.050	0.098	0.010
R^2	0.020				0.137			
여야 성향	0.087	0.018	0.167	0.000	0.141	0.022	0.221	0.000
이념 성향	-	-	-	-	0.042	0.027	0.049	0.127
한나라당 지지	−0.240	0.046	−0.173	0.000	-	-	-	-
민주당 지지	−0.051	0.061	−0.030	0.401	-	-	-	-
R^2	0.087				0.177			
회고적 국가 경제 평가	0.278	0.020	0.430	0.000	-	-	-	-
회고적 가정경제 평가	0.007	0.023	0.009	0.754	-	-	-	-
전망적 국가 경제 평가	-	-	-	-	-	-	-	-
R^2	0.263				-			

	국회의원 선거							
	2004년				2008년			
	계수	표준오차	베타	유의 확률	계수	표준오차	베타	유의 확률
(상수)	2,292	0,198	-	0,000	2,556	0,268	-	0,000
성별	0,029	0,054	0,022	0,595	0,009	0,069	0,006	0,899
연령	0,008	0,002	0,168	0,000	−0,008	0,003	−0,158	0,004
학력	0,021	0,018	0,052	0,261	0,003	0,025	0,006	0,918
소득수준	0,014	0,030	0,019	0,643	0,001	0,014	0,005	0,925
도시화 정도	0,000	0,026	0,000	0,998	0,032	0,030	0,052	0,291
충청 출신지	0,171	0,094	0,078	0,072	0,112	0,102	0,056	0,276
호남 출신지	−0,100	0,086	−0,049	0,245	0,206	0,092	0,115	0,026
영남 출신지	0,106	0,061	0,073	0,084	−0,153	0,080	−0,101	0,059
화이트칼라	−0,091	0,077	−0,055	0,237	0,090	0,083	0,063	0,281
블루칼라	−0,025	0,063	−0,018	0,687	−0,012	0,132	−0,005	0,930
자영업	−0,205	0,199	−0,042	0,305	0,003	0,093	0,002	0,978
R^2		0,026				0,043		
여야 성향	0,094	0,030	0,130	0,002	0,153	0,044	0,198	0,000
이념 성향	0,029	0,011	0,110	0,009	−0,043	0,015	−0,155	0,005
한나라당 지지	0,205	0,078	0,107	0,009	−0,133	0,077	−0,092	0,086
민주당 지지	−0,339	0,069	−0,197	0,000	0,341	0,099	0,158	0,001
R^2		0,142				0,211		
회고적 국가 경제 평가	-	-	-	-	−0,112	0,048	−0,096	0,021
회고적 가정경제 평가	-	-	-	-	-	-	-	-
전망적 국가 경제 평가	-	-	-	-	0,372	0,042	0,376	0,000
R^2		-				0,332		

1. 종속변수 : 대통령 직무평가는 1(아주 잘함) ~ 4(아주 못함)의 척도
2. 한나라당 지지는 한나라당과 그 전신인 민자당, 신한국당 지지를 의미하고, 민주당 지지는 민주당과 그 전신인 국민회의, 열린우리당 지지를 의미
3. 자료 : 한국사회과학데이터센터

표 5-6 대통령 직무평가에 미치는 주요 경제지표의 영향력

모형 1 (3개월 평균)

	계수	표준오차	베타	유의 확률
(상수)	25,193	9,443	-	0,010
경제성장률	2,414	1,478	0,189	0,108
물가 상승률	2,124	1,289	0,191	0,106
실업률	4,227	1,461	0,319	0,006
임기 1년차	12,052	6,859	0,244	0,085
임기 2년차	−4,795	6,219	−0,100	0,444
임기 4년차	−8,224	5,996	−0,172	0,176
임기 5년차	−19,596	5,982	−0,410	0,002
R^2		0,444		
N		69		

모형 2 (월별)

	계수	표준오차	베타	유의 확률
(상수)	48,979	2,835	-	0,000
물가 상승률	1,510	1,309	0,076	0,251
실업율 차	−1,940	1,787	−0,074	0,279
주가지수 변동	−0,021	0,076	−0,017	0,785
임기 1년차	16,079	3,896	0,318	0,000
임기 2년차	1,475	3,772	0,030	0,696
임기 4년차	−9,585	3,676	−0,196	0,010
임기 5년차	−22,489	3,693	−0,460	0,000
R^2		0,378		
N		169		

1. 종속변수 : 대통령 직무평가는 긍정적 평가의 비율
2. 자료 : 한국은행, 한국사회여론연구소

미치지만, 객관적 경제 사정은 직무평가에 유의한 영향을 미치지 못한다는 것이다. 〈표 5-6〉과 〈표 5-7〉은 대통령 직무평가와 직무평가의 변화를 종속변수로 한 회귀식에 주요 경제지표(실질경제성장율, 실업률, 물

표 5-7 대통령 직무평가에 미치는 경제지표 변화의 영향력(1992~2007)

모형 1 (3개월 평균)

	계수	표준오차	베타	유의확률
(상수)	−2.657	1.554	-	0.093
경제성장률(Δ)	−0.075	1.067	−0.010	0.944
물가 상승률(Δ)	−0.575	1.612	−0.050	0.723
실업률(Δ)	0.096	2.841	0.005	0.973
R^2		−0.054		
N		69		

모형 2 (월별)

	계수	표준오차	베타	유의확률
(상수)	−0.806	0.582	-	0.168
물가 상승률(Δ)	−0.181	1.053	−0.013	0.864
실업율(Δ)	−0.687	1.595	−0.033	0.667
주가지수(Δ)	0.014	0.063	0.016	0.825
R^2		−0.014		
N		169		

1. 종속변수 : 대통령 직무평가의 변화는 긍정적 평가율의 차[t −(t−1)]
2. 자료 : 한국은행, 한국사회여론연구소

가 상승률, 주가지수)를 독립변수로 적용한 것인데, 임기 연수를 제외한 모든 경제지표 변수들은 직무평가나 직무평가의 변화에 유의한 영향을 끼치지 못하는 것으로 나타났다.■

객관적인 경제 상황을 나타내는 주요 경제지표는 대통령 직무평가

■ ARIMA 방법으로 시계열 분석을 해보더라도 임기 연수를 제외한 모든 경제지표는 대통령 직무평가에 통계적으로 유의한 영향을 미치지 못하고 있다. 또 분석 기간에 IMF 위기를 극복한 김대중 정부의 기간을 제외해도 경제지표는 대통령 직무평가에 통계적으로 유의한 영향을 미치지 못한다.

표 5-8 경제 및 대통령 직무 평가에 따른 정당 투표 (단위 : %)

대통령 선거

		1992년			1997년			2002년			2007년		
		김영삼	김대중	투표율 차	이회창	김대중	투표율 차	이회창	노무현	투표율 차	이명박	정동영	투표율 차
국가경제평가	긍정	55.24	30.48	24.76	-	-	-	-	-	-	14.63	63.41	-48.78
	중	53.00	32.33	20.67	-	-	-	-	-	-	46.23	29.51	16.72
	부정	48.21	29.55	18.66	-	-	-	-	-	-	67.53	13.02	54.51
가정경제평가	긍정	52.41	24.70	27.71	46.81	38.30	8.51	-	-	-	55.41	22.52	32.88
	중	52.06	29.21	22.86	41.82	38.18	3.64	-	-	-	-	-	0.00
	부정	45.42	35.92	9.51	33.80	42.54	-8.73	-	-	-	60.38	19.08	41.30
대통령업적평가	긍정	70.00	17.14	52.86	39.39	42.42	-3.03	10.46	87.69	-77.23	36.36	42.56	-6.20
	중	-	-	-	50.00	20.63	29.38	36.93	57.24	-20.30	-	-	-
	부정	40.19	37.13	3.06	34.68	44.63	-9.96	57.79	36.31	21.48	65.88	13.09	52.79
전체		49.95	30.59	19.36	37.07	41.03	-3.96	38.74	56.39	-17.66	58.13	20.82	37.31

국회의원 선거

		1996년			2000년			2004년			2008년		
		신한국당	국민회의	투표율 차	한나라당	민주당	투표율 차	한나라당	열린우리당	투표율 차	한나라당	통합민주당	투표율 차
국가경제평가	긍정	40.72	31.44	9.28	-	-	-	-	-	-	23.08	38.46	-15.38
	중	40.71	24.86	15.85	-	-	-	-	-	-	46.59	32.53	14.06
	부정	47.33	20.23	27.10	-	-	-	-	-	-	52.71	20.48	32.23
가정경제평가	긍정	36.17	31.91	4.26	-	-	-	-	-	-	-	-	-
	중	44.49	23.73	20.76	-	-	-	-	-	-	-	-	-
	부정	43.54	22.97	20.57	-	-	-	-	-	-	-	-	-
대통령업적평가	긍정	50.30	21.98	28.32	33.92	46.56	-12.64	15.59	70.51	-54.92	64.99	14.57	50.42
	중	-	-	-	-	-	-	-	-	-	-	-	-
	부정	30.48	29.84	0.63	66.45	19.54	46.91	43.59	40.55	3.04	22.11	44.74	-22.63
전체		42.68	25.00	17.68	47.10	35.62	11.48	35.74	48.95	-13.21	50.09	25.05	25.05

1. 투표율 차 = 한나라당 투표율 - 민주당 투표율
2. 자료 : 한국사회과학데이터센터

에 통계적으로 유의한 영향을 미치지 못하는 데 비해, 주관적 경제 평가가 대통령 직무평가에 통계적으로 유의한 영향을 미치는 원인으로는 두 가지를 생각해 볼 수 있다. 하나는 주관적 경제 평가도 대통령 직무평가와 마찬가지로 지역, 이념, 정당 지지와 같은 기존의 당파적 태도에 의해 결정되는 변수이기 때문에 두 변수의 관계가 통계적으로 유의하게 나타나는 것에 불과하다는 것이다. 다시 말해 경제 사정의 변화에 따라 대통령 직무를 평가하는 것이 아니라 당파적 태도에 따라 대통령 직무를 평가하는 것에 불과하다는 것이다. 다른 하나는 실제로 경제 사정의 변화에 따라 대통령 직무를 평가하지만 거시 경제지표가 국민들이 실제적으로 체감하는 실물경제를 제대로 반영하지 못하고 있기 때문이라고 추론할 수 있다.

6장

후보자 투표와 이슈 투표

투표 결정의 인과 단계에서 가장 최종적으로 정당과 후보자의 투표 결정에 영향을 미치는 변수로는 단기적으로 선거기간 동안에 제기되는 후보자 요인과 이슈 요인이 있다. 일반적으로 후보자 투표 또는 이슈 투표라고 할 때는 정당 지지에 의한 투표와는 독립적으로 후보자의 자질이나 능력, 이슈에 대한 태도 등이 투표 결정에 영향을 미치는 효과를 말한다. 이런 점에서 후보자 및 이슈 변수는 비당파적 변수라 할 수 있다.

정당이 선거를 통해 권력을 획득한다는 점에서 대부분의 민주주의 이론가들은 정당을 선거의 축으로 인식하고 있다(Lipset and Rokkan 1967). 정당은 선거에서 국민으로부터 더 많은 지지를 얻기 위해 업적과 노선, 후보자 지명과 선거공약, 선거운동 등을 통해 서로 경쟁하고, 선거 결과에 따라 대통령직 또는 국회의원 의석 등 국민이 위임한 권력을 획득하기 때문이다. 그러나 정당이 선거를 통해 권력을 얻는다고 해서 그것이 곧 국민이 정당만을 기준으로 투표 결정을 한다는 것을 의미하지는 않는다. 후보자 및 이슈에 의한 투표는 전 세계적으로 지난 30~40년간 한편으로는 교육의 확대와 매스미디어의 보급으로 유권자의 정치적 지

	대통령 선거				국회의원 선거		
	1992년	1997년	2002년	2007년	1996년	2000년	2008년
정당	14.61	6.00	8.47	10.84	23.05	22.75	33.44
정책·공약	31.18	13.67	23.51	31.56	21.09	6.33	24.02
인물	47.04	-	-	-	44.03	-	-
인물 능력	-	72.75	6.50	32.94	-	28.22	35.95
인물 도덕성	-	-	55.78	17.53	-	31.14	-
출신 지역	-	2.67	1.28	1.59	3.09	4.99	3.61
기타	7.17	4.92	4.46	5.53	8.74	6.57	2.98
N	1116	1207	1500	941	1201	1100	1000

표 6-1 투표 결정시 고려 요인 (단위 : %)

자료 : 한국사회과학데이터센터

식수준이 향상되면서, 다른 한편으로는 정당들의 이념과 노선이 서로 수렴되면서 그 영향력이 합리적 투표와 함께 점점 더 증가하는 추세에 있다(Niemi and Weisberg 2001).

경험적인 검증을 거친 것은 아니지만, 권위주의 시대에는 선거 균열이 민주 대 반민주와 같은 정치체제의 성격을 둘러싸고 나타났기 때문에, 한국의 선거에서 후보자 요인이나 이슈 요인은 투표 결정에 큰 영향을 미친다고 간주되지 않았다. 그러나 민주화 이후 정치체제의 성격을 둘러싼 정당들 간의 갈등이 해소됨에 따라 후보자 요인이나 이슈 요인의 영향력은 점점 더 증가하고 있는 것으로 인식되고 있다. 실제로 민주화 이후 한국인들은 정당 투표보다도 후보자 투표나 이슈 투표를 더 강조하고 있다. 〈표 6-1〉에서 볼 수 있는 것처럼, 한국인들에게 정당, 후보자, 정견과 공약 중 어느 것이 가장 중요한 투표 결정 요인인가를 질문했을 때, 놀랍게도 정당을 보고 투표한다는 응답자의 수는 평균

20%에 불과한 반면, 정견이나 공약을 보고 투표한다는 응답자가 30%, 후보자를 보고 투표한다는 응답자가 50%를 넘으며, 일반적으로 국회 의원 선거보다는 대통령 선거에서 후보자 투표와 이슈 투표의 성향이 더 강한 것으로 나타나고 있다.

1. 후보자 투표

투표 결정에 미치는 후보자 요인의 영향력을 분석할 때 가장 큰 문제는 후보자의 경력, 업적, 인품, 자질 등과 같은 후보자의 다양한 특성을 측정한 여론조사 자료가 많지 않다는 점이다. 대통령 후보자의 자질과 능력에 대한 평가는 지난 네 번의 대통령 선거 가운데 세 번의 선거에서 제한적으로 조사되었는데, 이들 변수가 지지 후보 결정에 미친 영향력은 매우 크게 나타나고 있다. 1992년 대통령 선거에서는 주요 후보자들(김영삼, 김대중, 정주영)의 자질에 대한 평가로서 정직성, 도덕성, 신뢰성이 측정되었는데, 이 중에서 가장 큰 영향력을 미치는 변수는 신뢰성이었다. 〈표 6-2〉에서 볼 수 있는 것처럼, 김대중 후보와 김영삼 후보의 신뢰성의 차이가 투표 결정에 비교적 큰 영향을 미쳤으며, 후보자 변수의 설명력 기여도도 출신 지역과 정당 지지 다음으로 크게 나타났다. 1997년 대통령 선거에서는 주요 후보자(이회창, 김대중, 이인제)의 경제 운영 능력이 측정되었는데, 이회창 후보와 김대중 후보의 IMF 경제 위기 해결 능력에 대한 평가가 투표 결정에 통계적으로 유의하고 큰 영향을 미쳤다. 한국사회과학데이터센터는 2002년과 2007년 대통령 선거

표 6-2 정당 투표에 미치는 후보자 및 이슈 변수의 영향력

		대통령 선거 1992년					1997년				
		계수	표준오차	유의 확률	Exp(B)	기여도	계수	표준오차	유의 확률	Exp(B)	기여도
(상수)		−1.337	1.629	0.412	0.263	-	1.494	1.432	0.297	4.455	-
성별		−0.487	0.348	0.161	0.614	-	0.285	0.264	0.281	1.329	-
연령		0.041	0.013	0.002	1.042	-	0.011	0.011	0.327	1.011	-
학력		0.063	0.192	0.745	1.065	-	0.016	0.174	0.926	1.016	-
소득수준		−0.109	0.080	0.175	0.897	-	−0.075	0.060	0.212	0.928	-
도시화 정도		0.025	0.193	0.898	1.025	-	−0.117	0.182	0.520	0.890	-
충청 출신지		−0.058	0.377	0.878	0.944	-	−0.336	0.327	0.305	0.715	-
호남 출신지		−1.352	0.642	0.035	0.259	-	−1.892	0.617	0.002	0.151	-
영남 출신지		0.191	0.314	0.543	1.211	-	0.394	0.278	0.156	1.482	-
화이트칼라		−0.148	0.396	0.709	0.863	-	0.241	0.312	0.440	1.272	-
블루칼라		0.049	0.410	0.905	1.050	-	−0.927	0.493	0.060	0.396	-
자영업		−0.847	0.621	0.173	0.429	-	−0.363	0.328	0.268	0.695	-
여야 성향		−0.547	0.147	0.000	0.579	-	−1.062	0.174	0.000	0.346	-
이념 성향		-	-	-	-	-	−0.178	0.115	0.121	0.837	-
한나라당 지지		1.586	0.328	0.000	4.886	-	2.380	0.409	0.000	10.809	-
민주당 지지		−0.008	0.426	0.985	0.992	-	−0.524	0.417	0.208	0.592	-
현 정부 업적 평가		0.375	0.253	0.139	1.454	-	0.131	0.137	0.340	1.140	-
회고적 국가 경제 평가		0.201	0.153	0.190	1.222	-	0.079	0.136	0.563	1.082	-
회고적 가정경제 평가		−0.109	0.178	0.543	0.897	-	-	-	-	-	-
전망적 국가 경제 평가		-	-	-	-	-	-	-	-	-	-
이슈	3당 통합	−0.259	0.194	0.182	0.772	0.011	-	-	-	-	-
	경제문제	0.584	0.283	0.039	1.793		-	-	-	-	-
	IMF 책임 정당	-	-	-	-	-	−0.577	0.218	0.008	0.562	0.004
후보자	신뢰도	2.185	0.255	0.000	8.894	0.054	-	-	-	-	-
	IMF위기 해결	-	-	-	-	-	1.288	0.166	0.000	3.626	0.037
−2Log L			388.821					490.531			
x^2			664.886***					691.734***			
예측 정확도			90.5					88.3			
Cox & Snell R^2			0.583					0.535			
N			1200					1207			
전 단계 대비 설명력 증가율			0.062					0.046			

대통령 선거

	2002년					2007년				
	계수	표준오차	유의확률	Exp(B)	기여도	계수	표준오차	유의확률	Exp(B)	기여도
(상수)	−6,686	1,022	0,000	0,001	-	−2,058	0,966	0,033	0,128	-
성별	0,120	0,193	0,535	1,127	-	0,070	0,172	0,685	1,073	-
연령	0,028	0,008	0,000	1,028	-	0,023	0,007	0,001	1,023	-
학력	0,162	0,137	0,236	1,176	-	0,057	0,130	0,662	1,058	-
소득수준	0,030	0,050	0,554	1,030	-	0,048	0,042	0,255	1,049	-
도시화 정도	−0,147	0,148	0,322	0,863	-	0,102	0,130	0,433	1,108	-
충청 출신지	0,087	0,284	0,759	1,091	-	−0,503	0,231	0,029	0,605	-
호남 출신지	−1,256	0,423	0,003	0,285	-	−0,356	0,272	0,190	0,700	-
영남 출신지	0,317	0,205	0,123	1,373	-	−0,045	0,182	0,806	0,956	-
화이트칼라	0,396	0,234	0,091	1,486	-	−0,133	0,200	0,505	0,875	-
블루칼라	−0,028	0,237	0,906	0,972	-	0,010	0,258	0,970	1,010	-
자영업	0,471	0,511	0,357	1,601	-	0,724	0,236	0,002	2,063	-
여야 성향	0,140	0,130	0,282	1,151	-	-	-	-	-	-
이념 성향	0,507	0,102	0,000	1,660	-	−0,007	0,043	0,872	0,993	-
한나라당 지지	2,442	0,235	0,000	11,491	-	2,098	0,229	0,000	8,151	-
민주당 지지	−1,243	0,313	0,000	0,289	-	−0,108	0,311	0,728	0,897	-
현 정부 업적 평가	0,440	0,103	0,000	1,553	-	0,170	0,126	0,177	1,186	-
회고적 국가 경제 평가	-	-	-	-	-	−0,050	0,105	0,631	0,951	-
회고적 가정경제 평가	-	-	-	-	-	−0,078	0,112	0,490	0,925	-
전망적 국가 경제 평가	-	-	-	-	-	−0,169	0,096	0,077	0,844	-
이슈 북한 지원	0,480	0,105	0,000	1,616		−0,202	0,122	0,099	0,817	
이슈 기업 규제	−0,155	0,103	0,134	0,856	−0,004	−0,071	0,079	0,366	0,931	0,002
이슈 행정 수도 이전	−0,182	0,229	0,427	0,834		-	-	-	-	
후보자 도덕성	-	-	-	-	-	0,805	0,103	0,000	2,237	0,050
후보자 국정 운영 능력	-	-	-	-	-	0,965	0,155	0,000	2,624	
−2Log L	796,502					1162,533				
x^2	637,378***					940,547***				
예측 정확도	83,2					84,0				
Cox & Snell R^2	0,448					0,459				
N	1500					3658				
전 단계 대비 설명력 증가율	0,012					0,050				

국회의원 선거

<table>
<tr><th rowspan="2"></th><th colspan="5">1996년</th><th colspan="5">2000년</th></tr>
<tr><th>계수</th><th>표준오차</th><th>유의확률</th><th>Exp(B)</th><th>기여도</th><th>계수</th><th>표준오차</th><th>유의확률</th><th>Exp(B)</th><th>기여도</th></tr>
<tr><td>(상수)</td><td>-0.432</td><td>0.933</td><td>0.643</td><td>0.649</td><td>-</td><td>-3.643</td><td>1.317</td><td>0.006</td><td>0.026</td><td>-</td></tr>
<tr><td>성별</td><td>-0.078</td><td>0.228</td><td>0.733</td><td>0.925</td><td>-</td><td>0.197</td><td>0.258</td><td>0.446</td><td>1.218</td><td>-</td></tr>
<tr><td>연령</td><td>0.232</td><td>0.102</td><td>0.024</td><td>1.261</td><td>-</td><td>0.007</td><td>0.011</td><td>0.502</td><td>1.007</td><td>-</td></tr>
<tr><td>학력</td><td>0.092</td><td>0.120</td><td>0.442</td><td>1.097</td><td>-</td><td>-0.033</td><td>0.175</td><td>0.852</td><td>0.968</td><td>-</td></tr>
<tr><td>소득수준</td><td>0.018</td><td>0.050</td><td>0.717</td><td>1.018</td><td>-</td><td>0.083</td><td>0.061</td><td>0.175</td><td>1.086</td><td>-</td></tr>
<tr><td>도시화 정도</td><td>0.245</td><td>0.160</td><td>0.126</td><td>1.278</td><td>-</td><td>-0.482</td><td>0.155</td><td>0.002</td><td>0.618</td><td>-</td></tr>
<tr><td>충청 출신지</td><td>-0.361</td><td>0.285</td><td>0.205</td><td>0.697</td><td>-</td><td>-1.038</td><td>0.318</td><td>0.001</td><td>0.354</td><td>-</td></tr>
<tr><td>호남 출신지</td><td>0.300</td><td>0.348</td><td>0.389</td><td>1.350</td><td>-</td><td>-1.862</td><td>0.372</td><td>0.000</td><td>0.155</td><td>-</td></tr>
<tr><td>영남 출신지</td><td>-0.132</td><td>0.246</td><td>0.592</td><td>0.876</td><td>-</td><td>1.293</td><td>0.294</td><td>0.000</td><td>3.644</td><td>-</td></tr>
<tr><td>화이트칼라</td><td>0.469</td><td>0.330</td><td>0.155</td><td>1.599</td><td>-</td><td>0.298</td><td>0.355</td><td>0.402</td><td>1.347</td><td>-</td></tr>
<tr><td>블루칼라</td><td>0.005</td><td>0.366</td><td>0.988</td><td>1.005</td><td>-</td><td>0.230</td><td>0.401</td><td>0.565</td><td>1.259</td><td>-</td></tr>
<tr><td>자영업</td><td>0.245</td><td>0.258</td><td>0.343</td><td>1.277</td><td>-</td><td>0.006</td><td>0.291</td><td>0.983</td><td>1.006</td><td>-</td></tr>
<tr><td>여야 성향</td><td>-0.603</td><td>0.105</td><td>0.000</td><td>0.547</td><td>-</td><td>0.577</td><td>0.137</td><td>0.000</td><td>1.781</td><td>-</td></tr>
<tr><td>이념 성향</td><td>-</td><td>-</td><td>-</td><td>-</td><td>-</td><td>0.296</td><td>0.161</td><td>0.067</td><td>1.344</td><td>-</td></tr>
<tr><td>한나라당 지지</td><td>1.511</td><td>0.238</td><td>0.000</td><td>4.530</td><td>-</td><td>-</td><td>-</td><td>-</td><td>-</td><td>-</td></tr>
<tr><td>민주당 지지</td><td>-3.625</td><td>0.766</td><td>0.000</td><td>0.027</td><td>-</td><td>-</td><td>-</td><td>-</td><td>-</td><td>-</td></tr>
<tr><td>현 정부 업적 평가</td><td>-0.489</td><td>0.188</td><td>0.009</td><td>0.613</td><td>-</td><td>0.538</td><td>0.204</td><td>0.008</td><td>1.713</td><td>-</td></tr>
<tr><td>회고적 국가 경제 평가</td><td>0.501</td><td>0.137</td><td>0.000</td><td>1.650</td><td>-</td><td>-</td><td>-</td><td>-</td><td>-</td><td>-</td></tr>
<tr><td>회고적 가정경제 평가</td><td>0.096</td><td>0.145</td><td>0.507</td><td>1.101</td><td>-</td><td>-</td><td>-</td><td>-</td><td>-</td><td>-</td></tr>
<tr><td>전망적 국가 경제 평가</td><td>-</td><td>-</td><td>-</td><td>-</td><td>-</td><td>-</td><td>-</td><td>-</td><td>-</td><td>-</td></tr>
<tr><td>이슈 정치 개혁</td><td>-1.548</td><td>0.244</td><td>0.000</td><td>0.213</td><td rowspan="2">0.038</td><td>-</td><td>-</td><td>-</td><td>-</td><td rowspan="4"></td></tr>
<tr><td>이슈 지역 발전</td><td>0.042</td><td>0.211</td><td>0.841</td><td>1.043</td><td>-</td><td>-</td><td>-</td><td>-</td></tr>
<tr><td>이슈 낙선 운동 찬반</td><td>-</td><td>-</td><td>-</td><td>-</td><td>-</td><td>-0.142</td><td>0.308</td><td>0.645</td><td>0.868</td></tr>
<tr><td>이슈 남북정상회담</td><td>-</td><td>-</td><td>-</td><td>-</td><td>-</td><td>0.041</td><td>0.153</td><td>0.789</td><td>1.042</td><td>0.011</td></tr>
<tr><td>-2Log L</td><td colspan="5" style="text-align:center">663.925</td><td colspan="5" style="text-align:center">483.026</td></tr>
<tr><td>x^2</td><td colspan="5" style="text-align:center">444.452***</td><td colspan="5" style="text-align:center">218.782***</td></tr>
<tr><td>예측 정확도</td><td colspan="5" style="text-align:center">81.5</td><td colspan="5" style="text-align:center">75.0</td></tr>
<tr><td>Cox & Snell R^2</td><td colspan="5" style="text-align:center">0.421</td><td colspan="5" style="text-align:center">0.350</td></tr>
<tr><td>N</td><td colspan="5" style="text-align:center">1201</td><td colspan="5" style="text-align:center">1100</td></tr>
<tr><td>전 단계 대비 설명력 증가율</td><td colspan="5" style="text-align:center">0.035</td><td colspan="5" style="text-align:center">0.000</td></tr>
</table>

	국회의원 선거									
	2004년					2008년				
	계수	표준오차	유의확률	Exp(B)	기여도	계수	표준오차	유의확률	Exp(B)	기여도
(상수)	-2.634	1.625	0.105	0.072	-	6.641	2.375	0.005	766.198	-
성별	-0.615	0.340	0.070	0.541	-	-0.122	0.429	0.777	0.886	-
연령	0.025	0.015	0.101	1.025	-	0.019	0.017	0.271	1.019	-
학력	0.089	0.113	0.432	1.093	-	-0.164	0.144	0.255	0.849	-
소득수준	-0.213	0.171	0.213	0.808	-	-0.084	0.084	0.315	0.919	-
도시화 정도	-0.015	0.149	0.919	0.985	-	0.197	0.183	0.283	1.217	-
충청 출신지	-1.740	0.693	0.012	0.175	-	-1.292	0.652	0.048	0.275	-
호남 출신지	-3.329	1.112	0.003	0.036	-	-1.745	0.674	0.010	0.175	-
영남 출신지	0.485	0.331	0.143	1.624	-	-0.556	0.481	0.248	0.573	-
화이트칼라	-0.459	0.498	0.357	0.632	-	0.308	0.511	0.547	1.361	-
블루칼라	-0.301	0.376	0.423	0.740	-	-0.109	0.816	0.894	0.897	-
자영업	-0.596	1.230	0.628	0.551	-	-1.086	0.568	0.056	0.337	-
여야 성향	0.525	0.186	0.005	1.690	-	-1.296	0.311	0.000	0.274	-
이념 성향	0.257	0.070	0.000	1.293	-	-0.180	0.106	0.091	0.836	-
한나라당 지지	2.179	0.517	0.000	8.835	-	1.663	0.493	0.001	5.274	-
민주당 지지	-2.736	1.058	0.010	0.065	-	-0.493	0.761	0.517	0.611	-
현 정부 업적 평가	0.322	0.253	0.204	1.380	-	-0.462	0.382	0.227	0.630	-
회고적 국가 경제 평가	-	-	-	-	-	0.586	0.361	0.105	1.796	-
회고적 가정경제 평가	-	-	-	-	-	-	-	-	-	-
전망적 국가 경제 평가	-	-	-	-	-	-0.233	0.333	0.484	0.792	-
이슈 탄핵	-0.731	0.191	0.000	0.482	0.020	-	-	-	-	-
이슈 경제 안정	0.909	0.307	0.003	2.481		-	-	-	-	-
이슈 한나라당 공천	-	-	-	-	-	-0.427	0.234	0.068	0.652	-
이슈 대북 지원	-	-	-	-	-	0.239	0.189	0.206	1.270	0.010
이슈 기업 규제	-	-	-	-	-	-0.339	0.183	0.065	0.713	-
-2Log L	285.752					191.878				
x^2	340.132***					167.169***				
예측 정확도	89.0					84.2				
Cox & Snell R^2	0.489					0.476				
N	1500					1000				
전 단계 대비 설명력 증가율	0.024					0.016				

1. 종속변수 : 정당 투표는 한나라당 = 1, 기타 정당 = 0
2. 이슈 및 후보자 변수의 기여도는 총합 기여도임
3. * = p < 0.05; ** = p < 0.01; *** = p < 0.001
4. 한나라당 지지는 한나라당과 그 전신인 민자당, 신한국당 지지를 의미하고, 민주당 지지는 민주당과 그 전신인 국민회의, 열린우리당 지지를 의미
5. 자료 : 한국사회과학데이터센터, 단, 2007년 대통령 선거는 동아시아연구원

조사에서는 후보자 요인을 측정하지 않았다. 동아시아연구원이 2007년 대통령 선거 조사에서 후보자 요인을 측정했는데, 이들 변수의 영향력을 분석해 보면, 이명박 후보자와 정동영 후보자의 도덕성과 행정 능력에 대한 평가가 후보자 지지 결정에 크고 통계적으로 유의한 영향을 미쳤다는 것을 알 수 있다. 주목할 것은 대통령 선거에서 나타난 후보자 요인의 영향력이 크고 통계적으로 유의할 뿐 아니라 이들 변수가 모형에 포함됨으로써 증가하는 설명력의 기여도가 정당 지지와 출신 지역 다음으로 매우 크다는 점이다.

국회의원 선거에서는 후보자들의 능력이나 자질에 대한 조사가 이루어지지 않았기 때문에 여론조사 자료를 이용해서 후보자 요인이 지지 결정에 미치는 영향력을 측정할 수 없었다. 그 대신 중앙선거관리위원회의 자료를 통해 후보자의 인구사회학적 특성과 현직자와 같은 정치적인 경력이 후보자별 득표율에 미치는 영향력을 살펴보면, 현직자 효과를 제외하고 후보자의 성, 연령, 학력, 직업 등이 득표율에 통계적으로 유의한 영향을 미치지 못하는 것으로 나타났다. 2004년과 2008년 국회의원 선거의 선거구별 후보자 득표율을 분석해 보면, 남성 후보자와 여성 후보자, 젊은 후보자와 나이 많은 후보자, 높은 학력의 후보자와 낮은 학력의 후보자, 정치인, 전문직 종사자, 기타 직업인 후보자들의 득표율 사이에 통계적으로 유의한 차이가 발견되지 않는다.

현직 국회의원 후보자가 비현직 후보자에 비해 높은 득표율을 얻는 현직자 효과가 발견된 것은 비교적 최근의 일이다(문용직 1997; 황아란 1999; 이갑윤·이현우 2000; 윤종빈 2002). 현직 후보자가 비현직자 후보자에 비해 높은 득표율을 얻는 이유는 크게 세 가지로 추론해 볼 수 있다. 첫째는 자질 효과라 부를 수 있는 것으로, 원래 현직 후보자가 비현직 후보자들에 비해 선거에서 더 많은 지지를 얻을 수 있는 자질과 능력을 갖춘 후보자이기 때문에 더 많은 지지를 얻는다는 것이다. 둘째는 봉사 효과라고 부를 수 있는 것으로 현직 후보자들이 현직의 권력과 지위를 이용해 지역개발 사업을 유치하거나 민원을 해결해 주는 등 선거구 주민에게 이익을 공여한 결과 그 보상으로 더 많은 지지를 받을 수 있다는 것이다. 셋째는 지명도 효과라고 부를 수 있는 것으로 현직 후보자들이 계속 선거에 출마함으로써 얻게 되는 인지도의 증가 등으로 득표에 유리하기 때문이라는 것이다. 자질 효과, 봉사 효과, 지명도 효과는 모두 현직자가 비현직자보다 더 많은 지지를 받게 되는 요인이기는 하지만 순수한 의미의 현직 효과, 다시 말해서 현직의 권력과 지위를 이용해 더 많은 득표를 올리는 것은 봉사 효과만이라고 할 수 있다.

이런 세 가지 효과의 크기를 측정하기 위해 먼저 2008년 국회의원 선거 결과에서 나타난 한나라당 현직 후보자의 득표율과 비현직 후보자의 득표율 간의 차이를 검증한 결과, 〈표 6-3〉에서 볼 수 있는 것처럼, 현직자 후보는 비현직자 후보보다 평균 9.5%p 더 높은 득표율을 나타냈다. 모형에 지역 변수를 포함시킨 것은 정당 투표에 의한 득표율 효과를 통제하기 위한 것이며, 현직자 가운데서는 당선 회수별로 유의한 차이가 발견되지 않았다. 선거구 봉사 효과와 지명도 효과는 연이은 두 번의 선거에서 같은 후보자의 득표율을 증가시키는 효과이다. 이를 측정하기 위해 2004년과 2008년 국회의원 선거에서 두 변수가 현직자 득표율의 증감에 미친 영향력을 측정한 결과, 정당의 분열과 통합이 없었던 한나라당 후보자를 기준으로 보면, 현직 후보자 여부를 막론하고 두 번의 선거에서 연속 출마한 후보자의 경우에는 4.0%p 득표율이 증가한 반면, 현직자 변수로 대표되는 선거구 봉사 효과는 득표율에 통계

표 6-3 선거구별 정당 득표율에 미치는 현직자 효과

	한나라당 득표율				한나라당 득표율 차			
	계수	표준오차	베타	유의확률	계수	표준오차	베타	유의확률
(상수)	45,320	0.943	-	0.000	5.631	1.184	-	0.000
충청	−14.123	2.175	−0.234	0.000	−7.523	1.697	−0.294	0.000
호남	−38.512	1.978	−0.715	0.000	2.741	2.449	0.071	0.264
영남	2.202	1.500	0.055	0.143	0.607	2.299	0.017	0.792
한나라당 현직자	9.464	1.897	0.220	0.000	−0.007	2.606	0.000	0.998
한나라당 현직자 (재선 후보)	4.855	3.172	0.061	0.127	3.928	3.552	0.077	0.270
한나라당 현직자 (3선 이상 후보)	3.285	3.653	0.035	0.369	3.333	4.099	0.055	0.417
한나라당 후보자 (연속 출마 후보)	-		-	-	3.955	1.986	0.167	0.048
R^2	0.710				0.106			

1. 종속변수 : 한나라당 득표율(2008), 한나라당 득표율 차(2008년 득표율 − 2004년 득표율)
2. 자료 : 중앙선거관리위원회

적으로 유의한 영향을 미치지 못한 것으로 나타났다. 따라서 2008년 국회의원 선거에서 현직자들이 비현직 후보자들에 비해 9.5%p 더 득표한 것 가운데 4.0%p는 연속 출마에 따른 지명도 증가에 의한 것으로 볼 수 있고, 나머지 5.5%p는 현직자의 우수한 자질 효과에 의한 것이라고 볼 수 있다. 결론적으로 말해, 현직자들이 비현직 후보자들보다 더 많은 표를 얻는 것은 사실이지만, 그 이유는 현직자들이 가질 수 있는 권력과 지위를 이용한 지역개발 사업 유치나 민원 해결 등과 같은 선거구 봉사를 통해 얻는 순수한 현직자 효과 때문이 아니라, 원래 현직 후보자의 자질과 능력이 다른 후보자보다 더 낮거나 연속 출마에 따라 지명도가 증가했기 때문이라고 할 수 있다.

국회의원 선거에서 투표 결정에 미치는 후보자 요인의 효과가 현직자 효과밖에 나타나지 않는다고 해서 대통령 선거에서보다 후보자 요인의 효과가 더 작다고 확신할 수는 없다. 왜냐하면 투표 결정에 영향을 미치는 후보자 요인에는 여기서 검증된 현직자 효과 이외에도 자질과 능력을 나타내는 요인이 포함될 수 있기 때문이다. 국회의원 선거에서 후보자 요인의 효과의 크기를 간접적으로 측정하는 방법으로는 선거구별 정당 득표율의 분산분석을 생각해 볼 수 있다. 선거구별 정당 득표율을 지역을 기준으로 분산분석함으로써, 즉 지역 내 정당 득표율의 분산과 지역 간 정당 득표율의 분산의 크기를 비교함으로써 정당 중심 투표의 설명력과 후보자 중심 투표의 설명력을 비교할 수 있다. 예컨대, 유권자들이 후보자 투표만 한다면 정당 중심 투표를 나타내는 지역 간 득표율 분산의 비율이 전체 분산의 0%가 될 것이고, 유권자들이 정당 투표만 한다면 지역 간 득표율 분산의 비율은 100%가 될 것이다. 〈표 6-4〉에서 볼 수 있는 것처럼, 2008년 국회의원 선거에서 선거구별 한나라당 득표율을 5개 지역으로 나누어 분산분석해 보면 지역 간 분산이 전체 분산의 70.7%를 차지하고 있으며, 이는 정당 중심 투표의 설명력이 약 71%가 된다는 것을 보여 준다. 국회의원 선거에서 나타난 후보자 중심 투표의 설명력을 추론하기 위해 선거구별 대통령 후보 득표율과 전국 비례 선거구 정당 득표율을 비교해 보면 그 결과는 다음과 같다. 전국적으로 후보자가 동일하기 때문에 후보자 중심 투표가 선거구별 득표율의 차이에 영향을 미칠 수 없는 대통령 후보자 득표율의 지역 간 득표율 분산의 비율은 91%이며, 기표 방식이 후보자가 아니라 정당이기 때문에 정당 중심 투표를 한다고 볼 수 있는 전국 비례대표 선거구의 정당별 득표율의 지역 간 득표율 분산의 비율도 대통령 선거와 거의 같은 89%로 나타난다. 이 비율에서 국회의원 선거에서 나타난

표 6-4 선거구별 정당 득표율 분산분석

	2008년 국회의원 선거 한나라당 지역구 득표율	2007년 대통령 선거 이명박 후보 득표율	2008년 국회의원 선거 한나라당 비례대표 득표율
지역 내 선거구 득표율 분산의 합	88821.7	93791.5	54713.5
지역 간 선거구 득표율 분산의 합	62816.7	85160.6	48588.2
지역 간 득표율 분산의 비율	70.7	90.8	88.8
F	146.746	599.4	481.9
P	0.000	0.000	0.000

1. 지역은 5개 지역(서울경기, 충청, 호남, 영남, 기타 지역)으로 함
2. 지역 간 득표율 분산의 비율 = 지역 간 선거구 득표율 분산의 합 ÷ 선거구 득표율 분산의 합(총분산)
3. 자료: 중앙선거관리위원회

지역 간 분산의 비율을 뺀, 다시 말해 89%에서 71%를 뺀 18% 정도가 후보자가 선거구별로 다르기 때문에 나타나는 국회의원 선거에서의 후보자 투표의 설명력이라고 할 수 있다. 이렇게 볼 때 한국의 국회의원 선거에서는 후보자 중심 투표의 설명력이 정당 중심 투표의 설명력의 4분의 1 정도에 불과해 그 영향력이 매우 작다고 할 수 있다.

대통령 선거에서는 후보자 요인의 효과가 크게 나타나는 반면, 국회의원 선거에서는 후보자 요인의 효과가 작게 나타나는 이유로는 대통령 선거와 국회의원 선거에서 후보자에 대한 정보의 수준과 정당이 이들의 행태에 미치는 영향력의 차이 등을 생각해 볼 수 있다. TV, 신문, 인터넷 등 매스 미디어가 제공하는 대통령 후보자의 자질과 능력에 대한 정보와 국회의원 후보자의 자질과 능력에 대한 정보는 질적으로나 양적으로 비교할 수 없을 만큼 큰 차이가 있다. 사실 대부분의 투표자는 국회의원 선거가 치러질 때 대통령 선거에서와는 달리, 자기 선거구에서 출마하는 국회의원 후보자의 자질과 능력에 대한 정보를 거의 갖

고 있지 않다고 할 수 있으며, 그렇기 때문에 후보자 요인의 효과가 국회의원 선거에서는 작게 나타난다고 생각해 볼 수 있다.

그러나 이에 대한 반증의 예로 2000년 국회의원 선거에서 총선시민연대에 의해 주도된 낙천낙선 운동이 후보자의 득표율에 제한된 영향만을 미친 사실을 들 수 있다. 선거운동 기간 동안 국민의 높은 지지와 관심을 받았던 총선시민연대의 전국적인 낙천낙선 운동이 그 대상 후보자의 득표율에 미친 영향력은 매우 제한적으로 나타났다. 낙천낙선 대상 후보자의 낙선율이 70%에 가깝기는 했지만, 실제로 낙천낙선 운동이 득표율에 미친 영향력은 서울·경기 지역에서 한나라당과 민주당 후보자의 경우에만 약 6%p의 득표율 감소를 가져온 것으로 나타났으며, 지역을 다른 지역으로 확대하거나 후보자를 다른 정당과 무소속 후보로 확대할 경우 낙천낙선 대상 후보자의 득표율은 다른 후보자들의 득표율과 통계적으로 유의한 차이를 보이지 않았다(이갑윤·이현우 2000). 따라서 후보자의 자질과 능력에 대한 정보가 증가한다고 해서 후보자 요인의 효과가 크게 강화될 것이라고 기대하기는 어렵다고 할 수 있다.

국회의원 선거에서 후보자 요인의 효과가 작게 나타나는 또 다른 이유로, 정당이 이들 후보자의 정치적 행동에 미치는 영향력이 크기 때문이라고 생각해 볼 수도 있다. 대통령의 경우에는 그 자신의 자질과 능력이 정부 정책과 업적에 큰 영향을 미칠 수 있지만, 국회의원의 경우에는 대의나 입법과 같은 정치 활동에 있어 정당 규율에 의해 정당별로 통일된 행동을 보여 주기 때문에 그들 개인의 자질과 능력이 정부의 정책과 업적에 거의 영향을 미치지 못한다고 할 수 있다. 따라서 유권자는 후보자의 자질과 능력을 평가하기보다는 정당의 노선과 업적을 평가해 투표를 결정하게 된다.

표 6-5 후보자 평가에 미치는 인구사회학적 변수 및 정치적 태도 변수의 영향력

	대통령 선거							
	1992년				1997년			
	신뢰도 평가				IMF 해결 후보			
	계수	표준오차	베타	유의 확률	계수	표준오차	베타	유의 확률
(상수)	−0.093	0.170	-	0.587	−0.651	0.221	-	0.003
성별	0.066	0.044	0.041	0.132	0.041	0.052	0.025	0.426
연령	0.011	0.002	0.198	0.000	0.007	0.002	0.120	0.000
학력	−0.066	0.027	−0.086	0.013	0.049	0.035	0.055	0.164
소득수준	0.005	0.011	0.014	0.608	0.007	0.012	0.018	0.578
도시화 정도	0.014	0.027	0.015	0.595	−0.075	0.036	−0.065	0.035
충청 출신지	−0.051	0.059	−0.024	0.384	−0.074	0.073	−0.034	0.312
호남 출신지	−1.038	0.057	−0.514	0.000	−0.683	0.068	−0.337	0.000
영남 출신지	0.210	0.049	0.123	0.000	0.305	0.061	0.167	0.000
화이트칼라	0.034	0.058	0.017	0.559	0.030	0.067	0.016	0.655
블루칼라	0.017	0.052	0.009	0.749	−0.035	0.095	−0.012	0.714
자영업	−0.066	0.074	−0.026	0.377	−0.045	0.063	−0.025	0.477
R^2	0.361				0.193			
여야 성향	−0.133	0.016	−0.207	0.000	−0.193	0.034	−0.193	0.000
이념 성향	-	-	-	-	−0.034	0.019	−0.045	0.081
한나라당 지지	0.451	0.040	0.272	0.000	0.522	0.062	0.246	0.000
민주당 지지	−0.572	0.046	−0.316	0.000	−0.463	0.058	−0.260	0.000
R^2	0.628				0.421			
현 정부 업적 평가	−0.090	0.027	−0.071	0.001	0.000	0.025	0.000	0.994
회고적 국가 경제 평가	0.002	0.016	0.003	0.883	-	-	-	-
회고적 가정경제 평가	−0.013	0.019	−0.014	0.471	0.017	0.022	0.019	0.451
전망적 국가 경제 평가	-	-	-	-	-	-	-	-
R^2	0.631				0.420			

대통령 선거								
	2007년				2007년			
	도덕성 평가 차				국정 운영 능력 차			
	계수	표준오차	베타	유의 확률	계수	표준오차	베타	유의 확률
(상수)	−0.811	0.175	-	0.000	0.293	0.148	-	0.047
성별	0.121	0.045	0.072	0.007	−0.009	0.038	−0.007	0.805
연령	0.016	0.002	0.257	0.000	0.008	0.001	0.151	0.000
학력	−0.053	0.033	−0.045	0.108	0.007	0.028	0.007	0.797
소득수준	−0.013	0.011	−0.031	0.228	0.022	0.009	0.062	0.016
도시화 정도	−0.017	0.034	−0.012	0.621	−0.034	0.028	−0.029	0.228
충청 출신지	0.042	0.061	0.018	0.485	0.014	0.051	0.007	0.781
호남 출신지	−0.590	0.058	−0.265	0.000	−0.537	0.049	−0.291	0.000
영남 출신지	0.090	0.048	0.051	0.063	0.154	0.041	0.106	0.000
화이트칼라	−0.052	0.054	−0.028	0.337	−0.073	0.046	−0.047	0.110
블루칼라	−0.003	0.068	−0.001	0.962	−0.038	0.057	−0.018	0.512
자영업	−0.081	0.059	−0.040	0.167	−0.012	0.050	−0.007	0.806
R^2	0.175				0.143			
여야 성향	-	-	-	-	-	-	-	-
이념 성향	0.022	0.009	0.054	0.018	0.017	0.008	0.052	0.020
한나라당 지지	0.608	0.055	0.345	0.000	0.469	0.044	0.322	0.000
민주당 지지	−0.203	0.064	−0.097	0.001	−0.459	0.051	−0.266	0.000
R^2	0.312				0.359			
현정부 업적평가	0.107	0.030	0.093	0.000	0.074	0.024	0.078	0.002
회고적 국가 경제 평가	0.014	0.025	0.015	0.570	0.006	0.020	0.007	0.769
회고적 가정경제 평가	0.007	0.026	0.007	0.782	0.004	0.021	0.004	0.853
전망적 국가 경제 평가	0.001	0.023	0.001	0.970	−0.030	0.019	−0.033	0.109
R^2	0.319				0.363			

1. 종속변수 : 후보자 평가(신뢰성, IMF 해결 후보, 도덕성, 국정 운영 능력)
2. 한나라당 지지는 한나라당과 그 전신인 민자당, 신한국당 지지를 의미하고, 민주당 지지는 민주당과 그 전신인 국민회의, 열린우리당 지지를 의미
3. 자료 : 한국사회과학데이터센터, 단, 2007년 대통령 선거는 동아시아연구원

대통령 선거에서의 후보자 평가에 국한된 분석이기는 하지만 후보자를 평가하는 데 가장 큰 영향을 미치는 변수는 당파적 태도와 이념 변수이며, 특히 당파적 태도가 설명력을 크게 증가시킨다. 또 출신 지역과 연령 변수도 큰 영향을 미치는 바, 젊고 호남 출신일수록 민주당 후보의 도덕성과 행정 능력을 긍정적으로 평가하는 반면, 나이가 많고 영남 출신일수록 한나라당 후보의 도덕성과 행정 능력을 긍정적으로 평가하고 있다. 합리적 변수인 경제 사정 평가와 대통령 업적 평가는 후보자 평가에서 매우 제한적인 영향력만을 보여 주는데, 영향력이 통계적으로 유의하지 않게 나타나거나 유의하게 나타난 경우에도 모형의 설명력 증가에 거의 기여하지 못하는 것으로 나타난다.

2. 이슈 투표

선거 때마다 반복해서 제기되는 대표적인 이슈는 앞 장에서 다룬 정부 업적과 경제 사정 평가이다. 이 두 가지를 제외하면 민주화 이후 지금까지 선거에서 선거기간 동안에 단기적으로 제기된 이슈들은 정치 개혁, 한미 관계, 대북정책, 대통령 탄핵, 기업 규제 등으로 다양하다. 그중에서 투표 결정에 통계적으로 유의한 영향을 미쳤던 이슈는 그 수가 많지 않을 뿐 아니라 영향력이 그렇게 크게 나타나지도 않았다.

먼저 대통령 선거를 살펴보면, 앞의 〈표 6-1〉에서 볼 수 있는 것처럼, 1992년 대통령 선거의 주요 이슈인 3당 합당은 후보자 투표 결정에 통계적으로 유의한 영향을 미치지 못한 반면, 경제 이슈는 통계적으로 유의한 영향을 미쳤다. 경제 회복이 중요하다고 여기는 사람일수록 김영삼 후보에 대한 지지가 더 높게 나타났다. 1997년 대통령 선거에서는 IMF 경제 위기의 책임이 중요한 이슈로 제기되었는데, IMF 경제 위기의 책임이 신한국당에 있다고 생각하는 사람들은 김대중 후보를, 그 책임이 신한국당에 있지 않다고 생각하는 사람들은 이회창 후보를 지지하는 비율이 높았다. 2002년 대통령 선거에서는 대북 지원 문제가 투표 결정에 통계적으로 유의한 영향을 미쳤는데, 대북 지원 확대를 지지하는 사람은 노무현 후보를, 대북 지원의 확대를 반대하는 사람은 이회창 후보를 지지했다. 노무현 후보가 제시한 수도 이전 공약과 기업 규제에 관한 이슈는 투표 결정에 통계적으로 유의한 영향을 미치지 못한 것으로 나타났다. 2007년 대통령 선거에서도 2002년 대통령 선거에서처럼 대북 지원과 기업 규제 등이 이슈로 제기되었으나, 투표 결정에 통계적으로 유의한 영향을 미치지 못한 것으로 나타났다. 전반적으로 대통령 선거에서 이슈 투표는 후보자 투표에 비해 통계적 유의도도 낮지만 설명력의 기여도는 더욱 낮아 1% 이하로 작게 나타났다.

　국회의원 선거에서의 주요 이슈는 항상 대통령 직무에 대한 중간 평가 또는 정권 심판이었다. 이를 제외한 이슈를 선거별로 살펴보면, 1996년 국회의원 선거에서는 정치 개혁과 지역 발전이 주요 이슈였는데, 이 중 정치 개혁만 투표 결정에 통계적으로 유의한 영향을 미쳤다. 정치 개혁을 요구하는 사람들일수록 여당인 민자당보다는 야당인 국민회의를 지지하는 비율이 높았다. 2000년 국회의원 선거에서는 총선시민연대의 낙천낙선 운동과 김대중 대통령의 남북정상회담 발표가 주요 이슈였으나, 이들은 놀랍게도 투표 결정에 통계적으로 유의한 영향을 미치지 못했다. 2004년 국회의원 선거에서는 탄핵 문제가 압도적으로 중요한 이슈였으며, 그 영향력도 비교적 컸다. 노무현 대통령의 탄핵을 반대하는 사람들은 열린우리당을 지지하는 반면, 탄핵을 찬성하는 사람들은 한나라당을 지지하는 비율이 높았다. 이와 더불어 경제 안정 이슈도 투표 결정에 통계적으로 유의한 영향을 미쳤는데, 경제 안정을 최우선 과제로 생각하는 사람들은 그렇지 않은 사람들보다 한나라당을 지지하는 비율이 높게 나타났다. 2008년 국회의원 선거는 이명박 정부 출범 이후 2개월 만에 실시된 선거였기 때문에 정부에 대한 중간 평가의 성격이 크게 나타나지 않았으며, 한나라당 내부의 공천을 둘러싼 갈등이 오히려 더 큰 이슈였다. 한나라당의 공천이 부당하다고 생각하는 사람들은 정당하다고 생각하는 사람들보다 한나라당을 지지하는 비율이 낮았다. 대북 지원과 기업 규제도 이슈로 제기되었으나, 투표 결정에 통계적으로 유의한 영향을 미치지 못했다.

대통령 선거와 마찬가지로 국회의원 선거에서도 이슈 투표의 영향력은 매우 작게 나타났다. 이슈 변수를 포함시킨 모형의 설명력이 별로 증가하지 않은 것은 유권자의 이슈에 대한 태도가 주로 기존의 정당 지지나 이념 또는 지역과 같은 선행 변수에 의해 결정되기 때문이다. 이렇게 볼 때 2004년 국회의원 선거에서 탄핵 이슈로 열린우리당이 과반수 의석을 획득한 경우를 제외하면, 지난 15년간의 국회의원 선거는 후보자 투표는 말할 것도 없고, 정부의 중간 평가를 제외한 이슈 투표가 부재한 선거였으며, 그렇기 때문에 정당, 특히 한나라당의 득표율이 매우 안정되게 나타났다고 할 수 있다.

이슈에 대한 태도를 결정하는 선행 변수들의 영향력은 그리 크지 않다. 영향력의 크기를 변수별로 비교하면, 후보자 평가와 마찬가지로 정당 지지와 이념적 성향이 가장 큰 영향을 미치는데, 그중에서도 정당

표 6-6 이슈 태도에 미치는 인구사회학적·당파적·합리적 변수의 영향력

	대통령 선거							
	1992년				1997년			
	경제문제				IMF 책임 정당			
	계수	표준오차	베타	유의확률	계수	표준오차	베타	유의확률
(상수)	0.973	0.128	-	0.000	0.607	0.152	-	0.000
성별	0.067	0.033	0.067	0.042	−0.125	0.036	−0.115	0.000
연령	−0.003	0.001	−0.090	0.015	0.000	0.001	0.000	0.997
학력	−0.107	0.020	−0.228	0.000	−0.001	0.024	−0.001	0.981
소득수준	−0.028	0.008	−0.111	0.001	0.009	0.008	0.035	0.304
도시화 정도	−0.042	0.020	−0.069	0.039	0.004	0.024	0.005	0.877
충청 출신지	−0.048	0.044	−0.036	0.278	0.141	0.050	0.099	0.005
호남 출신지	−0.060	0.042	−0.048	0.158	0.329	0.047	0.248	0.000
영남 출신지	−0.046	0.036	−0.044	0.209	−0.122	0.042	−0.102	0.004
화이트칼라	0.086	0.043	0.071	0.047	−0.063	0.046	−0.049	0.178
블루칼라	0.006	0.039	0.005	0.889	−0.002	0.065	−0.001	0.971
자영업	0.072	0.056	0.045	0.198	0.035	0.043	0.030	0.416
R^2	0.054				0.105			
여야 성향	−0.033	0.016	−0.082	0.040	0.132	0.026	0.201	0.000
이념 성향	-	-	-	-	−0.008	0.015	−0.016	0.603
한나라당 지지	0.023	0.040	0.023	0.553	−0.064	0.049	−0.046	0.185
민주당 지지	−0.018	0.045	−0.016	0.693	0.172	0.045	0.148	0.000
R^2	0.059				0.176			
현 정부 업적 평가	−0.006	0.026	−0.007	0.831	0.081	0.019	0.124	0.000
회고적 국가 경제 평가	−0.011	0.016	−0.024	0.474	-	-	-	-
회고적 가정경제 평가	0.038	0.018	0.064	0.039	0.024	0.017	0.041	0.161
전망적 국가 경제 평가	-	-	-	-				
R^2	0.060				0.192			

	대통령 선거							
	2002년				2007년			
	대북 지원				대북 지원			
	계수	표준오차	베타	유의 확률	계수	표준오차	베타	유의 확률
(상수)	2.831	0.224	-	0.000	3.009	0.152	-	0.000
성별	0.114	0.053	0.061	0.031	−0.197	0.039	−0.142	0.000
연령	0.002	0.002	0.027	0.403	−0.008	0.001	−0.157	0.000
학력	−0.124	0.037	−0.121	0.001	−0.044	0.029	−0.045	0.128
소득수준	−0.017	0.013	−0.037	0.204	−0.003	0.009	−0.009	0.737
도시화 정도	−0.070	0.040	−0.050	0.076	0.008	0.029	0.007	0.783
충청 출신지	−0.053	0.079	−0.020	0.508	0.061	0.053	0.032	0.249
호남 출신지	−0.378	0.073	−0.155	0.000	0.327	0.051	0.179	0.000
영남 출신지	0.080	0.061	0.041	0.189	−0.018	0.042	−0.013	0.659
화이트칼라	0.083	0.066	0.039	0.207	0.125	0.047	0.082	0.008
블루칼라	0.060	0.064	0.028	0.342	−0.036	0.059	−0.017	0.538
자영업	0.006	0.144	0.001	0.967	−0.020	0.051	−0.012	0.697
R^2	0.050				0.081			
여야 성향	0.064	0.034	0.052	0.059	-	-	-	-
이념 성향	0.138	0.027	0.145	0.000	−0.039	0.009	−0.117	0.000
한나라당 지지	0.292	0.064	0.133	0.000	−0.224	0.051	−0.155	0.000
민주당 지지	−0.130	0.065	−0.061	0.045	0.115	0.059	0.067	0.051
R^2	0.106				0.133			
현 정부 업적 평가	0.212	0.026	0.226	0.000	−0.141	0.027	−0.151	0.000
회고적 국가 경제 평가	-	-	-	-	−0.073	0.023	−0.092	0.001
회고적 가정경제 평가	-	-	-	-	−0.040	0.024	−0.043	0.095
전망적 국가 경제 평가	-	-	-	-	0.020	0.021	0.022	0.353
R^2	0.147				0.173			

| | 1996년 | | | | 2000년 | | | |
| | 정치 개혁 | | | | 낙천낙선 운동 찬반 | | | |
	계수	표준오차	베타	유의 확률	계수	표준오차	베타	유의 확률
(상수)	0.516	0.111	-	0.000	1.216	0.130	-	0.000
성별	0.001	0.032	0.001	0.979	−0.018	0.030	−0.024	0.546
연령	−0.067	0.015	−0.171	0.000	0.002	0.001	0.073	0.123
학력	0.004	0.018	0.009	0.830	−0.034	0.020	−0.086	0.093
소득수준	−0.008	0.007	−0.039	0.286	0.003	0.007	0.018	0.661
도시화 정도	−0.046	0.023	−0.069	0.044	−0.009	0.017	−0.019	0.614
충청 출신지	0.105	0.044	0.088	0.019	−0.031	0.040	−0.031	0.446
호남 출신지	0.020	0.042	0.018	0.627	−0.073	0.038	−0.078	0.058
영남 출신지	0.073	0.037	0.077	0.052	0.022	0.033	0.028	0.509
화이트칼라	0.062	0.049	0.048	0.205	0.032	0.042	0.034	0.439
블루칼라	0.021	0.051	0.015	0.680	−0.029	0.044	−0.028	0.508
자영업	−0.013	0.037	−0.014	0.730	0.003	0.034	0.004	0.933
R^2	0.037				0.014			
여야 성향	0.007	0.015	0.018	0.658	0.023	0.015	0.060	0.129
이념 성향	-	-	-	-	0.057	0.018	0.115	0.002
한나라당 지지	−0.115	0.037	−0.116	0.002	-	-	-	-
민주당 지지	0.029	0.051	0.024	0.565	-	-	-	-
R^2	0.049				0.027			
현 정부 업적 평가	0.034	0.027	0.047	0.208	0.023	0.023	0.039	0.327
회고적 국가 경제 평가	0.014	0.019	0.030	0.468	-	-	-	-
회고적 가정경제 평가	−0.009	0.021	−0.017	0.659	-	-	-	-
전망적 국가 경제 평가	-	-	-	-	-	-	-	-
R^2	0.050				0.027			

	국회의원 선거							
	2004년				2008년			
	탄핵				공천 방식(한나라당)			
	계수	표준오차	베타	유의 확률	계수	표준오차	베타	유의 확률
(상수)	4.058	0.276	-	0.000	2.672	0.358	-	0.000
성별	−0.015	0.075	−0.008	0.847	0.088	0.092	0.052	0.337
연령	−0.021	0.003	−0.291	0.000	−0.004	0.004	−0.064	0.266
학력	−0.026	0.026	−0.045	0.309	0.008	0.032	0.015	0.811
소득수준	−0.022	0.041	−0.022	0.586	0.019	0.018	0.056	0.298
도시화 정도	0.031	0.036	0.035	0.386	0.025	0.040	0.034	0.524
충청 출신지	0.065	0.130	0.021	0.617	0.318	0.135	0.128	0.019
호남 출신지	0.575	0.118	0.200	0.000	−0.069	0.124	−0.031	0.575
영남 출신지	−0.190	0.085	−0.092	0.026	−0.256	0.105	−0.138	0.015
화이트칼라	0.091	0.105	0.039	0.386	0.282	0.109	0.162	0.010
블루칼라	0.014	0.087	0.007	0.875	0.040	0.176	0.013	0.822
자영업	0.320	0.282	0.044	0.258	0.231	0.123	0.114	0.061
R^2	0.122				0.050			
여야 성향	−0.124	0.037	−0.121	0.001	0.184	0.062	0.191	0.003
이념 성향	−0.073	0.014	−0.192	0.000	−0.002	0.022	−0.005	0.939
한나라당 지지	−0.863	0.098	−0.312	0.000	−0.053	0.110	−0.030	0.626
민주당 지지	0.445	0.083	0.184	0.000	0.184	0.137	0.071	0.179
R^2	0.381				0.094			
현 정부 업적 평가	−0.287	0.048	−0.201	0.000	0.362	0.075	0.293	0.000
회고적 국가 경제 평가	-	-	-	-	0.101	0.074	0.070	0.170
회고적 가정경제 평가	-	-	-	-	-	-	-	-
전망적 국가 경제 평가	-	-	-	-	−0.040	0.069	−0.032	0.568
R^2	0.414				0.149			

1. 종속변수 : 이슈에 대한 태도(경제문제, IMF 책임 정당, 대북 지원, 정치 개혁, 낙천낙선 운동, 탄핵, 한나라당 공천)
2. 한나라당 지지는 한나라당과 그 전신인 민자당, 신한국당 지지를 의미하고, 민주당 지지는 민주당과 그 전신인 국민회의, 열린우리당 지지를 의미
3. 자료 : 한국사회과학데이터센터

표 6-7 후보자 및 이슈 평가에 따른 집단별 정당 투표　　　　　　　　　　　(단위 : %)

1〉후보자 평가

1992년 대통령 선거(신뢰도 평가)

	김영삼	김대중	투표율 차
김영삼	90.68	2.28	88.41
김대중	2.57	94.49	−91.91
기타 후보	30.43	18.32	12.11
전체	50.42	30.36	20.06

1997년 대통령 선거(IMF위기 해결 후보)

	이회창	김대중	투표율 차
이회창	96.24	2.26	93.98
김대중	14.60	70.30	−55.70
기타 후보	26.87	9.69	17.18
전체	37.10	41.05	−3.95

2007년 대통령 선거(도덕성 평가 차)

	이명박	정동영	투표율 차
이명박＞정동영	88.75	0.61	88.14
이명박＝정동영	74.35	5.23	69.12
이명박＜정동영	30.09	39.82	−9.73
전체	54.77	22.22	32.55

2007년 대통령 선거(국정 운영 능력 평가 차)

	이명박	정동영	투표율 차
이명박＞정동영	70.40	8.20	62.20
이명박＝정동영	20.56	50.52	−29.97
이명박＜정동영	3.88	70.69	−66.81
전체	54.92	22.07	32.85

2) 이슈 평가

1992년 대통령 선거(주요 이슈)

	김영삼	김대중	투표율 차
경제문제	56.30	26.30	30.00
기타 이슈	44.28	34.33	9.94
전체	50.33	30.29	20.04

1997년 대통령 선거(IMF위기 책임 정당)

	이회창	김대중	투표율 차
한나라당	19.30	56.57	−37.27
국민회의	37.50	43.75	−6.25
전체	37.11	41.09	−3.99

2002년 대통령 선거(대북 지원)

	이회창	노무현	투표율 차
찬성	22.22	72.30	−50.07
반대	56.95	38.64	18.31
전체	38.42	56.60	−18.18

2007년 대통령 선거(대북 지원)

	이명박	정동영	투표율 차
찬성	36.66	38.30	−1.64
반대	63.25	14.67	48.59
전체	54.79	22.19	32.60

지지가 가장 큰 영향을 미친다. 이는 이슈에 대한 태도가 주로 당파적 태도에 의한 설득 효과에 의해 결정되기 때문이라는 것을 보여 준다. 인구사회학적인 변수로는 출신 지역과 연령이 통계적으로 유의한 영향을 미치는데, 젊고 호남 출신일수록 민주당 입장을, 나이가 많고 영남 출신일수록 한나라당 입장을 지지하는 것으로 나타난다. 대통령 업적

1996년 국회의원 선거(주요 이슈)

	신한국당	국민회의	투표율 차
정치 개혁	19.37	26.58	-7.21
기타 이슈	51.50	24.33	27.17
전체	42.82	24.94	17.88

2000년 국회의원 선거(낙천낙선 운동)

	한나라당	민주당	투표율 차
찬성	44.90	37.57	7.33
반대	53.77	31.13	22.64
전체	46.32	36.54	9.77

2004년 국회의원 선거(노 대통령 탄핵)

	한나라당	열린우리당	투표율 차
찬성	71.93	11.93	60.00
반대	15.46	59.79	-44.33
전체	30.63	46.94	-16.31

2008년 국회의원 선거(한나라당 공천 과정)

	한나라당	통합민주당	투표율 차
공정	69.06	10.79	58.27
불공정	30.24	24.93	5.31
전체	40.70	21.12	19.57

자료 : 한국사회과학데이터센터. 단, 2007년 대통령 선거는 동아시아연구원

평가와 경제 사정 평가도 통계적으로 유의한 영향을 미치지만 이들 변수의 설명력은 제한적으로 나타나고 있다.

7장

집합적 투표 결정 요인

지금까지는 개인이 선거에서 어떤 요인에 의해 정당과 후보자 투표를 결정하는가를 밝히기 위해 연령이나 지역과 같은 인구사회학적 변수, 당파적 태도나 이념 성향과 같은 중심적 정향 변수, 경제 사정 평가나 대통령 직무평가와 같은 합리적 변수, 그리고 후보자의 능력과 자질 및 선거기간에 제기된 이슈 변수 등의 영향력을 검증했다. 이 장에서는 개인적 투표 결정보다는 선거에서 정당과 후보자의 승리와 패배를 결정하는 집합적 투표 결정 요인의 영향력을 검증해 보고자 한다.▪

투표 결정 요인을 개인적 투표 결정 요인과 집합적 투표 결정 요인

▪ 집합적 투표 결정 요인의 분석은 개인적 투표 결정 요인의 분석과 달리 인구사회학적 변수, 당파성과 이념 변수, 합리적 변수, 이슈와 후보자 변수를 단계별로 추가하지 않고 하나의 회귀식에 포함시켜 분석한다. 따라서 다단계 회귀분석과 비교할 때, 인구사회학적 변수나 당파성, 이념 변수와 같은 선행 변수의 간접 효과가 배제되어 그 영향력이 과소평가 될 수 있다. 그러나 여기서 단계별 분석을 하지 않는 이유는 분석의 효율성을 높이고, 최종 단계에서 각 변수들이 집합적으로 정당의 득표율에 어떤 영향을 미쳤는가를 측정하기 위해서이다.

으로 구분해 검토하는 것은 개인적으로 투표 결정에 큰 영향력을 미치는 변수가 곧 선거에서의 집합적 선거 결과에 큰 영향력을 미치는 변수가 되는 것은 아니기 때문이다. 예를 들어 80%의 투표자가 이념 성향에 따라 투표를 해서 모든 보수적인 유권자들은 보수정당에 투표하고, 모든 진보적인 유권자들은 진보 정당에 투표한다고 가정해 보자. 그런데 만약 보수적인 유권자의 수와 진보적인 유권자의 수가 비슷하다면 이념 투표는 두 정당으로 하여금 각각 40%를 득표하게 함으로써 선거에서 승패를 결정하는 집합적 선거 결과에는 아무런 영향을 미치지 못하게 된다. 그러나 만약 나머지 20%의 투표자가 경제 투표를 하는데, 부정적인 평가를 하는 사람은 야당에게, 긍정적인 평가를 하는 사람은 여당에게 투표한다고 가정해 보자. 이때 부정적인 평가를 하는 사람이 유권자의 15%이고 긍정적인 평가를 하는 사람은 유권자의 5%라고 한다면, 야당은 여당보다 경제 투표에 의해 10%p 더 득표해 선거에서 승리하게 된다. 이는 개인적 투표 결정 요인으로는 경제 투표가 이념 투표보다 더 작은 영향력을 미쳤으나 선거 결과를 결정하는 집합적 투표 결정 요인으로는 경제 투표가 이념 투표보다 훨씬 더 큰 영향력을 미쳤다는 것을 보여 준다. 이렇게 집합적 투표 결정 요인의 영향력과 개인적 투표 결정 요인의 영향력이 다르게 나타나는 것은 집합적 투표 결정 요인의 영향력은 개인적 투표 결정의 영향력뿐만 아니라 변수들의 평균값에 의해 결정되기 때문이다.

한국의 대통령 선거와 국회의원 선거에서 집합적 투표 결정 요인의 영향력을 측정하기 위해서, 여기서는 미국 선거의 집합적 투표 결정 요인을 분석한 밀러와 섕크스의 방법을 이용하고자 한다(Miller and Shanks 1996). 이 방법은 원래 정당 또는 후보자의 수가 둘인 미국과 같은 양당제에 적용하기 위해 발전된 모형이기 때문에, 한국과 같이 정당의 수가 셋 이상인 경우에는 적용하는 데 약간의 한계가 있을 수 있다. 그러나 민주화 이후 한국 정당들이 비록 다당화하는 경향을 보이고 있기는 하지만, 기본적으로는 대부분의 국민들의 지지를 양대 정당이 흡수하는 양당 중심적인 구조이기 때문에, 이 모형을 그대로 적용해도 큰 무리는 없다.[■] 이 방법은 먼저 투표 결정의 종속변수와 독립변수의 값을 1 또는 −1의 값을 갖는 이원적 변수(때로는 −1, 0, 1의 삼원적 변수)로 전환하고 최소자승법(ordinary least square)을 적용해 종속변수인 정당 투표에 통계적으로 유의한 영향을 미치는 독립변수를 찾아낸 다음, 독립변수들의 회귀 계수와 평균값을 곱해 그 독립변수가 득표율에 미치는 영향력을 계산하게 된다. 예를 들어, 종속변수인 투표 결정 변수의 한나라당 투표의 값을 1로 하고 민주당 투표의 값을 −1로 한 다음, 독립변수인 이념 성향 변수의 보수적 성향의 값을 1로 하고 진보적 성향의 값을 −1로 했다고 가정해 보자. 이 두 변수 사이의 회귀식을 적용했을 때, 정당 투표에 통계적으로 유의한 영향을 미치는 이념 성향의 회귀 계수 값이 0.3이고 이념 성향 변수의 평균값이 0.15라고 한다면, 이념 투표로 인해 한나라당은 민주당보다 회귀 계수 값에 이념 성향의 평균값을 곱한 4.5%p를 더 득표하게 될 것이다.

[■] 그러나 이 모형은 제3당의 출현이 양대 정당의 승패에 결정적 영향력을 미쳤던 1997년 대통령 선거 결과를 설명하는 데는 한계가 있다.

1. 대통령 선거

김영삼 후보가 김대중 후보와의 경쟁에서 승리한 1992년 대통령 선거의 집합적 투표 결정 요인 가운데 가장 큰 영향을 미친 것은 후보자 요인이었다. 김영삼 후보를 김대중 후보보다 더 신뢰했던 사람은 신뢰하지 않았던 사람보다 전체 투표자 중 18.6%p 더 많았으며, 이들의 김영삼 후보 투표율은 김대중 후보 투표율보다 51.8%p 더 높았던 결과, 김영삼 후보는 신뢰도 요인에 의해 득표율에서 9.6%p를 더 얻을 수 있었다. 또 민자당 지지자가 민주당 지지자보다 전체 투표자 중 12.3%p가 더 많고, 이들의 김영삼 후보 투표율이 27%p 더 높기 때문에 김영삼 후보의 득표율은 3.3%p 증가했다. 그러나 지역 투표에서는 영남인의 지역 투표가 영향을 미치지 못한 반면, 호남인의 지역 투표는 영향을 미친 것으로 나타난다. 서울·경기 출신 투표자와 영남 출신 투표자의 김영삼 후보 투표율이 통계적으로 유의한 차이가 없었기 때문에 영남인의 지역 투표로 인한 김영삼 후보의 득표율 증가는 나타나지 않았다. 그러나 서울·경기 출신 투표자에 비해 호남 출신 투표자의 김영삼 후보 투표율이 29.9%p 낮았기 때문에 호남인의 지역 투표는 김영삼 후보의 득표율을 5.9%p 감소시켰다. 선거기간 동안 이슈가 되었던 경제 회복이 가장 중요하다고 생각하는 사람이 전체 투표자 중 46.3%였는데, 이들의 김영삼 후보 투표율이 김대중 후보 투표율보다 6.7%p 더 높았기 때문에 김영삼 후보의 득표율을 3.1%p 증가시켰다.

한나라당의 이회창 후보가 김대중 후보에게 패배했던 1997년 대통령 선거의 집합적 투표 결정 요인 가운데 가장 큰 영향력을 행사한 요인은 IMF 경제 위기였다. 김대중 후보가 이회창 후보보다 IMF 경제 위기

를 더 잘 해결할 것이라고 생각하는 사람들이 29.6%p 더 많았으며, 이
들의 김대중 후보 투표율은 이회창 후보 투표율보다 37.5%p 더 높아,
결과적으로 김대중 후보의 득표율을 11.1%p증가시켰다. 또 IMF 경제
위기의 책임이 한나라당에 있다고 생각하는 사람들이 그렇지 않다고 생
각하는 사람들보다 51%p 더 많았으며 이들의 김대중 후보 투표율이
9.1%p 더 높았기 때문에 김대중 후보 득표율이 4.6%p 증가했다. 결과
적으로 IMF 경제 위기로 인해 김대중 후보의 득표율이 15.7%p 증가한
셈이다. 이와 더불어 여야 성향에서 야당 성향이 더 많고, 정당 지지자
중에서 국민회의 지지자가 더 많아 김대중 후보의 득표율을 각각
3.2%p, 4.4%p 증가시켰다. 이와 달리 지역 투표에서는 영·호남의 지역
투표가 서로 상쇄 효과를 일으키면서 거의 아무런 영향을 미치지 못했
다. 서울·경기 지역을 기준으로 호남의 지역 투표는 김대중 후보의 득
표율을 4.8%p 증가시켰고, 영남의 지역 투표는 이회창 후보의 득표율
을 4.5%p 증가시켜 지역 투표가 집합적 선거 결과에 미친 순영향력은
0.3%p에 지나지 않았다. 앞에서 논의한 것처럼 김영삼 정부에 대한 정
부 업적 평가나 회고적 가정경제 평가는 통계적으로 유의한 영향력을
미치는 집합적 투표 결정 요인이 되지 못했다.▪

민주당 노무현 후보가 한나라당 이회창 후보와의 경쟁에서 승리했
던 2002년 대통령 선거의 집합적 선거 결과는 다양한 요인들에 의해
결정되었다. 먼저 이념 성향에서 진보적 이념을 가진 사람이 보수적 이

▪ 여기서 김대중 후보와 이회창 후보의 득표율 차이가 실제 선거 결과보다 더 크게 나타나
는 이유는, 변수값의 이원화로 인해 이인제 후보의 득표율이 분석에서 제외되었기 때문이
아니라 여론조사 자료에서 나타난 득표율의 오차가 비교적 컸기 때문이다.

넘을 가진 사람보다 14.4%p 더 많았으며, 이들의 노무현 후보 투표율이 이회창 후보 투표율보다 17.6%p 높았기 때문에 노무현 후보의 득표율을 2.5%p 증가시켰으며, 민주당 지지자가 한나라당 지지자보다 3.7%p 더 많았으며 이들의 노무현 후보 투표율이 60.9%p 더 높았기 때문에 노무현 후보 득표율은 2.2%p 증가했다. 또 대북 지원을 찬성하는 사람들이 반대하는 사람들보다 더 많아서 노무현 후보의 득표율을 0.9%p 증가시켰다. 이와는 반대로 지역 투표는 영남인들의 지역 투표로 인해 노무현 후보의 득표율이 3.4%p 감소했으며, 김대중 정부에 대한 부정적인 업적 평가도 노무현 후보의 득표율을 2.5%p 감소시켰다.

이명박 후보와 정동영 후보가 경쟁했던 2007년 대통령 선거에서는 국정 운영 능력의 차이와 정당 지지자의 차이가 이명박 후보의 압승을 가져왔다. 이명박 후보의 국정 운영 능력이 정동영 후보의 국정 운영 능력보다 더 뛰어나다고 생각하는 사람들이 정동영 후보의 능력이 더 뛰어나다는 사람들보다 59.8%p 더 많았으며, 이들의 이명박 후보 투표율은 29%p 더 높았다. 따라서 이명박 후보는 행정 능력에 의한 투표로 17.3%p의 표를 더 얻었다. 그러나 이와 반대로 도덕성 평가에서는 정동영 후보보다 이명박 후보를 부정적으로 평가하는 사람이 29.4%p 더 많았으며, 이들의 정동영 후보 투표율이 18.5%p 더 높아 이명박 후보의 득표율을 5.5%p 감소시켰다. 결국 행정 능력과 도덕성으로 평가된 후보자 요인이 이명박 후보의 득표율을 약 11.9%p 증가시킨 셈이다. 또 한나라당 지지자가 통합민주당 지지자보다 35.3%p나 더 많았고, 이들의 이명박 후보 지지율이 46.1%p나 더 높았기 때문에 이명박 후보의 득표율이 16.3%p 증가했다. 놀랍게도 지역 투표에서 이명박 후보는 영남으로부터 아무런 이익을 얻지 못한 반면, 호남인들의 지역 투표에 의

표 7-1 정당 득표율에 미치는 집합적 투표 결정 요인의 영향력

대통령 선거

	1992년			1997년		
	계수	평균	기여도	계수	평균	기여도
(상수)	0.063*	-	0.048	0.207***	-	0.207
충청 출신지	−0.053	0.170	-	−0.030	0.164	-
호남 출신지	−0.299***	0.198	−0.059	−0.220***	0.220	−0.048
영남 출신지	0.041	0.349	-	0.150**	0.298	0.045
여야 성향	0.114***	0.044	0.005	0.194***	−0.167	−0.032
이념 성향	-	-	-	0.005	0.052	-
정당 지지	0.270***	0.123	0.033	0.311***	−0.141	−0.044
현 정부 업적 평가	−0.012	−0.370	-	0.001	−0.800	-
회고적 국가 경제 평가	−0.021	−0.534	-	−0.012	−0.640	-
이슈 경제문제	0.067*	0.463	0.031	-	-	-
이슈 IMF 책임 정당	-	-	-	−0.091**	0.510	−0.046
후보자 신뢰도	0.518***	0.186	0.096	-	-	-
후보자 IMF 해결	-	-	-	0.375***	−0.296	−0.111
기여도 합계			0.155			−0.030

	2002년			2007년		
	계수	평균	기여도	계수	평균	기여도
(상수)	−0.166***	-	−0.138	0.047	-	0.047
충청 출신지	−0.002	0.145	-	−0.060	0.156	-
호남 출신지	−0.108	0.186	-	−0.240***	0.184	−0.044
영남 출신지	0.102*	0.334	0.034	−0.010	0.307	-
여야 성향	−0.064*	−0.043	0.003	-	-	-
이념 성향	0.176***	−0.144	−0.025	0.038*	0.193	0.007
정당 지지	0.609***	−0.037	−0.022	0.461***	0.353	0.163
현 정부 업적 평가	−0.149***	−0.167	0.025	−0.047**	−0.486	0.023
전망적 국가 경제 평가	-	-	-	0.027	0.416	-
이슈 북한 지원	−0.123***	0.074	−0.009	-	-	-
후보자 도덕성	-	-	-	0.185***	−0.294	−0.055
후보자 국정 운영 능력	-	-	-	0.290***	0.598	0.173
기여도 합계			−0.133			0.314

1. 종속변수 : 한나라당 투표 = 1, 민주당 투표 = −1, 기타 정당 투표 = 0
2. * = p < 0.05; ** = p < 0.01; *** = p < 0.001
3. 자료 : 한국사회과학데이터센터, 단, 2007년 대통령 선거는 동아시아연구원

해 득표율이 4.4%p 감소했다. 합리적 변수는 집합적 선거 결과에 제한적인 영향만을 미쳤는데, 노무현 대통령에 대한 부정적인 직무평가는 이명박 후보의 득표율을 2.3%p 증가시킨 반면, 전망적 국가 경제 평가는 유의한 영향을 미치지 못했다.

득표율 기여도가 요약된 〈표 7-3〉에서 볼 수 있는 것처럼, 네 번의 대통령 선거 결과에서 가장 큰 영향을 미친 집합적 투표 결정 요인은 신뢰도, 위기 해결 능력, 행정 능력, 도덕성과 같은 후보자 요인이었다. 정당 지지는 후보자 요인 다음으로 집합적 선거 결과에 큰 영향을 미쳤으며, 특히 2007년 대통령 선거에서는 후보자 요인에 비견하는 큰 영향력을 행사했다. 지역 변수는 개인적 투표 결정 요인으로는 큰 영향을 미치지만 집합적 투표 결정 요인으로는 영향력이 작은데, 그 이유는 영남인의 수가 호남인의 수보다 많지만 호남인들의 단결에 의해 서로 영향력이 상쇄되기 때문인 것으로 보인다. 특기할 점은 승리한 후보자가 오히려 지역 투표로부터 득표율의 증가보다는 감소를 경험한다는 것이다.[■] 정부 업적 평가와 경제 사정 평가와 같은 합리적 변수들은 개인적 투표 결정 요인으로나 집합적 투표 결정 요인으로나 모두 제한된 영향만을 미치고 있는 것으로 나타난다.

───────

[■] 이는 선거에서 승리를 좌우하는 지역은 영호남 지역이 아니라 서울·경기 지역이기 때문이다. 예를 들어 서울·경기 지역에서 한나라당 지지율이 높은 경우에는 선거 결과가 한나라당 후보자의 승리로 나타나지만 이 경우에는 한나라당 후보자에 대한 지지율이 서울·경기 지역과 영남 지역 사이에 통계적으로 유의한 차이를 보이지 않아 집합적 투표 결정 요인으로서 영남 지역은 아무런 영향을 미치지 못하는 것으로 나타난다.

2. 국회의원 선거

〈표 7-2〉가 보여 주는 것처럼, 신한국당이 139석을 획득한 1996년 국회의원 선거에서 가장 큰 영향을 미친 집합적 투표 결정 요인은 정당 지지였다. 신한국당을 지지하는 사람들이 국민회의를 지지하는 사람보다 11.4%p 많았고, 이들의 신한국당 투표율이 국민회의 투표율보다 59.1%p 더 높아 신한국당의 득표율은 6.8%p 증가했다. 큰 영향력을 행사한 집합적 투표 결정 요인으로 정치 개혁 이슈를 들 수 있는데, 정치 개혁을 요구하는 사람의 비율이 27.9%였으며, 이들의 신한국당 투표율이 국민회의 투표율보다 23.9%p 낮았기 때문에 신한국당 득표율은 6.7%p 감소했다. 지역 투표는 호남인의 지역 투표만 통계적으로 유의한 영향력을 미친 결과, 신한국당의 득표율을 3.8%p 감소시켰다. 회고적 국가 경제 평가는 신한국당의 득표율을 1.2%p 증가시켰다.

한나라당이 133석을 얻은 2000년 국회의원 선거에서는 지역 투표를 제외하면 선거 결과에 큰 영향력을 미친 집합적 투표 결정 요인은 발견되지 않았다. 지난 네 번의 국회의원 선거 가운데 2000년에 있었던 선거는 지역 투표의 영향력이 가장 큰 선거였는데, 영남인의 지역 투표로 한나라당의 득표율은 12.2%p 증가했지만, 호남인의 지역 투표와 충청인의 지역 투표가 한나라당의 득표율을 각각 9.8%p, 5.0%p 감소시킴으로써 결국 한나라당의 득표율은 지역 투표로 인해 2.6%p 감소를 겪게 된다. 여야 성향과 이념 성향은 개인적으로는 통계적으로 유의한 영향을 미쳤으나, 집합적 선거 결과에서는 득표율에 1%p도 안 되는 작은 영향력만을 행사했다. 정당 지지와 정부 업적 평가는 통계

표 7-2 정당 득표율에 미치는 집합적 투표 결정 요인의 영향력

국회의원 선거

	1996년			2000년		
	계수	평균	기여도	계수	평균	기여도
(상수)	0.149***	-	0.149	0.159*	-	0.159
충청 출신지	0.078	0.179	-	−0.299**	0.168	−0.050
호남 출신지	−0.183**	0.206	−0.038	−0.469***	0.208	−0.098
영남 출신지	0.097	0.324	-	0.411***	0.298	0.122
여야 성향	0.172***	−0.013	−0.002	−0.311***	0.024	−0.007
이념 성향	-	-	-	0.103*	−0.058	−0.006
정당 지지	0.591***	0.114	0.068	−0.052	−0.025	-
현 정부 업적 평가	0.023	0.255	-	−0.062	0.158	-
회고적 국가 경제 평가	−0.145***	−0.082	0.012	-	-	-
이슈 정치 개혁	−0.239***	0.279	−0.067	-	-	-
이슈 낙천낙선 운동	-	-	-	0.020	0.689	-
이슈 남북정상회담	-	-	-	0.029	0.032	-
기여도 합계	-	-	0.122	-	-	0.120

	2004년			2008년		
	계수	평균	기여도	계수	평균	기여도
(상수)	−0.131**	-	−0.107	0.103	-	0.103
충청 출신지	−0.103	0.100	-	−0.134	0.140	-
호남 출신지	−0.137	0.111	-	−0.424***	0.172	−0.073
영남 출신지	0.176**	0.275	0.048	0.047	0.292	-
여야 성향	−0.219***	0.074	−0.016	0.252***	0.185	0.047
이념 성향	0.172***	−0.142	−0.024	0.076	0.168	-
정당 지지	0.405***	−0.031	−0.012	0.359***	0.127	0.045
현 정부 업적 평가	−0.068*	−0.444	0.030	0.121**	0.280	0.034
회고적 국가 경제 평가	-	-	-	−0.152**	−0.485	0.074
이슈 탄핵	0.224***	−0.507	−0.114	-	-	-
이슈 경제 안정	0.143**	0.379	0.054	-	-	-
이슈 한나라당 공천	-	-	-	0.063	−0.379	-
기여도 합계	-	-	−0.141	-	-	0.229

1. 종속변수 : 한나라당 투표 = 1, 민주당 투표 = −1, 기타 정당 투표 = 0
2. * = p < 0.05; ** = p < 0.01; *** = p < 0.001
3. 자료 : 한국사회과학데이터센터

적으로 유의한 영향을 미치지 못했으며, 선거기간 동안 큰 이슈가 되었던 낙천낙선운동과 남북정상회담도 정당들의 득표율에는 통계적으로 유의한 영향을 미치지 못했다.

열린우리당이 민주화 이후 처음으로 과반수 의석을 획득해 여당이 된 2004년 국회의원 선거에서 지역구 득표율에 가장 큰 영향을 미친 변수는 탄핵 이슈였다. 대통령 탄핵을 가장 중요한 이슈라고 생각한 사람들이 50.7%에 달했으며, 이들의 열린우리당 투표율은 한나라당 투표율보다 22.4%p 더 높아 열린우리당의 득표율을 11.4%p 증가시켰다. 두 번째로 큰 영향을 미친 집합적 투표 결정 요인은 경제 안정 이슈였는데, 경제 안정을 원하는 사람들이 한나라당 득표율을 5.4%p 증가시켰다. 세 번째로 큰 영향을 미친 집합적 투표 결정 요인은 영남인의 지역 투표로서 영남인의 한나라당 투표율이 열린우리당 투표율보다 17.6%p나 높았으며, 그 결과 한나라당의 득표율은 4.8%p 증가한 반면, 호남인의 열린우리당 투표율은 서울·경기인들의 열린우리당 투표율과 차이를 보이지 않아 열린우리당 득표율에 아무런 영향을 미치지 못했다. 한편 열린우리당 지지자가 한나라당 지지자보다 3.1%p 더 많고, 여당 성향을 가진 사람이 야당 성향을 가진 사람보다 7.4%p 더 많아서 열린우리당 득표율을 각각 1.2%p, 1.6%p 증가시켰다. 또한 진보적 이념 성향의 사람들이 보수적 이념 성향의 사람보다 14.2%p 더 많아 열린우리당의 득표율은 2.4%p 증가했다. 그러나 노무현 정부를 부정적으로 평가하는 사람이 긍정적으로 평가하는 사람보다 44.4%p 더 많고, 이들의 한나라당 투표율이 열린우리당 투표율보다 6.8%p 더 높아 한나라당의 득표율이 3.0%p 증가했다.

한나라당이 열린우리당에 이어 과반수 의석을 획득한 2008년 국회의원 선거에서 가장 큰 영향력을 미친 집합적 투표 결정 요인은 합리적 변수로서 경제 사정 평가와 정부 업적 평가였다. 노무현 정부 시기의 경제에 대한 부정적인 평가가 긍정적인 평가보다 48.5%p 더 많았으며, 이들의 한나라당 투표율이 15.2%p 더 높아 한나라당의 득표율은 7.4%p 증가했다. 한편, 이명박 정부의 업적을 긍정적으로 평가하는 사람이 부정적으로 평가하는 사람보다 28.0%p 더 많았으며, 이들의 한나라당 투표율이 12.1%p 더 높아 한나라당의 득표율을 3.4%p 증가시켰다. 결국 합리적 변수로 인해 한나라당의 득표율은 10.8%p 증가했다. 두 번째로 큰 영향을 미친 변수는 당파적 변수로서 여야 성향과 정당 지지인데, 각각 한나라당의 득표율을 4.7%p, 4.5%p 증가시켰다. 한편 지역 투표는 한나라당의 득표율을 오히려 감소시켰는데, 호남인의 지역 투표로 인해 한나라당의 득표율은 7.3%p 감소했고, 영남인의 지역 투표는 통계적으로 유의한 영향을 미치지 못하는 것으로 나타났다.

대통령 선거와 달리 네 번의 국회의원 선거에서는 〈표 7-3〉에서 볼 수 있는 것처럼 후보자 변수가 거의 영향을 미치지 못한 반면, 당파적 변수, 지역 변수, 합리적 변수, 이슈 변수 등이 비교적 골고루 영향을 미치고 있다. 대통령 선거에서 거의 영향을 미치지 못했던 정부 업적 평가와 국가 경제 평가는 집합적 선거 결과에 통계적으로 유의한 영향을 미치는 것으로 나타나고 있으며, 그 수가 많지는 않지만 이슈 변수도 집합적 선거 결과에 중요한 영향을 미치고 있다. 개인적으로는 지역 변수가 큰 영향을 미치지만, 호남인의 지역 투표와 영남인의 지역 투표의 효과가 서로 상쇄되기 때문에 대통령 선거와 마찬가지로 종합적으로는 득표율 증감에 큰 영향을 미치지 못한다. 또 국회의원 선거에서 적지

표 7-3 정당 득표율에 미치는 집합적 투표 결정 요인의 영향력(기여도)

(단위 : %p)

	대통령 선거					국회의원 선거					전체 평균
(상수)	1992년	1997년	2002년	2007년	평균	1996년	2000년	2004년	2008년	평균	
(상수)	4.82	20.72	-13.76	4.67	4.11	14.94	15.91	-10.74	-	6.70	5.22
충청 출신지	-5.92	-4.84	-	-4.41	-5.06	-3.77	-5.02	-	-7.30	-5.02	-5.02
호남 출신지	-	4.47	3.41	-	3.94	-	-9.77	-	-	-6.94	-6.00
영남 출신지	-	-	-	-	-	-	12.25	4.84	8.54	8.54	6.24
여야 성향	0.51	-3.24	0.27	0.73	-0.82	-0.22	-0.74	-1.62	4.65	0.52	-0.05
이념 성향	-	-4.38	-2.53	-	-0.90	-	-0.60	-2.44	-	-1.52	-1.21
정당 지지	3.33	-	-2.23	16.27	3.25	6.75	-	-1.24	4.55	3.35	3.29
현 정부 업적 경제 평가	-	-	2.49	2.29	2.39	-	-	3.03	3.38	3.21	2.80
최고적 국가 경제 평가	-	-	-	-	-	1.20	-	-	7.38	4.29	4.29
후보자 — 도덕성	-	-	-	-5.46	-5.46	-	-	-	-	-	-5.46
후보자 — 국정 운영 능력 차	-	-	-	17.33	17.33	-	-	-	-	-	17.33
후보자 — 신뢰도	9.63	-	-	9.63	9.63	-	-	-	-	-	9.63
후보자 — IMF 해결	-	-11.08	-	-11.08	-11.08	-	-	-	-	-	-11.08
후보자 — IMF 책임 정당	-	-4.63	-	-4.63	-4.63	-	-	-	-	-	-4.63
이슈 — 북한 지원	-	-	-0.91	-0.91	-0.91	-	-	-	-	-	-0.91
이슈 — 정치 개혁	-	-	-	-	-	-6.68	-	-	-	-6.68	-6.68
이슈 — 경제문제	3.08	-	-	3.08	3.08	-	-	-	-	-	3.08
이슈 — 경제 인정	-	-	-	-	-	-	-	5.41	5.41	5.41	5.41
이슈 — 탄핵	-	-11.08	-	-11.08	-11.08	-	-	-11.36	-11.36	-11.36	-11.36
영향력 합계	15.45	-2.98	-13.26	31.42	14.88	12.23	12.03	-14.12	12.66		-4.90

1. 집합적 투표 결정 요인의 영향력은 그 변수가 한나라당 득표율 증감에 미치는 효과
2. 자료: 한국사회과학데이터센터. 단, 2007년 대통령 선거는 동아시아연구원

않은 영향을 미치는 변수는 여야 성향과 정당 지지와 같은 당파적 변수로서 둘의 효과를 합쳤을 때 비교적 큰 영향을 미치는 것으로 나타난다. 대통령 선거와 마찬가지로 이념 성향은 제한적인 영향만을 미치는 것으로 나타나고 있다.

8장

결론

    지금까지 민주화 이후 한국인의 투표 결정에 영향을 미치는 요인들의 영향력을 여론조사 자료와 공식적 선거 결과 자료의 통계적 분석을 통해 검증했다. 그 결과를 요약하면 다음과 같다.

    먼저 투표 참여에서 인구사회학적 변수들 가운데 연령은 큰 영향을 미치지만, 계층은 아무런 영향을 미치지 못하고 있다. 정치적 정향과 태도 변수 가운데 투표 참여에 영향을 미치는 것은 투표 의무감과 지지 정당 유무이며, 정치적 신뢰도나 효능감과 같은 일반적인 정치적 정향은 거의 영향을 미치지 못하고 있다. 정당의 경쟁도나 정책 차이와 같은 합리적 변수는 그 효과가 여론조사 자료의 분석에서는 나타나지 않고 집합적 자료의 분석에서만 나타날 정도로 투표 참여에 미치는 영향이 작다. 또 선거에 관심이 많은 사람들과 선거기간 동안 대화나 언론에 많이 노출되어 있는 사람들의 투표 참여가 높게 나타났다. 민주화 이후 나타나고 있는 투표율 하락 현상의 원인은 세대 효과 이외에는 찾아볼 수 없었으며, 연령집단별 투표율 차이로 인해 정당 득표율을 왜곡시키는 효과는 매우 제한적인 것으로 나타났다.

정당과 후보자 지지를 결정하는 첫 번째 인과 단계에서 인구사회학적 변수의 영향력을 살펴보면, 출신 지역이 가장 크고 통계적으로 유의한 영향을 미치고, 그다음으로 연령의 영향력이 1990년대 말 이후 비교적 크게 나타나며 통계적으로도 유의한 것으로 나타났다. 그러나 소득이나 학력 또는 직업 등과 같은 계층적 변수는 투표 결정에 아무런 영향을 미치지 못하고 있다. 지역 투표의 가장 큰 원인은 지역민 호감도와 같은 심리문화적 변수이고, 정치 지도자에 대한 호감도와 지역 발전에 대한 기대감도 통계적으로 유의한 영향을 미치고 있다. 영호남 지역민들의 지역 투표 성향은 연령, 거주지, 지역별로 다르게 나타나고 있다. 호남 지역 출신 투표자가 영남 지역 출신 투표자보다 지역 투표 성향이 높고, 출신지에서 계속 거주하고 있는 사람들이 다른 지역으로 이주한 사람들보다 지역 투표 성향이 더 높은 반면, 영남 지역 젊은 세대의 지역 투표 성향은 나이 많은 세대보다 낮은 것으로 나타나고 있다. 연령 투표의 가장 큰 원인은 세대별로 다르게 나타나는 이념 변수인데, 2000년 이후 햇볕 정책과 같은 이념적 이슈가 투표 결정에 영향을 미침으로써 그 효과는 비교적 크게 나타나고 있다. 성, 도시화 정도, 종교 등은 투표 결정에 통계적으로 유의한 영향을 미치지 못하고 있다.

두 번째 인과 단계에서 투표 결정에 통계적으로 유의하며 큰 영향을 미치는 것은 정당 지지와 여야 성향과 같은 당파적 변수이고, 이념 성향도 1990년대 말 이후 유의한 영향력을 보여 주고 있다. 투표 결정에 큰 영향을 미치는 정당 지지 변수는 서구에서의 정당 귀속감과 마찬가지로 개인적으로나 집합적으로 매우 안정되어 있다. 또 구조적으로 거의 모든 다른 정치적 정향과 태도 변수에 통계적으로 유의한 영향을 미치고 있는 것으로 나타난다. 2000년 이후에 등장한 이념 투표는 처음 등장했을 때보다 그 영향력이 다소 감소하고 있으며, 개인의 이념에 가장 큰 영향을 미치는 요인은 한미 관계나 대북 지원과 같은 외교·안보 정책 분야의 이슈들이다.

인과관계의 세 번째 단계에 속하는 경제 사정 평가와 대통령 직무평가와 같은 합리적 변수의 영향력은 국회의원 선거와 대통령 선거에서 대조적으로 나타난다. 대통령 선거에서는 경제 사정 평가와 대통령 직무평가가 후보자 지지에 아무런 영향을 미치지 못하거나 영향을 미치더라도 매우 제한된 영향만을 미치고 있는 데 반해, 국회의원 선거에서는 조사된 모든 선거에서 대통령 직무평가가 적지 않은 영향을 미치고 있으며 경제 사정 평가도 약간의 영향을 미치고 있다. 이는 한국 대통령의 임기가 5년 단임으로 제한되어 있기 때문에 대통령 선거에서는 현직자의 업적이 여당 후보의 평가에 유의한 영향을 미치지 못하는 반면, 국회의원 선거는 현 정부에 대한 중간 평가라는 성격이 강하기 때문에 나타나는 현상으로 보인다.

인과관계의 최종 단계에 속하는 후보자와 이슈 변수의 영향력도 국회의원 선거와 대통령 선거에서 대조적으로 나타난다. 대통령 선거에서는 후보자의 능력과 도덕성이 투표 결정에 매우 큰 영향을 미치는 반면, 국회의원 선거에서는 현직자 효과를 제외하고는 후보자 변수의 영향력이 그리 크게 나타나지 않는다. 단기적인 변수인 이슈의 영향력도 그 크기가 선거별로 다르게 나타나는데, 1997년 대통령 선거에서의 IMF 경제 위기에 대한 책임과 2004년 국회의원 선거에서의 탄핵 심판 등은 투표 결정에 비교적 큰 영향력을 미쳤던 반면, 그 외의 선거에서는 매우 제한적인 영향만을 미친 것으로 나타나고 있다.

설명력의 크기를 단계별로 비교해 보면, 설명력을 가장 크게 증가시킨 것은 두 번째 단계에 속한 당파적 태도와 이념 성향이다. 한국의 선거에서 정당 지지의 영향력은 서구에서 나타나는 정당 귀속감의 영향력과 비견할 만한 수준이라 할 수 있다. 두 번째로 설명력을 크게 증가시킨 변수는 인구사회학적인 변수, 그중에서도 출신 지역과 연령이다. 출신 지역 변수는 민주화 이후 2004년 국회의원 선거를 제외하면 지금까지 변함없이 가장 강한 영향력을 행사하고 있다. 그중에서도 호남 지역 변수가 가장 설명력을 크게 증가시키고 있으며, 영남 지역 변수도 비교적 설명력을 크게 증가시키는 데 반해, 충청 지역 변수는 매우 제한된 영향만 미치고 있다. 세 번째로 설명력을 증가시킨 변수는 마지막 단계인 후보자와 이슈 변수이다. 그중에서도 대통령 선거에서 나타나는 후보자 변수의 영향력은 정당 지지와 출신 지역 변수의 영향력과 비견될 수 있을 만큼 큰 영향력을 보여 주었다. 끝으로 설명력 증가에 매우 제한적인 영향만을 미치는 변수로는 합리적 변수를 들 수 있는데, 국회의원 선거에서만 대통령 직무평가가 어느 정도 영향을 미치고, 경제 사정 평가는 거의 영향을 미치지 못하는 것으로 나타났다.

개인적 투표 결정 요인의 영향력과 달리 선거 결과에서 정당 득표율에 미치는 집합적 투표 결정 요인의 영향력은 다르게 나타난다. 먼저 개인적 투표 결정 요인으로 가장 큰 영향을 미치는 정당 지지 투표나 지역 투표는 한나라당 득표율과 민주당 득표율에 미치는 효과가 서로 상쇄되어 정당 득표율의 차이에 상대적으로 큰 영향을 미치지 못하지만, 개인적 투표 결정 요인으로 큰 영향력을 행사하지 못하는 합리적 변수나 후보자 및 이슈 평가 변수는 정당 득표율의 차이에 비교적 큰 영향력을 행사하고 있다. 집합적 투표 결정 요인의 분석에서 나타나는 또 하나의 특성은 대통령 선거와 국회의원 선거에서의 영향력이 크게

표 8-1 투표 결정 변수의 모형 설명력 기여도										(단위 : %p)
	대통령 선거					국회의원 선거				
	1992년	1997년	2002년	2007년	평균	1996년	2000년	2004년	2008년	평균
1단계 **인구사회학적 변수**	30.3	24.6	18.3	19.3	23.1	13.4	30.0	21.5	16.0	20.2
연령	4.3	0.3	2.1	13.6	5.1	4.2	1.9	4.8	2.1	3.3
출신 지역	23.4	19.2	13.6	14.4	17.7	8.2	29.1	13.0	11.0	15.3
2단계 **이념 및 당파적 변수**	21.7	24.3	23.6	21.1	22.7	23.5	1.0	24.5	27.8	19.2
여야 성향	3.7	4.2	−0.8	-	2.4	2.6	4.3	1.4	9.4	4.4
이념 성향	-	−0.4	0.9	−10.0	−3.2	-	1.9	2.6	5.5	3.3
정당 지지	8.8	5.7	13.9	21.7	12.5	9.2	-	8.4	9.1	8.9
3단계 **합리적 변수**	0.0	0.1	1.6	0.5	0.5	1.8	1.0	0.5	2.1	1.4
대통령 업적 평가	0.7	0.0	0.4	0.6	0.4	1.0	1.9	−0.2	3.7	1.6
경제 평가	0.9	0.0	-	0.2	0.4	1.9	-	-	−0.4	0.8
4단계 **후보자 및 이슈 변수**	6.2	4.6	1.2	5.0	4.3	3.5	0.0	2.4	1.6	1.9
이슈	1.1	0.4	−0.4	0.2	0.3	3.8	1.1	2.0	1.0	2.0
후보자	5.4	3.7	-	5.0	4.7	-	-	-	-	-

1. 변수가 추가된 모형의 설명력이 오히려 더 작게 나타나는 것은 결측값(missing value)에 의해 사례 수가 적어져서 변수가 추가되었음에도 불구하고 모형의 설명력이 감소할 수 있기 때문이다.
2. 자료 : 한국사회과학데이터센터, 단, 2007년 대통령 선거는 동아시아연구원

다르게 나타난다는 것이다. 대통령 선거에서는 후보자의 자질과 능력에 대한 평가 변수가 가장 큰 영향을 미치는 반면, 대통령 직무평가나 경제 사정 평가 변수와 같은 합리적 변수는 통계적으로 유의한 영향을 끼치지 못하는 것으로 나타난다. 이와는 달리, 국회의원 선거에서는 후보자 변수가 매우 제한적인 영향을 끼치는 반면, 정당 지지 투표, 지역 투표, 대통령 업적 투표, 경제 투표 등이 골고루 영향을 미치는 것으로 나타나고 있다.

이상과 같은 연구 결과에 기초해 민주화 이후 한국인의 투표 행태를 지속성과 변화, 특수성과 보편성의 측면에서 종합적으로 평가해 보면, 한국인의 투표 행태가 민주화 이후에도 변화보다는 지속성을, 특수성

보다는 보편성을 보여 주고 있다고 할 수 있다.

　민주화 이후 지난 20여 년간 한국인의 투표 행태에서 나타나는 가장 큰 특징은 투표 결정 요인으로 출신 지역의 영향력이 여전히 크다는 것이다. 2000년대에 들어 세대 투표, 이념 투표, 경제 투표 등이 등장했음에도 불구하고, 지역 투표의 영향력은 별로 감소하지 않고 강하게 지속되고 있다. 이런 현상은 결국 지역민과 정당 간에 선거 연합이 형성되어 결빙됨으로써 지역 정당제와 지역 투표가 서로를 강화시키며 존속하기 때문이라고 할 수 있다. 또 하나 변화하지 않는 현상은, 민주화 이전에 많은 연구자들이 기대했던 것과는 달리, 계급 또는 계층 투표가 아직까지 나타나고 있지 않다는 것이다. 투표 참여는 물론 투표 결정 및 투표 결정에 영향을 미치는 대부분의 태도나 정향 변수들은 직업, 소득수준, 교육 수준과 같은 계층 변수의 독립적인 영향을 거의 받고 있지 않다.

　민주화 이후 한국인의 투표 행태에 나타난 새로운 현상은 이념 투표와 경제 투표의 등장이다. 민주화 이전에도 민주화를 둘러싼 이념적 갈등이 없었던 것은 아니지만, 1990년대 후반 이후 대북 지원, 한미 동맹, 기업 규제, 환경보호, 교육 문제 등을 둘러싼 보수와 진보의 갈등과 같은 이념적 갈등이 선거에서 이슈로 등장하고 투표 결정에 통계적으로 유의한 영향을 미치는 현상은 매우 새로운 것이라 할 수 있다. 국가 경제 평가와 대통령 직무평가가 국회의원 선거에서 투표 결정에 영향을 미친 것도 비교적 새로운 현상이다. 그럼에도 불구하고, 한국인의 투표 행태가 지속성을 보인다고 하는 것은 이념 투표와 합리적 투표의 설명력과 그 적용 범위가 아직은 그렇게 크게 나타나고 있지 않을 뿐 아니라 이 변수들이 기존의 출신 지역이나 정당 지지와 같은 당파적 변수에 크게 영향을 받고 있기 때문이다.

한국인의 투표 행태가 과연 특수한 것인가 아니면 다른 나라에서도 쉽게 찾아볼 수 있는 보편적인 행태인가 하는 질문에 대해서는, 먼저 비교 대상이 서구 국가인가 비서구 국가인가, 또는 서구 국가 중에서도 영국이나 미국과 같은 양당제 국가인가 아니면 유럽과 같은 다당제 국가인가에 따라 그 답변이 달라질 수 있다. 지역 투표의 존속과 계층 투표의 부재는 한국인의 투표 행태에서 발견되는 가장 특징적인 현상 중 하나이다. 지역 투표가 영국, 캐나다 등 몇몇 나라에서 발견되고 있는 것은 사실이지만, 이들 국가에서의 지역 투표는 인종, 문화, 산업구조, 종교 등이 지역별로 다르기 때문에 나타나는 현상이다. 이런 지역 균열 구조가 없음에도 불구하고 한국에서 지역 투표 현상이 나타나는 것은 매우 독특한 현상이라 할 수 있다. 이와 더불어 대부분의 서구 국가에서 보편적으로 투표 결정에 큰 영향력을 행사하는 계급이라는 변수가 한국인의 투표 결정에는 거의 영향력을 행사하지 못한다는 점도 독특한 현상이다.

그러나 비교 대상을 서구 국가가 아닌 비서구 국가에 둔다면, 한국인의 투표 행태에 나타난 지역 투표의 존속과 계급 투표의 부재는 결코 예외적인 현상이 아니다(Mainwaring 1993; Ozbudun 1987). 마찬가지로 약한 이념 투표와 합리적 투표의 경우도 예외적이라고 할 수 없다. 한국인의 투표 행태에 나타난 특징들을 특수성보다는 보편성의 관점에서 평가할 수 있는 가장 중요한 근거는 비서구 국가는 말할 것도 없고 서구 국가에서도 투표 결정에 가장 큰 영향력을 미치는 변수는 이익이나 이념과 같은 합리적 변수가 아니라 정당 귀속감과 같은 심리문화적 요인이기 때문이다. 한국인의 투표 결정에 가장 큰 영향을 미치는 출신 지역과 정당 지지도 기본적으로 심리문화적 요인에 의해 결정된다는 점에서 한국인의 투표 행태는 보편성을 갖는다고 할 수 있다.

끝으로 한국인의 투표 행태가 과연 합리적인지 아닌지에 대해서 대답을 해야 한다면, 아마 합리적이지 못하다고 해야 할 것이다. 사실 합리성 개념은 연구자에 따라 다양하게 정의되고 있기 때문에, 합리성을 어떻게 정의하느냐에 따라 개인의 모든 행위가 합리적일 수도 있고 비합리적일 수도 있다. 그러나 만약 투표의 합리성을 일반적인 투표 행태 연구에서 사용하는 것처럼 개인의 경제적·물질적 이익 또는 이념 성향에 의한 투표로 제한한다면, 한국인의 투표 행태를 합리적이라고 말하기는 어려울 것이다. 왜냐하면 한국인의 투표 결정에 가장 큰 영향을 미치는 정당 지지와 지역 투표에는 합리적인 요인도 포함되어 있지만, 이보다 더 큰 영향력을 행사하는 것은 심리문화적 요인이기 때문이다. 이와 더불어 2000년 이후 등장한 합리적 투표의 근거라고 할 수 있는 이념 투표와 업적 투표도 그 영향력이 별로 크지 않을 뿐만 아니라, 지역이나 정당 지지와 같은 당파적 요인에 의해 큰 영향을 받고 있기 때문이다. 영남인과 호남인들이 그들의 지지 정당에 따라 이데올로기적인 차이를 보인다던지 경제 사정 평가와 대통령 직무평가가 출신 지역이나 지지 정당에 따라 크게 다르게 나타나는 것은 한국인의 투표 행태가 합리적으로 결정되고 있지 않다는 구체적인 증거라고 할 수 있다.

한국인의 투표 행태가 합리적이지 않다고 해서 반드시 한국인의 투표 행태가 불만족스럽다거나 변화해야 한다는 것을 의미하는 것은 아니다. 왜냐하면 다른 나라도 한국과 크게 다르지 않을 뿐만이 아니라, 한국인의 비합리성이 선거 결과를 왜곡시키거나 민주 정부의 운영에 큰 장애가 되는 것은 아니기 때문이다. 사실 투표 결정을 포함한 대부분의 정치적 행위는 인간의 다른 모든 행위들과 마찬가지로 물질적 가치나 객관적인 가치에 의해서 결정되기보다는 정신적이고 주관적인 가치에 의해서 결정되는 경향이 더 크다.

투표와 같은 대중의 정치 참여가 물질적인 동기보다 심리문화적 동기에 의해 더 큰 영향을 받는 구체적인 이유는, 먼저 개인의 투표 행위가 선거 결과에 거의 영향을 미칠 수 없기 때문이다. 사실 귀속감이나 의무감과 같은 비합리적인 동기가 없고, 순수하게 물질적인 동기만 갖고 있는 사람들에게는 투표 행위 자체가 성립되기 힘들다.

투표 행위의 합리성이 제한적일 수밖에 없는 또 하나의 이유는 선거 결과가 정치나 정책을 크게 변화시킬 가능성이 별로 크지 않다는 것이다. 권력 획득을 목적으로 하는 정당과 후보자가 선거에서 국민의 더 많은 지지를 얻기 위해 경쟁하는 과정에서 그들의 이념이나 노선, 공약 등은 대부분의 국민이 동의할 수 있는 정책으로 수렴된다. 따라서 선거에서 누가 이기더라도 정부 정책의 큰 변화를 기대하기는 어렵다. 이와 더불어 현대 민주주의국가에서는 정치권력이 분산되어 있을 뿐 아니라 권력의 범위와 강도가 제한되어 있기 때문에 정치가 사회 변화를 가져올 수 있는 힘이 크지 않다. 특히 최근의 전 세계적인 자유화와 지구화 추세 속에서 그런 가능성은 더욱 작아지고 있다. 따라서 설령 정당들 간에 정책적 차이가 있다고 하더라도 이런 차이가 개인 생활에 큰 영향을 미치는 경제나 사회의 변화를 가져올 것이라고 기대하기는 어렵다.

끝으로 의사 결정에 있어 개인적 합리성과 집합적 합리성이 반드시 일치하는 것이 아니라는 것을 인식할 필요가 있다. 국민들의 개인적 투표 결정 요인이 비합리적이라고 해서 집합적으로 선거 결과가 비합리적인 것은 결코 아니다. 앞에서 본 것처럼, 비합리성을 대표하는 출신 지역이나 정당 지지와 같은 변수들이 개인의 투표 결정에 큰 영향을 미치지만 그 효과가 서로 상쇄되어 집합적인 선거 결과에 큰 영향을 미치지 못하는 데 반해, 개인적으로는 큰 영향을 미치지 못하는 이슈나 후보자 변수 또는 합리적 변수 등이 정당과 후보자의 승패를 결정하는 집합적 선거 결과에 큰 영향을 미치기 때문이다. 민주화 이후 지난 20년간 두 번에 걸쳐 나타난 정권 교체가 지역이나 정당에 대한 심리적 혹은 감정적 변화에 의한 것이 아니라 새 정부에 대한 국민의 기대와 요구에 의한 것이었다는 사실은 한국인의 투표 결정이 적어도 집합적으로는 합리적이라는 것을 보여 준다고 할 수 있다.

참고문헌

강명세. 2005. "지역주의 정치와 한국 정당 체제의 재편?"『한국정당학회보』제4권 2호.

강원택. 1998. "유권자의 이념적 성향과 투표 행태." 이남영 편,『한국의 선거 2』. 푸른길.

_____. 2002. "유권자의 정치 이념과 16대 총선 : 지역 균열과 이념 균열의 중첩?" 진영재 편,
『한국의 선거 4』. 한국사회과학데이터센터.

_____. 2003.『한국의 선거 정치 : 이념, 지역, 세대와 미디어』. 푸른길.

_____. 2009. "386세대는 어디로 갔나? : 2007년 대선과 2008년 총선에서의 이념과 세대."『변
화하는 한국 유권자 3 : 패널 조사를 통해 본 18대 국회의원 선거』. 동아시아연구원.

길승흠·김광웅·안병만. 1987.『한국 선거론』. 다산출판사.

김만흠. 1987.『한국 사회 지역 갈등 연구』. 현대사회연구소.

_____. 1991. "한국의 정치 균열에 관한 연구 : 지역 균열의 정치과정에 대한 구조적 접근."
서울대학교 박사학위논문.

김무경·이갑윤. 2005. "한국인의 이념 정향과 갈등."『사회과학연구』13집 2호

김용학. 1990. "엘리트 충원에 있어서의 지역 격차." 한국사회학회 편,『한국의 지역주의와
지역 갈등』. 성원사.

김욱. 1998. "투표 참여와 기권 : 누가, 왜 투표하는가?" 이남영 편,『한국의 선거 2』. 푸른길.

_____. 1999. "거주지 규모와 연령이 투표 참여에 미치는 영향." 조중빈 편,『한국의 선거 3』.
푸른길.

김형준. 2008. "한국 선거의 투표율 하락 추이와 원인 고찰."『21세기정치학회보』18집 1호.

김혜숙. 1989. "지역 간 고정관념과 편견의 실상 : 세대 간 전이가 존재하는가?" 한국심리학

회 편,『심리학에서 본 지역감정』. 성원사.

나간채. 1990. "지역 간의 사회적 거리감." 한국사회학회 편,『한국의 지역주의와 지역 갈등』. 성원사.

문용직. 1992. "한국의 정당과 지역주의."『한국의 국제정치』8권 1호.

_____. 1997. "국회의원 선거에서의 현직 국회의원 효과."『한국의 국제정치』13권 3호.

박찬욱. 1992. "유권자의 선거 관심도, 후보 인지 능력과 투표 참여 의사 : 제 14대 총선 전 조사 결과를 중심으로."『한국정치학회보』26집 3호.

손호철. 1991.『한국 정치학의 새 구상』. 풀빛.

_____. 1996. "수평적 정권 교체, 한국 정치의 대안인가." 한국정치연구회 편,『정치비평』(창간호).

어수영. 1992. "한국인의 가치 변화와 민주화."『한국정치학회보』25집 2호.

_____. 1999. "한국인의 가치 변화와 지속성 그리고 민주화."『한국정치학회보』33집 3호.

_____. 2006. "세대와 투표 양태." 어수영 편,『한국의 선거 5』. 오름.

윤종빈. 2002. "16대 총선에서 나타난 현직 의원의 득표율 증감 분석."『한국정치학회보』35집 4호.

_____. 2006. "17대 총선과 탄핵 쟁점." 어수영 편,『한국의 선거 5』. 오름.

윤천주. 1979.『한국 정치 체계』(증보판). 서울대학교 출판부.

이갑윤. 1989. "제13대 국회의원 선거에서의 투표 행태와 민주화." 김호진 외,『한국의 민주화 : 과제와 전망』. 경남대학교 극동문제연구소.

_____. 1992. "한국 중산층의 정치의식." 한배호 외,『한국의 자본주의와 민주주의』. 법문사.

_____. 1997.『한국의 선거와 지역주의』. 오름

_____. 2000. "한국 정당제 변화의 특성과 요인 : 1987~1997."『아세아연구』제43권 1호(통권 103호).

_____. 2002. "지역주의의 정치적 정향과 태도."『한국과 국제정치』제18권 2호

_____. 2008. "한국 선거에서의 연령과 투표 참여."『의정연구』제14권 2호(통권 26호).

이갑윤·이현우. 2000. "국회의원 선거에서 후보자 요인의 영향력." 『한국정치학회보』 34집 2호.

_____. 2002. "후보자 요인이 득표에 미치는 영향." 진영재 편, 『한국의 선거 4』. 한국사회과학데이터센터.

_____. 2008. "이념 투표의 영향력 분석." 『현대정치연구』 제1권 1호.

이갑윤·박정석. 2011. "지역민 호감도가 정당 지지에 미치는 영향." 『한국과 국제정치』 제27권 3호.

이남영. 1993. "투표 참여와 기권 : 14대 국회의원 선거 분석." 이남영 편, 『한국의 선거 1』. 나남.

이내영. 2002. "세대와 정치 이념." 『사상』. 통권 제54호.

_____. 2009. "18대 총선의 정당 지지의 재편 : 일시적 현상인가, 구조적 변화인가?" 『변화하는 한국 유권자 3 : 패널 조사를 통해 본 18대 국회의원 선거』. 동아시아연구원.

이내영·신재혁. 2003. "세대 정치의 등장과 지역주의." 『아세아연구』 제46권 4호.

이내영·정한울. 2007. "이슈와 한국 정당 지지의 변동." 『한국정치학회보』 41집 1호.

이재철. 2008. "17대 대통령 선거에서의 경제 투표 : 유권자의 경제 인식과 투표 결정." 『현대정치연구』 제1권 1호.

이준한. 2006. "17대 총선과 유권자의 투표 참여." 어수영 편, 『한국의 선거 5』. 오름.

이현우. 1998. "한국에서의 경제 투표." 이남영 편, 『한국의 선거 2』. 푸른길.

_____. 2006. "16대 대통령 선거에서 나타난 이슈와 후보자 전략." 어수영 편, 『한국의 선거 5』. 오름.

이현출. 2001. "무당파층의 투표 행태." 『한국정치학회보』 34집 4호

정영태. 1993. "계급별 투표 행태를 통해 본 14대 대선." 이남영 편, 『한국의 선거 1』. 나남.

정진민. 1992. "한국 선거에서의 세대 요인." 『한국정치학회보』 26집 1호.

_____. 1993. "한국 사회의 세대 문제와 선거." 이남영 편, 『한국의 선거 1』. 나남.

_____. 1994. "정치 세대와 14대 국회의원 선거." 『한국정치학회보』 28집 1호.

정진민·황아란. 1999. "민주화 이후 한국의 선거 정치." 『한국정치학회보』 33집 2호.

정한울·권혁용. 2009. "경제가 선거에 미치는 영향 : 17대 대선과 17대 총선에서의 경제 투표."

『변화하는 한국 유권자 3 : 패널 조사를 통해 본 18대 국회의원 선거』. 동아시아연구원.

조기숙. 1993. "여촌야도의 합리성." 『한국정치학회보』 27집 2호.

_____. 1996. 『합리적 선택 : 한국의 선거와 유권자』. 한울.

조성대. 2006. "투표 참여와 기권의 정치학 : 합리적 선택이론의 수리 모형과 17대 총선." 『한국정치학회보』 40집 2호.

_____. 2008. "균열 구조와 정당 체계." 『현대정치연구』 제1권 1호.

조중빈. 1988. "사회계층과 정치의식." 『한국정치학회보』 22집 2호.

처영진. 2001. "제 16대 총선과 한국 지역주의 성격." 『한국정치학회보』 35집 1호.

최장집. 1991. "지역감정의 지배 이데올로기적 기능." 김종철·최장집 외, 『지역감정 연구』. 학민사.

_____. 1993. 『한국 민주주의 이론』. 한길사.

최준영·조진만. 2005. "지역 균열의 변화 가능성에 대한 경험적 고찰" 『한국정치학회보』 39집 3호.

황아란. 1996. "선거구 특성이 투표율에 미치는 영향 : 제15대 국회의원 선거 분석." 『한국정치학회보』 30집 4호.

_____. 1999. "6·4 기초단체장 선거와 현직 효과." 조중빈 편, 『한국의 선거 3』. 푸른길.

_____. 1998. "정당 태도와 투표 행태." 이남영 편, 『한국의 선거 2』. 푸른길.

_____. 2008. "제17대 대통령 선거의 투표 선택과 정당 태도의 복합 지표 모형." 『현대정치연구』 제1권 1호.

한국사회학회 편. 1990. 『한국의 지역주의와 지역 갈등』. 성원사.

한국심리학회 편. 1989. 『심리학에서 본 지역감정』. 성원사.

三宅一郎. 1991. 『投票行動』. 東京大學出判部.

Abramson, Paul R. and John H. Aldrich. 1982. "The Decline of Electoral Participation in America." *American Political Science Review* 76(3): 502-521.

Alford, Robert. 1963. *Party and Society*. Chicago: Rand McNally.

Bentley, Fisher. 1908. *The Process of Government: A Study of Social Pressures*. Chicago: University of Chicago Press.

Berelson, B., P. Lazarsfeld and W. McPhee 1954. *Voting: A Study of Opinion Formation in a Presidential Campaign*. Chicago: University of Chicago Press.

Bernstein, R. F., A. Chada and R. Montjoy. 2001. "Overreporting Voting: Why It Happens and Why It Matters." *Public Opinion Quarterly* 65: 22-44.

Blais, André, Elisabeth Gidengil, Nevil Nevitte and Richard Nadeau. 2004. "Where Does Turnout Decline come from?" *European Journal of Political Research* 43(2): 221-236.

Blais, A. and R. Young. 1999. "Why Do People Vote? An Experiment in Rationality." *Public Choice* 99: 39-55.

Brady, Henry E., Sidney Verba and Kay Lehman Schlozman. 1995. "Beyond SES: A Resource Model of Political Participation." *American Political Science Review* 89: 271-294.

Budge, I., I. Crewe and D. Farlie(eds.). 1976. *Party Identification and Beyond*. New York: John Wiley.

Butler, D., H. R. Penniman and A. Ranney. 1980. *Democracy at the Polls*. Washington: AEI.

Campbell, Angus, Philip Converse, Warren Miller and Donald Stokes. 1960. *The American Voter*. New York: Wiley.

Carson, Jamie L., Erik J. Engstrom and Jason M. Roberts. 2007. "Candidate Quality, the Personal Vote, and the Incumbency Advantage in Congress." *American Political Science Review*. 101(2): 28-301.

Conover, Pamela Johnston and Stanley Feldman. 1986. "Emotional Reactions to the Economy: I'm mad as hell and I'm not going to take it anymore." *American Journal of Political Science*. 30: 50-78.

Converse, Philip. 1964. "The Nature of Belief Systems in Mass Publics" in D. Apter(eds.). *Ideology and Discontent.* New York: Free Press.

_____. 1966. "The Concept of a Normal Vote." in A. Campbell et al.(eds.). *Elections and the Political Order.* New York: John Wiley.

Dalton, Russell J. 1996. *Citizen Politics: Public Opinion and Political Parties in Advanced Industrial Democracies.* Chatham,N.J.: Chatham House.

Downs, Anthony. 1957. *An Economic Theory of Democracy.* New York: Harper and Row Publishers.

Erikson, Robert. S. 1989. "Economic Conditions and the Presidential Vote." *American Political Science Review.* Vol. 83-2: 567-573.

Feldman, Stanley and Pamela Johnston Conover. 1983. "Candidates, Issues and Voters: The Role of Inference in Political Perception." *Journal of Politics.* Vol. 45-4 : 810-839.

Fiorina, Morris. 1981. *Retrospective Voting in American National Elections.* New Haven: Yale University Press.

Franklin, Mark N. 1996. "Electoral Participation." in *Comparing Democracies: Elections and Voting in Global Perspective*, ed. Larry LeDuc, Richard G. Niemi and Pippa Norris. Thousand Oaks, Calif.: Sage.

Franklin, Mark N., Patrick Lyons and Michael Marsh. 2004. "The Generational Basis of Turnout Decline in Established Democracies." *Acta Politica* 39(2): 115-151.

Gelman, Andrew and Gary King. 1990. "Estimating Incumbency Advantage without Bias." *American Journal of Political Science.* 34(November): 1142-1164.

Gray, M., and M. Caul. 2000. Declining Voter Turnout in Advanced Industrial Democracies, 1950 to 1997. *Comparative Political Studies* 33: 1091-1121.

Green, Donald P. and Alan S. Gerber. 2004. *Get Out The Vote! How to Increase Voter Turnout.* Washington, D.C.: Brookings Institution Press.

Hyman, Herbert. 1969. *Political Socialization*. NY: The Free Press.

Inglehart, Ronald. 1977. *The Silent Revolution*. Princeton: Princeton Univ. Press.

Jhee, Byong-Kuen. 2006. "Ideology and Voter Choice in Korea: An Empirical Test of the Viability of Three Ideological Voting Models." *Korean Political Science Review*. Vol. 30, No. 4: 61-81.

Keiwiet, Roderick. 1981. "Policy-Oriented Voting In Response to Economic Issues." *American Political Science Review*. 75: 448-459.

_____. 1983. *Macroeconomics and Micropolitics*. Chicago: University of Chicago Press.

Kramer, Gerald H. 1971. "Short-Term Fluctuations in U. S. Voting Behavior." *American Political Science Review*. 65-1: 131-143.

_____. 1983. "The Ecological Fallacy Revisited: Aggregate versus Individual Level Findings on Economics and Elections and Sociotropic Voting." *American Political Science Review*. 77: 92-111.

Key, Valdimer Orlando. 1966. *The Responsible Electorate*. Cambridge: Belnap Press.

Lazarsfeld, Paul, Bernard Berelson and H. Gaudet. 1948. *The People's Choice*. New York: Columbia University Press.

Lee, Kap-yun. 2003. "Vote Determinants of the 2002 Presidential Election in Korea." *Korea Journal*. Vol.43. No.2: 129~145

Lewis-Beck, Micheal. 1988. "Economics and the American Voter: Past, Present, Future." *Political Behavior*, Vol. 10-1: 5-21.

Lijphart, Arend. 1997. "Unequal Participation: Democracy's Unresolved Dilemma." *American Political Science Review*. 91(1), 1-14.

Lipset, Seymour M. and Stein Rokkan. 1967. "Cleavage Structures, Party Systems and Voter Alignments: An Introduction." in Lipset and Rokkan(eds.), *Party Systems and Voter Alignments*. New York: Macmillan.

Lockerbie, Brad. 1991. "Prospective Economic Voting in US House Elections, 1956~ 88." *Legislative Studies Quarterly*, Vol. 16, No. 2: 239-261.

Mainwaring, Scott. 1993. "Presidentialism, Multipartism, and Democracy." *Comparative Political Studies*. Vol. 26. No. 2: 198-228.

Mannheim, Karl. 1952. "The Problem of Generations," P. Kecskemeti ed., *Essays on the Sociology of Knowledge*. NY: Oxford Univ. Press.

Milbrath, Lester. W. 1965. *Political Participation*. Chicago, IL: Rand McNally.

Miller, Warren E. 1992. "The Puzzle Transformed: Explaining Declining Turnout." *Political Behavior*. 14: 1-43.

Miller, Warren E. and J. Merrill Shanks. 1996. *The New American Voter*. Cambridge: Harvard University Press.

Mueller, Dennis. 1989. *Public Choice II*. Cambridge: Cambridge Press University.

Niemi, Richard G. and Herbert F. Weisberg. 2001. *Controversies in Voting Behavior*. Washington D.C.: CQ Press.

Ozbudun, Ergun. 1987. "Institutionalizing Competitive Elections in Developing Societies." in M. Weiner and E. Obudun(eds.), *Competitive Elections in Developing Countries*. Duke University Press.

Page, Benjamin I. and Calvin C. Jones. 1979. "Reciprocal Effects of Policy Preferences, Party Loyalties and the Vote." *American Political Science Review*. Vol. 73, No. 4.

Putnam, Robert D. 1995. "Tuning In, Tuning Out: The Strange Disappearance of Social Capital in America." *PS: Political Science & politics*. 28: 664-683.

_____. 2000. *Bowling alone. The collapse and revival of American community*. New York: Simon & Schuster[『나 홀로 볼링 : 사회적 커뮤니티의 붕괴와 소생』(2009), 정승현 옮김, 페이퍼로드].

Rabinowitz, Goerge and Stuart Elaine Macdonald. 1989. "A Directional Theory of

Issue Voting." *American Political Science Review.* Vol. 83: 1.

Riker, W. H. and P. C. Ordeshook. 1968. "A Theory of the Calculus of Voting." *American Political Science Review.* 62: 25-42.

Rosenstone, Steven J. and John Mark Hansen. 1993. *Mobilization, Participation and Democracy in America.* New York: Macmillan.

Ryder, Norman. 1965. "The Age Cohort as a Concept in the Study of Social Change," *American Sociological Review.* 30(November): 843-861.

Sigelman, Lee. 1979. "Presidential Popularity and Presidential Elections." *Public Opinion Quarterly* 43-4: 532-534.

Schumpeter, Joseph A. 1942. *Capitalism, Socialism and Democracy.* New York: Harper & Row[『자본주의, 사회주의, 민주주의』(2011), 변상진 옮김, 한길사].

Truman, David. 1951. *The Governmental Process: Political Interests and Public Opinion.* New York: Knopf.

Tufte, R. Edward. 1975. "Determinants of the Outcomes of Midterm Congressional Elections." *American Political Science Review.* 69-3: 812-826.

_____. 1993. "Economic and Political Determinants of Electoral Outcomes: Midterm Congressional Elections." In *Classics in Voting Behavior.* Richard G. Niemi and Herbert F. Weisberg(eds.), Washington D.C.: Congressional Quarterly Inc.

Verba, Sidney and Norman Nie. 1972. *Participation in America: Political Democracy and Social Equality.* New York: Harper & Row.

Wass, Hanna. 2008. "Generations and Turnout." *Acta Politica* 35.

Wattenberg, Martin P. 2002. *Where Have All the Voters Gone?* Cambridge: Harvard University Press.

Wolfinger, Raymond E. and Steven J. Rosenstone. 1980. *Who Votes?* New Haven: Yale University Press.

■ 기타 자료 출처

중앙선거관리위원회 역대선거정보시스템. http://www.nec.go.kr/sinfo/index.html

한국사회과학데이터센터. 제14대~17대 대통령 선거 국민의식조사(1992, 1997, 2002, 2007).

_____. 제15대~18대 국회의원 선거 국민의식조사(1996, 2000, 2004, 2008).

서강대 현대정치연구소. 2007. 대통령 선거 국민의식조사.

_____. 2010. 한국 사회 갈등 연구 조사.

동아시아 연구원. 2007. 2007년 대선 패널 조사.

World Value Survey. www.worldvaluesurvey.org